三条実美

孤独の宰相とその一族

刑部芳則

吉川弘文館

目　次

Ⅲ　明治政府と華族の調停者

挿図・表 目次

序章　三条実美は「無能」で「お人好し」な宰相か

キヨッソーネの銅版画から見る人物像

明治政府が創設した国家機関のなかに大蔵省印刷局というのがある。ここでは紙幣や切手などを印刷している。明治八年（一八七五）、同局に招聘されたイタリア人のエドアルド・キヨッソーネは、人物の銅版画を得意とした。その技術は紙幣や切手の製造に生かされた。彼が手がけた人物の肖像には、維新三傑である木戸孝允《たかよし》、西郷隆盛、大久保利通など多数挙げられるが、右大臣岩倉具視とともに国家の柱石であった太政大臣三条実美《さねとみ》の姿も確認できる。

明治十四年に完成した三条の銅版画は、天皇が任命する上級官僚である勅任官一等を示す文官大礼服姿である。左胸には日本の勲一等旭日大綬章、ロシアの白鷲勲章一等、フランスのサン・モリーヌ一等の副章を佩用《はいよう》し、右肩から斜めに勲一等旭日大綬章の大綬をかけている。すでに公家特有の髷《まげ》はなく撫でつけ型の散髪であり、鼻下にはどじょうのようなヒゲが見られる。一国の宰相として国内はもとより、諸外国の政治家にも見劣りさせないとする努力の結果が描かれている。

三条がヒゲを伸ばし、儀式で大礼服に勲章をつけていたことは、現存する複数の写真からも見て取れる。だが、銅版画には肖像写真で見られない演出が二点ある。まず右側の物置の本や書類の上に冠が置かれている点であり、これは三条が公家出身者であることを示す演出に他ならない。もう一点は右手の下に置かれた本の題名に復古記《ふっこき》

図１　三条実美の銅版画

と記されていることである。

明治二十二年に完成する『復古記』は、慶応三年（一八六七）十二月九日の王政復古によって創出された新政府の正史として編纂されたものである。明治二年四月四日の詔により、『日本三大実録』から途絶えていた正史編纂事業を復活させることが示された。そして明治十二年五月二十一日、三条は修史館総裁を兼任する。三条の正史編纂事業の功績を示すため、『復古記』が置かれたのであろう。また王政復古によって創出された政府の最高責任者としての意味も込められていたと見ることもできる。

修史館のなかでは三条太政大臣に総裁を兼任してもらいたいとの意向であった。だが、参議の伊藤博文は「明治年間之事ヲ編纂」するため、長年大臣を務める三条の「褒貶《ほうへん》」（「三条実美関係文書・書翰の部」）にかかわると反対した。明治二十三年七月、貴族院書記官長の金子堅太郎が宮内省に国史編纂局の設置を建議した際、伊藤は「維新史料の蒐集は一面に於ては薩長衝突史料の蒐集ともなる」（『維新史料編纂会の過去と現在』）からと、その必要性を認めつつも、時期尚早であると反対している。

この言説からは三条の面白い役割が見いだせる。伊藤によれば、維新史は薩長闘争の歴史を明らかにするものであり、内容によっては三条の瑕瑾《かきん》になるという。裏を返して見れば、薩長闘争の歴史というデリケートな問題を編纂する場合、その責任者に薩摩藩や長州藩の出身者が就くことは火に油を注ぐ可能性があったといえる。となれば、編纂責任者は両藩の上に立って衝突を回避できる人物でなければならない。伊藤の心配はともかく、その大任を三条は務めたのである。

伊藤が金子に反対したのは、帝国議会の開設を前に薩長藩閥の無用な対立を避けようとしたからである。いずれにせよ、三条には薩長藩閥の上に立つ存在として期待される素質があったことは見逃せない。

戦後七十年描かれなかった人物像

三条が薩長藩閥の上に立つ存在として期待された証左となるのは、慶応四年閏四月に輔相《ほしょう》、翌明治二年七月に右大臣、同四年七月から十八年十二月まで太政大臣と、人臣の最高官職を長年にわたって務めていたことである。それにもかかわらず、『三条実美』と題された伝記を目にすることは少ない。おそらく次に紹介する太平洋戦争以前に刊行された三条の伝記は、全国の図書館で探しても、なかなか見つからないだろう。

管見の限り、もっとも古い三条の伝記は、明治二十四年三月に遠藤速太が著した『正一位大勲位公爵三条実美公伝』（明治四十二年九月に聚栄堂から『維新元勲三条実美公』と改題して再版）である。基本的に幕府を悪、朝廷を善という姿勢に立ち、そのなかで尊攘派公家として活躍した三条を描いている。当時は現在のように豊富な維新史料が公開されていなかったため、実証的な分析や史実の解釈に欠点があるのはやむを得ない。また幕末史の流れに字数が割かれ、三条の人物像には迫れていない。

次に昭和十年（一九三五）に徳富蘇峰（猪一郎）が発表した『三条実万《さねつむ》公・三条実美公』が挙げられる。これは三条実万・実美父子を祀った梨木神社鎮座五十年の記念事業として刊行された。遠藤の著作に比べて学術的要素が格段に上がっている。現在では捜索が困難な史料も多く引用されており、三条の基本的な情報が理解できる。戦前期に高名な歴史学者であった徳富の労作だが、難をいえば三条の個性が希薄なことである。

そして太平洋戦争が激化する昭和十九年には、三井甲之《こうし》が『三条実美伝』を発表している。本書の冒頭で「三条実美公の霊よ、驕傲《きょうごう》米英の非道非望を破砕し、宸襟《しんきん》を安んじまつらむ」と書かれているところからも、時局柄がうかがえる。本書の特徴は、三条の和歌の文言を分析し、彼の思想淵源を探る点にある。その思想が決戦下の戦時体制において、いかなる意味を持っているのかに意をそそいでいる。そのため、三条とは関係のない話題にかなりの紙数を割いており、伝記とはかけ離れた部分が多い。三条の生涯についての内容は、徳富を凌駕するものではなく、単調な年譜形式である。

この三著作に共通しているのは、三条の伝記にもかかわらず、彼の個性に迫っていないことである。幕末の概説が主役、三条が脇役という本末転倒した内容となっている。したがって、主役となる三条の個性を浮き彫りにする必要がある。ところが、驚くべきことに三井の評伝を最後とし、戦後に三条の伝記が刊行された形跡は確認できない。その理由はどこにあるのか。戦前の伝記による三条像は、尊攘派として描かれており、皇国史観の最盛期には好人物であったといえる。戦争激化による物資の不足から出版制限が厳しかったにもかかわらず、三井の評伝が刊行されているのは、三条が尊王攘夷の象徴的人物としての利用価値があったからに他ならない。

だからといって、三条は皇国史観から解放された歴史学の世界にとって好ましくない人物として捉えられたため、伝記が出なかったと考えるのは早計である。戦中期に楠公《なんこう》精神としてもてはやされた楠木正成《まさしげ》の伝記は複数刊行されている。戦後の歴史学によって楠木は、戦前期の尊い忠臣だけが強調されるものから、「悪党」の要素を持つものへと変化した。それと同じように三条の印象は変わるのか否かを含め、再検討する必要がある。それにもかかわらず、三条を積極的に検討しようとする機運が出てこないのには、彼が不人気となる印象を抱えているからだと思われる。

低い人物評価

歴史研究において三条の人物評価は著しく低い。どの専門書を読んでも、三条については「無能」や「お人好し」といった調子である。これほど評価されない近代国家の宰相も珍しい。木戸孝允・西郷隆盛・大久保利通の維新三傑や岩倉具視とは異なり、なぜそのような低評価が与えられるようになったのだろうか。それは明治六年に西郷が朝鮮大使派遣を望み、それに岩倉、木戸、大久保が反対した際、太政大臣として三条が十分な対応ができなかったことが、大きな原因になっているように思われる。この朝鮮大使派遣問題は、一般的に「征韓論争」と呼ばれている。

朝鮮大使派遣問題に関する書籍としては、明治三十九年に書かれた長沼熊太郎の『征韓論分裂始末』、翌四十年の煙山《けむやま》専《せん》太郎《たろう》の『征韓論実相』が古いものとして知られている。『征韓論分裂始末』では「相国〔三条実美（著者註、以下同）〕悚然《しょうぜん》色を失ひたることあり」、「三条実美の怯柔苟安なる到底征韓党の鋭鋒に敵す可からざる」と書かれ、『征韓論実相』には「三条は優柔」、「三条は憂慮の余り畢《つい》に失神」とある。百年以上前の文献でも三条の評価が低いことが見て取れる。

そして毛利敏彦氏の『明治六年政変の研究』（昭和五十三年刊行）は、戦前からの「征韓論争」研究を再検討し、この論争は単なる内治派と征韓派の対立によるものではないことを明らかにした。また西郷隆盛、大久保利通、木戸孝允の立場を指摘しているが、三条については言及していない。同氏の『明治六年政変』（昭和五十四年刊行）では三条の記述が確認できるが、「江藤の辞表提出は、優柔不断な三条太政大臣に衝撃を与えた」、「三条太政大臣の力量不足からきたといえようが」、「政務上の実権を失って棚上げされたかたちとなった。凡庸な三条にはふさわしい扱いといえよう」など、とても評価が低い。

さらに西郷隆盛が三条に大使派遣を要望した場面では、「三条にはショックであったにちがいない。小心で好人物の三条」、「西郷の説得のテクニックが、ひ弱な三条の頭脳と心臓に強烈すぎたのかもしれない」と、全くいいところが見られない。大使派遣決定の上奏を迫られ、十月十七日に三条が倒れたときには、「小心な三条は、気の毒にも、重なる心労にとうとう高熱を発して卒倒」と記されている。毛利氏の著作は、その後の明治六年政変の研究や留守政府の研究に大きな影響を与えた。それだけに三条の負の評価の影響力も強かったように思われる。これを読んで三条に魅力を感じる大学生や高校生は少ないだろう。

毛利氏の著作には西郷や江藤新平を高評価する傾向があり、それが三条の低評価につながっているように思われる。近年、家近良樹氏は、右のような評価を「西郷贔屓の間では圧倒的に有力な見方」とし、三条の人物像は長州側から見ると大きく変わることを指摘した。そこでは長州藩士大村益次郎の「三条さんは、玉子を剝いたような、実に立派な精神のお方である」という言説や、七卿落ちで長州藩に向かう三条に同行した土佐藩士の土方《ひじかた》久元《ひさもと》の「実に精忠の人で、純良無比の善玉」という談話を紹介している（家近良樹『老いと病でみる幕末維新』）。

百歩譲って太政大臣の席に座る人物が「無能」や「お人好し」な人物でもよいのなら、誰でもよかったわけであり、公家華族は三条に限られてはいない。ましてや明治六年政変を引き起こしたのであるから、本来なら引責辞任するのが自然である。だが、他の公家華族に席を譲ることにはならなかった。ここには太政大臣の席には、三条でなければならなかった要因が隠されていたと見るべきである。そう見ると、彼は時として政治面で失敗したとしても、「無能」や「お人好し」ではなかったのではないかという疑問が出てくる。

本書の構成

本書では上記の疑問を検討するわけだが、一般的に伝記といえば生誕から死去までを時系列に描くものである。だが、「三条実美年表」を文章化するような伝記では、多くの読者の皆さんは退屈してしまうだろう。そこで本書は、明治維新の政局の流れのなかで三条の位置づけを押さえるとともに、三条家の宗族《そうぞく》および華族たちとの関係から、三条の個性や役割について検討する。具体的には次のⅠからⅢまでの三部構成によって筆を進めていく。

Ⅰ「幕末と維新の個性」では、まず彼が政局に登場し、長州藩および太宰府での生活を経て、王政復古の政変に至るまでの基本的な動きを明らかにする。幕末の三条については、従来「尊攘派公家」という印象で終始しているが、彼の言説や行動から具体的な姿を描く。次に維新政権のなかでは、天皇の東京行幸から廃藩置県に至るまで、苦渋な選択を繰り返しながらも、岩倉具視・木戸孝允・大久保利通の改革路線に沿って政策を推進していったことを指摘する。そして明治六年政変へと発展した西郷隆盛の朝鮮大使派遣問題については、三条が政治能力に著しく欠け、「発狂」したのではないことに迫る。

Ⅱ「三条実美と宗親族」では、三条の個性を浮き彫りにするため、彼と密接な関係を持つ三人の宗親族に焦点を当てる。宗族である正親町三条実愛《おおぎまちさんじょうさねなる》との関係からは、維新政権において三条が信頼を寄せ、正親町三条もその期待に応える姿を描く。だが、廃藩置県を期に両者の関係性に変化が生じたことを、三条を苦しめる旧薩摩藩の実力者島津久光の建言問題から明らかにする。また三条の妻の弟である親族の菊亭脩季《ゆきすえ》については、北海道開拓事業に夢見る彼の姿を追いながら、現実には三条を困らせることとなった実態を描く。そして三条の養嗣子である東三条公恭《きんあや》との関係では、イギリス留学によってバリスターを得たにもかかわらず、帰国後に転落していく姿に触れ、三条の期待が最終的に裏切られる過程を明らかにする。

Ⅲ「明治政府と華族の調停者」では、明治十年代以降の三条の役割について、華族の集会場である華族会館や華族制度を中心とした華族との関係から検討する。まずⅡで取り上げた以外の宗族である滋野井《しげのい》、高松、武者小《むしゃこう》路《じ》、姉小路《あねがこうじ》、押小路《おしこうじ》との関係に触れ、三条にとって宗族制度とはなにであったのかを考える。また三条が華族全体にとって重要な存在であったことを、華族会館や華族制度の問題から明らかにする。そして明治十八年十二月の内閣制度によって内大臣に就任してからの三条の役割については、華族の諸問題に加え、黒田清隆内閣の倒閣時期に臨時大臣として期待された過程から検討する。

このⅠからⅢをとおして、三条が国政や華族の諸問題に苦悩しながらも誠実に対応しており、単に政府の雛壇の上に座っているだけのお飾りではなかったことを読者に伝えるのが、本書の最大の使命である。本書の役割は、三条が無能ではないことを証明することにあるが、だからといって彼が万能であったと絶賛するつもりもない。そこは冷静に三条の長所と短所を抽出しながら、従来の伝記では十分に描き切れていない彼の個性を明らかにする。

三条家の宗族と親族

本書の内容に入る前に、ここでは三条家の基本的な情報と、同家の宗族と親族について説明しておく。三条家

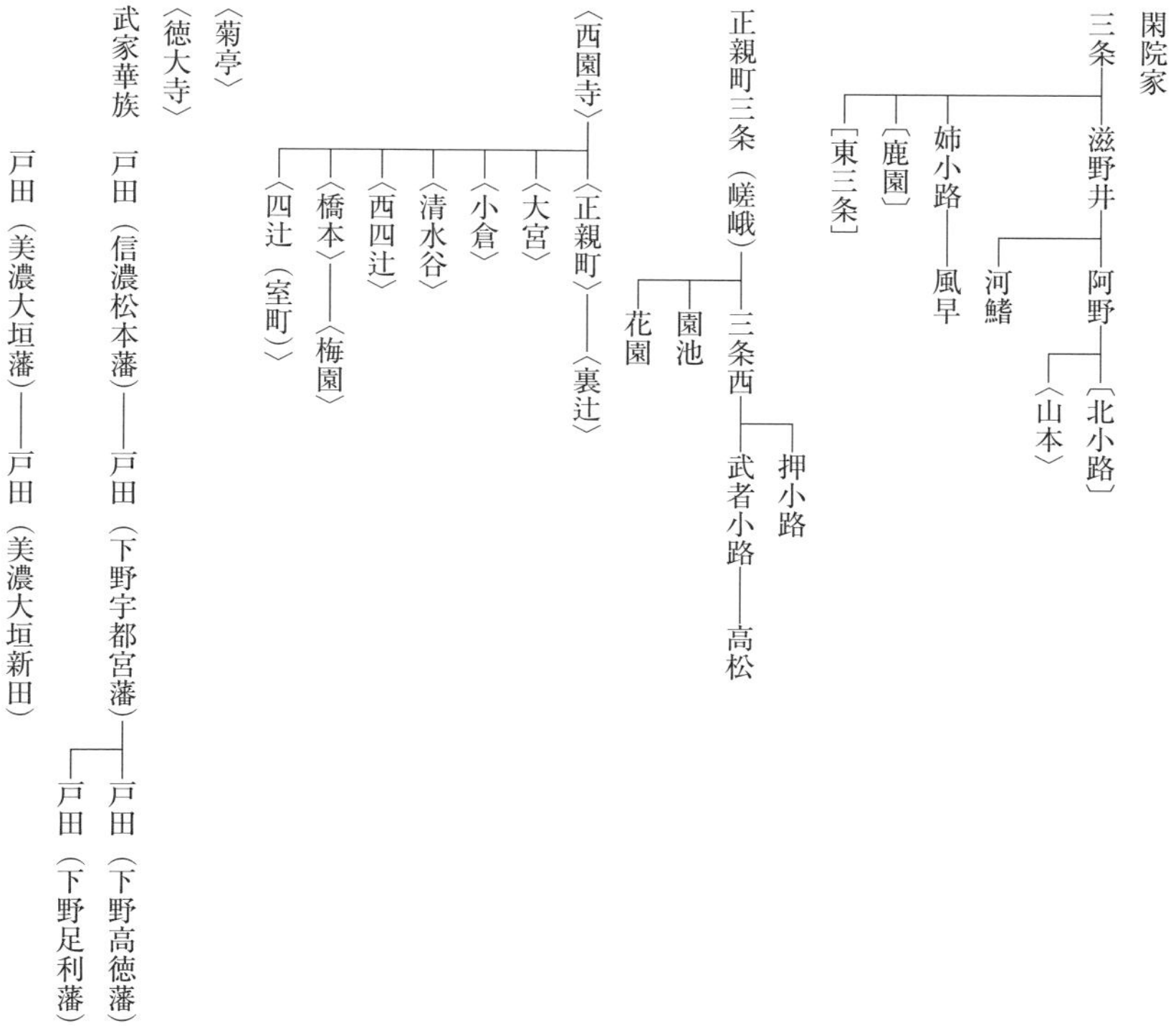

図2　三 条 家 の 宗 族

〔　〕は奈良華族，〈　〉は閑院家庶流ではあるが，三条の宗族（一族）ではない．［東三条］は宗族制度の制定後に創設された．

は、藤原鎌足から数えて十一代目の閑院公季《かんいんきんすえ》の子孫であり、公季から六代目の実行《さねゆき》が三条と称したのにはじまる。五摂家に次ぐ清華《せいが》家の家格であり、代々納言および大臣に進んだ。また雅楽の笛と、宮廷衣装の装束を家職とした。そのような先祖を同じくする家を一族と称し、明治九年八月の『華族類別録』の編纂により宗族と呼ぶようになる。本書では、それ以前を一族、以後を宗親と表記する。

閑院公季の子孫には西園寺・菊亭・徳大寺があり、西園寺と徳大寺は平安後期に三条家から分かれ、菊亭は鎌倉末期に西園寺から分かれて創設されている。厳密にいえば、三条家の一族となるはずだが、宗族制度で三家は三条家とは別の宗族に属している（宗族制度についてはⅢの一「三条家と宗族制度」を参照）。

三条の宗族は、閑院家庶流の公家十六家と、諸侯の戸田六家の合計二十二家である。三条家の庶流には滋野井・姉小路・鹿園《しかぞの》があり、滋野井からは阿野と河鰭《かわばた》が分かれ、さらに阿野から北大路が派生した。また姉小路からは風早《かざはや》が生まれた。このうち鹿園と北大路は、維新後に興福寺の住職から還俗《げんぞく》して堂上《とうしょう》格に列せられた奈良華族と称される家である。また東三条家は、明治十九年八月三十日に三条家の分家を改姓した新家であり、明治十一年十月刊行の『華族類別録』の宗族には掲載されていない。

三条家から分かれて鎌倉初期に創設された正親町三条家の庶流には、三条西・園池《そのいけ》・花園が派生した。三条西からは押小路と武者小路が分かれ、武者小路からは高松が生まれた。三条西は三条家の西側に邸宅があったことに由来するが、史料上では西三条とも呼ばれていた。また正親町三条と三条西とが存在したため、両家と区別するため三条家は転法輪三条とも称している。

また正親町三条家を宗家とする諸侯の戸田家がいた。戸田家には信濃松本藩を主家とし、下野宇都宮藩の分家、さらに下野宇都宮藩から分かれた下野高徳藩と下野足利藩の流れと、美濃大垣藩を主家として美濃大垣新田を分家とする流れとがあった。

次に親族とは親や子、兄弟が婚姻関係で結ばれた家のことをいう。明治十七年七月の華族令では華族の礼遇を当主の三等身（祖父母、嫡長子孫）としているため、親族も当主の三等身を指すものと考えられる。その意味で三条実美の親族といえば、摂家の一条家（先々代公修《きみおさ》の妻和子は一条輝良の三女）、鷹司《たかつかさ》家（実美の妻治子は鷹司輔《すけ》熙《ひろ》の九女）、高知藩の山内家（実万の妻紀子は山内豊策《とよかず》の三女）、熊本藩の細川家（実美の妹で一条忠香《ただか》の養女となった峯は細川韶邦《よしくに》に嫁いだ）である。

このうち本書では、宗族のなかでも三条家と深い関係を持つ正親町三条実愛を取り上げる。また東三条家に分家した実美の養嗣子であった公恭に注目する。両者を中心にしながら、現存史料から検討が可能な他の宗族についても述べる。親族としては武家華族の山内家と細川家が重要であり、両家には宝物とともに膨大な古文書が残されている。だが、近代以降の史料については簡単に閲覧することができないため、三条家と両家の関係については将来の課題としたい。また一条家と鷹司家の文書群については、それを公開している機関を聞かないため、現状では詳しく触れることができない。そこで本書の三条と親族の関係については、先述した菊亭脩季から検討する。

I

幕末と維新の個性

一　幕末の政局

三条実美の誕生

三条実美は、天保八年（一八三七）二月八日に京都梨木町の三条邸で実万《さねつむ》の四男として生まれた。母は、土佐藩主山内豊策《やまうちとよかず》の三女紀子である。実万は命名にあたり実美の「美」を「ヨシ」とするか「ハル」と読むかで迷った。そこで意見を求められた漢学者の池内大学《いけうちだいがく》は、「サネヨシ」と読むのが妥当だが、この場合あまりよくないため「サネトミ」と名付けるべきだと答えている。姓名判断としてなにがいけないのかはわからないが、池内の意見によって「サネトミ」（「七卿西改竄始末」一）となったのである。

幼少期の実美は、洛東の北新田村の農家である楠六左衛門に預けられた。当時の公家の子弟が農村で育てられるのは珍しいことではなかった。その理由には、一般庶民の生活を経験することにより、文弱な姿勢をなくし、質実剛健とした気風を身につけさせようとしたことが考えられる。公家の生活は裕福ではないため、多くの子弟を抱えるのは経済的に負担であった。つまり公家たちが京都周辺の関係ある農家へ里子に出すのは、生活費を軽減する意味を持っていた。

実美には文政十一年（一八二八）五月七日生まれの公睦という兄がおり、彼が実万の後に三条家を継ぐ予定であった。そのため実美は三条家庶流の花園公総《きんふさ》の養嗣となる予定でいた。ところが公睦は病弱で、嘉永七年（一八五四）二月十一日に病死してしまう。三位以上の公卿の家を継ぐ場合には、①嫡子、②嫡子がない場合・犯罪者および病人の場合は嫡孫、③嫡孫がなければ嫡子の弟という取り決めが存在した。

公睦が死去する二か月前の嘉永六年十二月二十八日には彼の子である公恭《きんあや》が生まれており、実美が三条家を継ぐ立場は弱かった。そこで実美に家督を継がせるために動いたのが、次項で述べる三条家家臣の富田織部《とみたおりべ》であった。富田は公恭が公睦の正妻信受院ではなく、妾が生んだことに目をつける。そして富田は実万に対して公恭を「不用之御方」、実美を信受院の養嗣とすべきだと進言した（『三条実美公年譜』）。

図３　誕生（『三条実美公事蹟絵巻』より）

この進言を実万は採用し、嘉永七年四月に実美は三条家の嗣子となった。そして安政六年（一八五九）十月六日に実万が死去すると、実美が三条家を継いだ。富田の進言がなければ、三条家の家督は公恭が継ぎ、予定通り実美は花園家を継承した可能性が高い。このような複雑かつ特殊な事情もあり、後年に実美は公恭の存在に悩むことになる。その点はⅡの三「東三条公恭の栄光と挫折」で詳述するとして、次では三条に家督を継がせた富田の思想について述べる。

富田織部の影響

里子に出された三条実美が七歳のとき、北新田村から三条邸に戻った。三条は漢学を名づけ親ともいうべき池内大学をはじめ、室

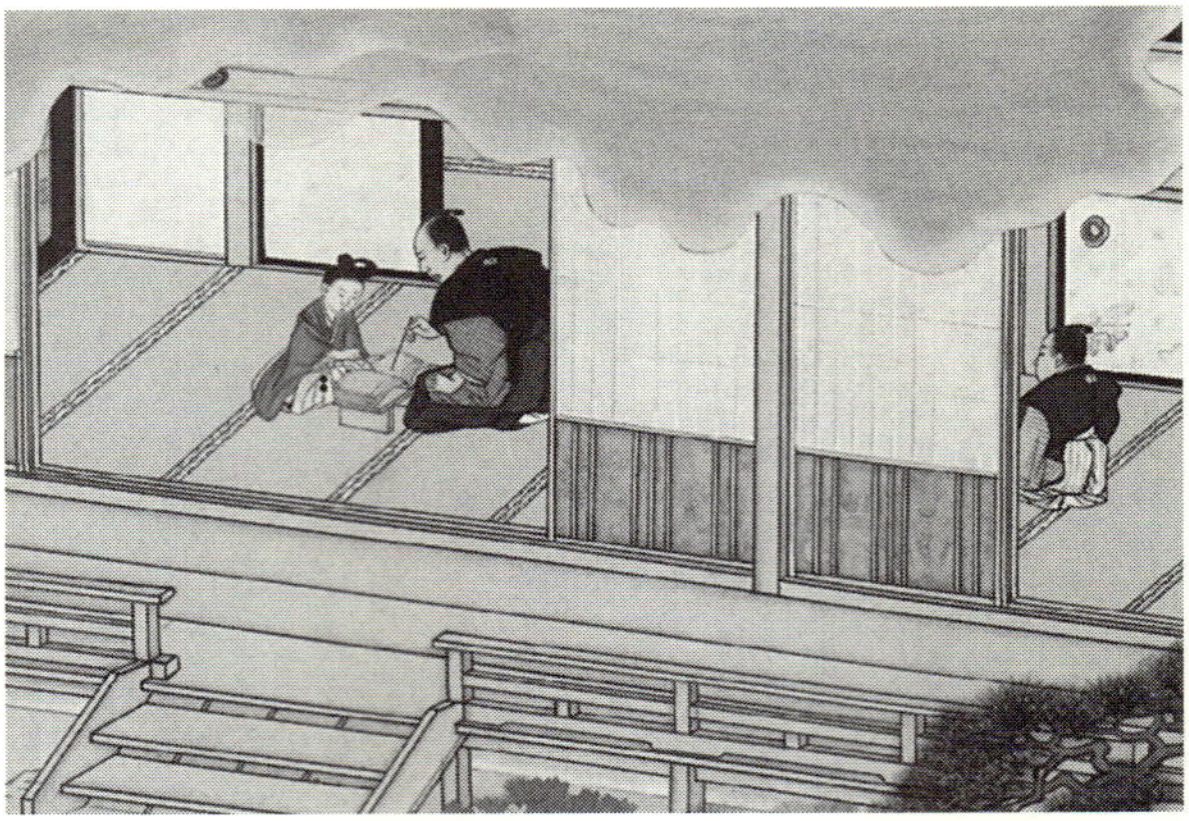

図4　富田織部から講義を受ける　左が三条実美，右が富田織部（『三条実美公事蹟絵巻』より）

谷亮長、大沢雅五郎、国学を谷森種松、勢多《せた》章甫《のりみ》、歌道を飛鳥井《あすかい》雅典《まさのり》、渡忠秋《わたりただあき》、書道を花山院家厚《かざんいんいえあつ》、雅楽を東儀季良《とうぎすえよし》、絵画を小《お》田海僊《だかいせん》、弓馬を川瀬半左衛門から学んだ。公家に不可欠な歌楽・雅楽・絵画という教養だけでなく、武人に求められる弓馬もおこなっていた。そして国漢学の知識に加え、三条に大きな影響を与えたのが、句読および習字を教えた富田織部である。

富田は伯耆西伯《さいはく》郡尾高《おだか》（現在の鳥取県米子市）の出身で、後藤一郎と名乗っていた。江戸に遊学した後、実万に仕えて富田織部と改称した。安政五年に富田が実万に提出した「胡蝶の夢」からは、彼の思想が見て取れる（笹部昌利「幕末公家の政治意識形成とその転回―三条実美を素材に―」が紹介している）。そこでは日米修好通商条約を締結した幕府を批判し、このままだと「洋夷」に心酔して「邪法」に欺かれ、「皇国」の基本を誤ることになるという。それを避けるため、「復古」という「大変革」をおこなうことが自然の流れであると主張する。

そして十六の項目内容には、将軍が定期的に上洛し、大坂周辺を巡視するという「皇国御保護の御大任」を果たすこと、京都や大坂に諸大名を在勤させること、神祇官を復興させて「洋夷の邪法」を防ぐことなどが書かれている（「三条実美関係文書・書類の部」）。それらからは幕府を倒したり、外国を打ち払うことが目的ではないことが見て取れる。幕府の存在を認めながら、天皇と将軍との君臣関係を明確にする朝権伸張を意図したものである。また幕府には「洋夷の邪法」を防ぐことを求める。

　これまで多くの書籍で幕末の三条は「尊攘派」「攘夷論者」と見なされてきたが、彼が師事した富田の「胡蝶の夢」からは、そのような過激な印象が妥当ではないことが明らかになる。実際、これから述べていくように、三条は幕府の存在を否定しないかたちでの朝権伸張を望んだ。

政治の季節をもたらした島津久光の上洛

　三条が政治の舞台に登場する契機となるのが、文久二年（一八六二）四月に薩摩藩の実力者島津久光《ひさみつ》が京都に上洛したときであった。藩主忠義《ただよし》の父である久光は、官位を持っていなかったが、腹違いの兄斉彬《なりあきら》が死去すると、薩摩藩内で政治力を有するようになる。京都に上洛した久光は、親族の近衛忠熙《ただひろ》をはじめ、岩倉具視、正親町三《おおぎまちさん》条《じょう》実愛《さねなる》、大原重徳《しげとみ》に面会すると、幕府に安政の大獄で謹慎処分を受けている者の解放と、公武合体を図るための幕政改革の必要性を説く。江戸へ勅使を下向させ、それを自らが警護し、幕府に右の要求を実行させるという段取りである。

　安政の大獄で処分になった者の赦免は、四月三十日に実現した。鷹司政通《たかつかさまさみち》および近衛忠熙の参朝を許可し、鷹司輔熙《すけひろ》、一橋慶喜、松平慶永、徳川慶勝の慎を解き、青蓮院宮《しょうれんいんのみや》の永蟄居《えいちっきょ》が宥免《ゆうめん》された。これを受けて安政の大獄を推進した幕府に協力的であった九条尚忠《ひさただ》が関白辞職を申し出たが、天皇は聴許しなかった。また久光が要望する勅使派遣も進捗しない。

　そこで五月十日に三条は九条関白に意見書を提出した。朝議に口を出す立場にないことを恐縮しながら、「島津和泉上京言上之次第委曲之義者《は》不存《ぞんぜず》候得共、勤王之志ハ感賞仕候、建策之事件被為適叡念候ハヽ、何卒以英邁之聖断御採択」するよう進言している。久光の建言内容は詳しく知らないが、勤皇の志は褒められるものであり、天皇の意に適うのであれば採用すべきであるという。そして「公武御合体御和睦之御情意真実御通徹ニ相成候ハ、皇国理治之期ニも被為至《いたらせらる》哉と存候」（「三条実美関係文書・書類の部」）などと、朝権伸張にもとづく公武合体を要望した。

この翌日、国事繁多という理由で宮廷内に国事御用書記が新設された。書記には三条をはじめ二十五名の公家が任命されている。仕事は議奏から渡される国事関係書類を筆写することであり、この役職が政治運動をおこなう契機となったわけではない。だが、後に国事御用掛・国事参政・国事寄人に任命されて朝議を推進していく三条西季知《すえとも》や徳大寺実則《さねつね》など十六名が書記に含まれていたことには留意を要する。

江戸への勅使派遣は簡単に決まらず、ようやく五月二十日の朝議で二十二日に勅使大原重徳が出発することが決定された。三条にとって久光の上洛は、朝廷と幕政の改革を実現させる上で都合がよかった。したがって、久光の勅使下向を後押しするような意見書を提出したのである。また阿野公誠、滋野井実在、河鰭実文《かわばたさねふみ》、姉小路《あねがこうじ》公知《きんさと》も、久光の建言採用を求める意見書を、九条関白に提出している。このうち滋野井と姉小路は三条の一族であり、河鰭は実美の実弟である。この後、滋野井と姉小路は改革派の公家として三条と政治運動を共にする。そうした意味で考えると、久光の上洛は朝廷主導による公武合体を求める公家たちが台頭する機会をもたらしたといえる。そしてこの年に二十五歳という若き三条は、攘夷の象徴として期待されるようになる。

四奸二嬪の排斥運動

文久二年六月二十三日に九条関白の辞職は勅許され、五月二十九日に近衛忠熙が関白に就任した。この朝廷人事の変化には、久光の建言が大きかったことはいうまでもないが、それを後押しした三条ら公家たちの意見も影響していただろう。三条の政治意見は、和宮《かずのみや》降下を推進した「四奸二嬪」の排斥運動へと展開する。

排斥の対象は、久我《こが》建通《たけみち》、岩倉具視、千種《ちぐさ》有文《ありふみ》、富小路《とみのこうじ》敬直《ひろなお》の「四奸」と、今城《いまき》重子《しげこ》、堀河紀子《もとこ》の「二嬪」である。七月二十日に九条家家士の島田左近が暗殺されると、幕府に協力してきた公家たちは恐怖を感じた。島田は、大老の井伊直弼《なおすけ》に協力し、近衛や三条実万などが処罰された安政の大獄を推進した人物である。二十三日に天皇の側に仕える近習の岩倉、千種、富小路は辞職願いを提出し、二十八日に岩倉、千種、富小路、今城、堀河が宮中から退いた。だが、久我内大臣は辞意を表明しなかった。

そこで八月十六日、三条、姉小路公知、広幡《ひろはた》忠礼《ただあや》、正親町《おおぎまち》実徳《さねあつ》、庭田重胤《しげたね》、柳原《やなぎわら》光愛《みつなる》、豊岡《とよおか》随資《あやすけ》、長谷《ながたに》信篤《のぶあつ》、阿野公誠、滋野井実在、河鰭公述《きんあきら》、正親町公董《きんただ》、壬生《みぶ》基修《もとおさ》の十三名が久我を弾劾する上書を近衛関白に提出した。その内容を要約すれば、〈久我内大臣は京都所司代の酒井忠義《ただあき》に協力し、幕府に「阿諛《あゆ》」しているため、「朝廷尊奉之道」が立たない。また久我たちに対して増禄するとの沙汰が出されたのは、彼らが幕府に「阿諛」した証である〉（『三条実美公年譜』）と批判する。

三条家と久我家は清華《せいが》家筆頭をお互いに自負する間柄にあった。三条からすれば、同じ家格であるにもかかわらず、父実万が安政の大獄で処罰された一方で、久我が天皇の信任を得て内大臣の地位にいたことが面白くなかったと思われる。少なくとも改革派の公家たちが、摂家の九条尚忠や、清華家の久我建通が要職にいては朝議に関与する道が閉ざされ、自分たちの望む政治を幕府に実行させることも難しいと判断したことに違いない。

これにより、八月二十日に岩倉、千種、富小路に蟄居《ちっきょ》を命じ、辞官落飾が勅許され、二十五日に久我を罷免・辞官落飾、今城を辞職隠居、閏八月二十五日に九条を落飾重慎、嫡子の道孝《みちたか》を差控、九月一日に具視の先代岩倉具慶《ともやす》、千種の子有任《ありとう》を差控とし、堀河の辞職を勅許した。八月二十一日には議奏の正親町三条実愛と中山忠能《ただやす》が「十奸」に含まれていることを察知し、引責辞職願を提出したが差控処分で済み、両名は閏八月三日には宥免になっている。

両名が非常に軽い処分だったのは、正親町三条が三条の一族であり、中山は正親町三条の親族という関係性や、久我を敵視する近衛関白から信頼を得ていたことに加え、ここでは村上源氏の久我一族が政敵の対象となっていたからと思われる。明治政府で三条太政大臣と岩倉右大臣は連携して政治運営をおこなっているが、両者の間には摂家に次ぐ清華家と、家格の低い羽林《うりん》家という一族門流の差異があり、また文久二年の政局において仲たがいする状況になったことを忘れてはならない。

攘夷に対する穏健な姿勢

正親町三条と中山の両卿が差控期間、三条は正親町三条を頻繁に訪れ、近衛関白との連絡役を努めた。また閏八月九日に「殿下幷青蓮院宮様、三条少将卿御列席拝謁被仰付《おおせつけられ》、種々御談論」、十四日に「青蓮院宮江参殿いたし候処、三条少将卿ニも御出ニ而緩々御談論」(『鹿児島県史料・玉里島津家史料補遺・南部弥八郎報告書』二)などとあり、三条は青蓮院宮と相談する機会が少なくなかった。

攘夷に対して青蓮院宮は慎重であり、三条はそれを早急に求める印象が強い。そのため、両者は終始対立していたように思われがちだが、この段階で両者の関係は良好であった。閏八月十八日、天皇は攘夷に関する勅問をした。三条の意見は、「攘斥」が実施されないと「邦内之人心貪利之洋風ニ推移礼儀廉恥ヲ忘」れ、「国家存亡」にかかわることになる。天皇の意志を幕府に伝え、諸藩に攘夷決行を布告し、「変革之政令」や「富強之術策」

をおこなわなければならない（『近衛家書類』二）。というものであった。このままでは人心の礼儀が失われ、国家存亡を迎えることになるから、攘夷実施ができるよう朝廷と幕府の変革、武備の充実につとめる必要性を説く。即今攘夷論ではなく、慎重な判断をしていたと見てよいだろう。

九月には勅使派遣が話題として浮上するが、正親町三条と中山をはじめ、青蓮院宮や近衛関白は、大原勅使派遣から日が浅いなかでの再度勅使派遣に難色を示した。幕府に攘夷実行の勅使派遣を強く望んだのは姉小路公知であった。九月十三日と十五日に姉小路は青蓮院宮に勅使派遣を求めている。だが青蓮院宮は「只今之処、緩之御沙汰可然、厳ニ候ハ、事ヲ敗リ」（『孝明天皇紀』四）と、慎重な姿勢を示した。そこで姉小路を補佐する土佐藩士の武《たけ》市《ち》瑞山《ずいざん》が青蓮院宮に迫り、九月十八日には島津忠義、毛利敬親《たかちか》、山内豊範《とよのり》の三藩主が連盟で勅使派遣を建白する。これにより勅使派遣は決定されるのだが、注目すべきは同日に近衛関白から藤《ふじ》井《い》良節《りょうせつ》を介して青蓮院宮に「攘夷之御使正使副使之所被止、姉小路一人ニテハ如何」（『孝明天皇紀』四）と意見が求められたものの、二十日に正使は三条、副使は姉小路となっていることである。

これより前に三条は青蓮院宮宛ての書翰で「攘夷を督促せんとならば、急に勅使を関東へ遣はさるべし、其勅使は正副二人とし、一人は官柄・家柄を選び、一人は応対に長じたる者を選ぶべし」、また「勅使東下の際には、松平土佐守をして随行周旋せしむべし」（『徳川慶喜公伝』二）と述べている。大原の羽林家に対し、三条は清華家であるから「官柄・家柄」を重視する勅使として申し分がない。また護衛役となる土佐藩主の山内豊範は、三条の従弟である。そして「応対に長じたる者」として副使に姉小路公知が選ばれた。このような申し入れを三条がしたのは、青蓮院宮が過激な姉小路を正使とする派遣に難色を示したからだと考えられる。土佐藩士の田中光《みつ》顕《あき》によれば、三条は色白だから「白豆」、姉小路は色黒だから「黒豆」と呼ばれていたという。姉小路は小柄だったが「気骨精悍」であり、「ぐん〳〵と自己の意見を主張するに憚らなかった」と回顧する（田中光顕『維新風雲回顧録』）。青蓮院宮と三条は良好な関係を築いていたから、青蓮院宮は三条が正使となれば姉小路を抑えられると判断したのだろう。

会津藩士から三条は、松平容保が幕府に提出した意見書を見せられた。横浜・長崎・函館の三港以外の開港を拒絶する意見だが、三条は「従来攘夷を論ずるもの過激に渉らざれば、因循に失し、一も適実の議を聞かず、此議蓋し中正直ちに採りて、実行すべきなり」（山川浩『京都守護職始末』）と絶賛した。これまでの攘夷論は過激なだけで取柄がなかったが、松平の意見は適当だという。ここからも三条が過激な攘夷論者ではないことがわかる。

攘夷別勅使として江戸に下向

勅使の出発を前にして三条は、九月十五日に従三位に叙せられ、二十日には議奏加勢を命じられ、さらに十月七日には議奏へと昇進した。位階は公家の家格に応じて叙位《じょい》されるものだが、議奏は選ばれた者しか就くことができない。議奏は幕末に朝廷が政治に関与するようになると、関白からの相談に応えたり、朝議に参加できない平堂上《ひらとうしょう》公家や外部諸藩士たちの意見を取り次ぐなど、重要な役割を果たす。もう一つ朝廷には武家伝奏《ぶけでんそう》という要職がある。これは簡単にいえば、幕府と朝廷との連絡窓口となる役職であり、幕府の権力が強かった時期には議奏よりも重視されていた。この議奏と武家伝奏を「両役」という。文久二年から三年の「両役」を確認してみると、三条の一族で三名も議奏を務めていたことがわかる（表1参照）。

三条の別勅使は十月十二日に京都を出発し、二十七日に品川に到着した。ところが、将軍徳川家茂《いえもち》が麻疹の療養中であったため、すぐには入城できなかった。痺れを切らした姉小路は、三条に「入城之次第有之候ハ、可然哉、篤と御賢慮之上、右ノ辺急早ニ相決候様、御内々自貴君容堂江御噂被為在《あらせられ》候而《て》ハ如何」（「三条家記録」九）と、豊範の養父である山内豊信《とよしげ》（容堂）を介して早く入城できるよう申し入れることを提案した。

また姉小路に同行した武市瑞山には、十月二十三日付で徳田愛敦から「三条殿姉小路殿御機嫌克御着被遊《あそばされ》候御事と奉存候、勅答之趣早々奉拝聴度」（『武市瑞山関係文書』一）との書翰が寄せられている。武市が幕府の攘夷実行に対する回答を望むことはもとより、彼は周囲からの期待を受けて江戸に下向していたのである。それが

表1　議奏と武家伝奏（元治以降の新任者を除く）

議　奏	就　任　期　間
飛鳥井雅典	安政6年2月14日〜文久3年6月21日
正親町三条実愛	万延元年6月22日〜文久3年正月27日，12月27日〜慶応2年10月12日，慶応3年5月16日〜12月9日
中山忠能	安政5年5月10日〜文久3年正月27日
久世通熙	万延元年8月11日〜文久2年9月28日，文久3年12月27日〜慶応3年4月17日
野宮定功	文久2年正月28日〜11月6日
三条実美	文久2年10月7日〜文久3年8月24日
阿野公誠	文久2年11月27日〜文久3年4月16日，12月27日〜元治元年8月3日
広幡忠礼	文久3年2月12日〜文久3年8月24日
長谷信篤	文久3年2月12日〜文久3年8月24日，慶応3年5月14日〜12月9日
徳大寺実則	文久3年4月17日〜文久3年8月24日
正親町実徳	文久3年8月24日〜元治元年12月29日
柳原光愛	文久3年8月24日〜慶応3年4月19日，4月22日〜12月9日
広橋胤保	文久3年8月24日〜慶応3年4月16日
六条有容	文久3年12月27日〜慶応3年4月17日

武家伝奏	就　任　期　間
広橋光成	安政4年4月27日〜文久2年閏8月5日
坊城俊克	安政6年2月9日〜文久3年6月21日，文久4年正月23日〜元治元年7月26日
野宮定功	文久2年11月7日〜慶応3年4月17日
飛鳥井雅典	文久3年6月21日〜慶応3年12月9日

『孝明天皇紀』4（平安神宮，1968年），「華族履歴」公（宮内庁書陵部宮内公文書館所蔵）から作成．太字の人名は三条の一族．

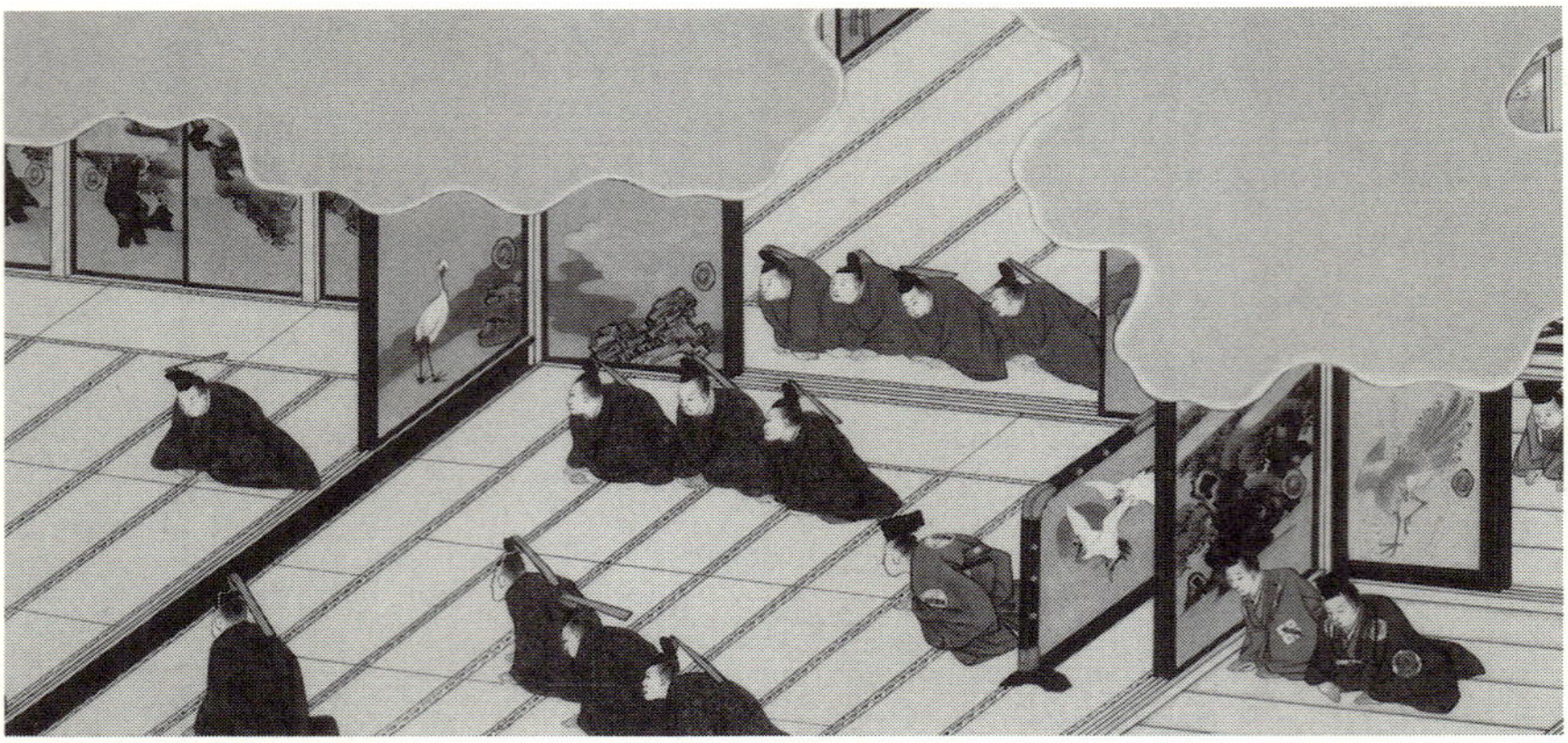

図５　江戸城大広間で将軍と対面　上段中央が三条実美，左側に姉小路公知，中段が徳川家茂（『三条実美公事蹟絵巻』より）

遅延するとなれば、姉小路や武市らが不満に感じるのも無理はない。将軍との対面に至る待機期間、幕府の姿勢に苛立つ両者が、三条に過激な攘夷論を繰り返し説いた可能性は想像に難くない。

三条らの江戸城入城は十一月二十七日となった。大原勅使のときは、中仕切門外で輿を降り玄関まで歩くと、奏者番《そうじゃばん》が出迎え、控席で老中と面談した。将軍出座の報を受け、奏者番に先導されて大広間に入ると、将軍は上段、老中以下は下段に着座した。勅使は下段で拝伏し、上段で勅旨を述べると、再び下段に戻り、帰るときにも奏者番だけが見送った。それが三条勅使の入城に際しては、玄関前で輿を降りると、将軍が玄関敷台上まで出迎えた。大広間では、三条と姉小路が上段、将軍と一橋慶喜《ひとつばしよしのぶ》は中段、老中以下は下段に座り、帰るときにも将軍や老中などが見送っている。大原勅使のときに比べて厚遇されているのがわかる。それは別勅使の派遣に際して、朝廷と幕府の君臣関係を明確にするよう要求していたことによる。

三条から将軍が勅書を受け取ると、その内容が読み上げられた。勅書は、攘夷の実現と京都御所の警護を各藩に求めるものであった。将軍は、来春に京都に上洛して奉答することを約束した。幕

府は攘夷実行が難しいことをわかっていながら、その実行に向けて対応しなければならなくなった。十二月五日付の正親町三条と中山宛ての書翰で三条は、「先以《まずもって》尊王之筋は相立候、安意仕候」（『鹿児島県史料・玉里島津家史料』一）と、尊王の目的を果たせたことに満足している。この別勅使により三条は、攘夷実行を急ぐ者たちはもとより、それに慎重な者たちからも、即今攘夷の象徴的存在と見なされるようになる。

国事御用掛・国事参政・国事寄人

文久二年十二月二十六日に三条と姉小路が帰京すると、京都では攘夷実行の期限を求める運動が盛んになる。翌三年正月二十三日には近衛忠熙が関白を辞職し、代わって同職には鷹司輔熙が就任した。この直後には「四奸二嬪」の際に「十奸」と目された正親町三条と中山の邸宅に池内大学の耳を添えた脅迫状が投げ込まれ、両者は議奏を辞退した。二月十一日には熊本藩士の轟《とどろき》武兵衛《ぶへい》、長州藩士の久坂玄瑞《くさかげんずい》、寺島忠三郎が鷹司関白に攘夷実行を要望した建白書を提出し、それに前後して二月八日に姉小路公知邸、十一日には東園基敬《ひがしそのもとゆき》邸に、攘夷実行を望む公家たちが参集している。彼らは右の建白書の写しを入手するなど、朝廷外の藩士たちと交流している。

図６　議奏の三条実美に寄せられる建白書
（『三条実美公事蹟絵巻』より）

国事御用掛ではない東園などは朝議に関与できなかったため、公家の邸宅を介して朝議に参加する公家や外部の藩士たちと情報を共有したのである。京都の不穏な状況は、将軍が上洛して攘夷の実行期限を決めない限り治まらなくなった。天皇は過激な攘夷督促は本意ではないものの、二月十一日に一橋慶喜と松平慶永《よしなが》に攘夷期限を上奏するよう求めた。この意向を伝えるため、議奏の三条、武家伝奏の野宮定功《ののみやさだいさ》ら七名が一橋慶喜の旅宿を訪れている。ここでは姉小路が「貴君の父烈公は攘夷を以て天下の衆望を博したる御方であれば、貴君も御不同意のある筈はなし」と、慶喜の父である徳川斉昭《なりあき》にならって攘夷実行に同意すべきだと迫った。そして三条は「今夜是非期限を定め御返事なさるべし、左もなくば諸有志いかなる大事を惹出すも測り難し」（『竹亭回顧録維新前後』）と、脅迫めいた口調で慶喜に即答を促した。三条の言説の背景には、彼に期待する尊攘派公家たちの総意はもとより、彼らに進言する諸藩の過激な攘夷論者の存在があった。

そして不本意ながら、そうした情勢に配慮して孝明天皇が三条らに攘夷期限を求める勅命を与えたことが大きいだろう。重層的な要素が三条に勇気をもたらし、勅命を盾にされて「剛情公」と呼ばれた慶喜も困惑を隠せない。慶喜は十四日に国事御用掛宛てに四月中旬を攘夷実行期限と返信した。三条は周囲の攘夷論を容認するようになっていた。その理由を三条は、前年に松平容保の意見に賛同したときには「人心、未だ攘夷に切迫ならざる故なり」、だが今では「攘夷を決行するに非ずんば、忽ち天下四分五裂の乱階を啓《ひら》かん」（山川浩『京都守護職始末』）と語っている。攘夷実行をしないと国は治まらないと判断し、前年までの慎重な方針を捨てたのであった。

こうした尊攘派公家と諸藩尊攘論者の運動が追い風となり、二月十三日には朝廷に国事参政《さんせい》と国事寄人《よりうど》という官職が新設された。すでに文久二年十二月九日に摂家の一条および二条や青蓮院宮などを含む国事御用掛が設置されていたが、それまで朝議に参加資格がなかった橋本実麗《さねあきら》など四名が参政、正親町実徳など十名が寄人に任命され、彼ら十四名は国事御用掛を兼任した（表2参照）。

国事御用掛の設置よりも前に、三条と青蓮院宮は対立していなかった（仙波ひとみ「「国事御用掛」考」）。だが、江戸滞在中に三条が過激な攘夷論を支持したことから、勅使派遣前までの青蓮院宮との良好な関係は見られなく

表2　国事御用掛・国事参政・国事寄人

文久2年12月9日	文久3年2月13日
一条忠香	×
二条斉敬	×
青蓮院宮尊融	×
鷹司輔煕	×
徳大寺公純	×
近衛忠房	×
一条実良	×
広幡忠礼	×
三条西季知	三条西季知（寄人）
徳大寺実則	徳大寺実則
橋本実麗	橋本実麗（参政）
長谷信篤	×
庭田重胤	庭田重胤
柳原光愛	柳原光愛
大原重徳	×
河鰭公述	河鰭公述
東久世通禧	東久世通禧（参政）
裏辻公愛	×
橋本実梁	橋本実梁
万里小路博房	万里小路博房
勘解由小路資生	勘解由小路資生
	六条有容
	豊岡随資（参政）
	姉小路公知（参政）
	正親町実徳（寄人）
	滋野井実在（寄人）
	東園基敬（寄人）
	正親町公董（寄人）
	壬生基修（寄人）
	中山忠光（寄人）
	四条隆謌（寄人）
	錦小路頼徳（寄人）
	沢宣嘉（寄人）

『孝明天皇紀』4（平安神宮，1968年）から作成．

なる。両者が対立した原因は、文久二年十二月二十九日に三条が青蓮院宮を訪れ、〈薩摩藩の「因循」な説に惑わされて見識が立たず、長州藩や土佐藩は憤りを感じている。幕府を擁護ばかりしていると、いかなる暴発が起こるかわからない〉（『伊達宗城在京日記』）と述べたことによる。攘夷の見込みが立たないのは、青蓮院宮が薩摩藩や幕府の肩を持っているからだとの批判に他ならない。

これに青蓮院宮は激怒した。後日、三条は先日の意見は聞き流してほしいと弁解するが、青蓮院宮は愚弄するものだと怒りは治まらない。文久三年正月十二日に青蓮院宮は、国事御用掛の辞職を願い出た。これも三条に対する不満によるものであったが、辞意は許可されなかった。そこで二月二十二日には三条が議奏の辞意を表明した。鷹司関白と三条が草莽浪士らの過激な攘夷論を支持し、幕府を困らせている。このままでは一橋慶喜や松平慶永も嫌気がさして政局から退いてしまうから、山内豊信に三条を説得してもらうしかない。このような青蓮院宮の不満の声が耳に入り議奏の辞退を申し出た。だが、三条の辞意も認められなかった。

この状況から見て攘夷実行に穏健な青蓮院宮と、それを急ぐ三条および姉小路らの対立がなかったとはいえない。実際、参政と寄人の新設は、攘夷実現に向けての運動を活発にした。御用掛に加わった参政と寄人の十四名のうち、後に七卿落ちなど十一名が処分されている。

姉小路公知の暗殺事件

三条ら尊攘派の公家と、彼らを外部から押す長州藩の影響力もあり、朝廷内では早期の攘夷実行を求める動きが強くなっていく。一橋慶喜は二月二十一日に参内し、攘夷実行は将軍上洛の上で奏上することと、江戸と京都との往復日程を勘案して四月中旬でないと実行の難しいことを申し入れた。これを受けて三月四日、将軍徳川家茂が京都に到着する。徳川将軍が京都に上京するのは、実に二百二十九年ぶりのことであった。参内した家茂は、五月十日を攘夷実行の期限と回答する。

これより先の二月二十日に長州藩世子の毛利元徳《もとのり》は鷹司関白に加茂下上両社および泉涌寺《せんにゆうじ》への行幸を求める建白を提出し、二十八日には長州藩家老らが学習院に石清水八幡宮への行幸を要求する建議をおこなった。攘夷祈願に向けた動きは、三月十一日の加茂下上両社への行幸となって早くも実現した。ここで議奏の三条は総御用掛を兼任し、行幸の先発を命じられた。将軍家茂も警護して行列に加わっている。さらに四月十一日には石清水八幡宮への行幸が実施された。

攘夷の実現は公家たちにとって望むべきものであったが、ここにきて尊攘派公家の象徴と目されてきた姉小路公知が暗殺される事件が起こった。朔平《さくへい》門外の変である。五月二十日の夜、朝議をおえた姉小路は御所の清和《せいわ》門を出て、朔平門外を過ぎたところで襲撃された。姉小路は相手の刀を奪って応戦する気概を見せたが、両頬や胸

図7　三条実美

図8　姉小路公知

部に重傷を負った。姉小路は自邸までたどり着いたものの、出血多量のため早朝には息を引き取った。

前年から二人三脚で行動してきた三条にとって、姉小路の死は悲痛であった。三条は姉小路死去の報に接すると、すぐに姉小路邸を訪れて「余実に半身を失ふが如く、深く之を愛惜す」と悲しみながら、「兇賊を厳科に処し、併せて使嗾者《しそうしゃ》を逮はんとす」と、殺害者を厳罰に処す姿勢を示した。さらに「余は卿と共に予期する所の宿志を遂げ、皇室を泰山の安きに置かずんば止まざるなり」（徳富蘇峰『三条実万公・三条実美公』）と、幕府に攘夷を実行させるとともに朝廷の権威伸張を図ることを約束している。

下手人に一族の影

姉小路を襲ったのは誰なのか、またなにゆえ殺さなければならなかったかである。姉小路暗殺の刺客は三名いたが、まず容疑者としては現場に落ちていた刀から薩摩藩士の田中新兵衛が浮上した。だが、捕えられた田中が自殺したため、彼の動機については解明できない。また他に容疑者として滋野井公寿と西四辻公業《にしよつつじきみなり》（三条の一族である高松公祐の三男で西四辻家の養嗣となった）の家臣が確認される。

両名は姉小路と三条の一族である。滋野井と西四辻は、朝廷の許可を得ずに吉野山の後醍醐天皇陵で攘夷祈願をしたため、五月二十八日に禁足処分を受けた。彼らが姉小路を殺そうとした動機については、町田明広氏が面白い見解を示している。姉小路は一橋慶喜の監視役として大坂に同行した際、勝安芳《やすよし》から即今攘夷論の難しいことを説かれ、それに同調したという。つまり、攘夷実現のためには過激な手段も辞さない滋野井や西四辻にとっては、姉小路の軟化を見過ごせなかったのである（町田明広『幕末文久期の国家攻略と薩摩藩―島津久光と皇政回復―』）。

姉小路は三条と並んで尊攘派公家の象徴的存在であったため、それが軟化すれば攘夷に対してなんらかの影響を与えることが予測された。そのように考えれば、滋野井や西四辻が姉小路を消そうとしたとしても不思議ではない。あまつさえ、当時囁かれた姉小路に対する遺恨を両名が抱いていたなら、生かしてはおけなかっただろう。火の粉は三条にも降りかかる。五月二十一日に尊攘派公家たちの溜り場でもある学習院の門前に「転法輪三条中納言、右之者姉小路ト同腹ニテ公武御一和ヲ名トシテ実ハ天下ノ争乱ヲ好候者ニ付、急速辞職隠居不致《いたさず》ニ於テハ不出旬日代天誅可殺戮者也」(『孝明天皇紀』四)という張り紙がなされた。そこでは〈三条は姉小路と同様に公武合体とはいいながら、天下争乱を好む者であり、議奏を辞職しなければ天誅をくらわす〉という。三条も攘夷論を軟化させたという噂が出ており、それを不都合に感じた者の仕業と見てよいだろう。

姉小路暗殺事件から一週間後の五月二十七日付で薩摩藩士の本田親雄は、大久保利通と中山中左衛門に「三条を非常ニ関白職江御推任と申極内之説頻」、「攘夷ならてハ度外之事」(『大久保利通関係文書』五)と伝えている。京都では攘夷論が台頭し、三条を関白に就任させようという意見が少なからず起こっていたようである。その二日後の五月二十九日付の宸翰《しんかん》で天皇は「徳大寺、三条ハ早々取除にならてハ迚《とて》も何等之所置も六か敷《むずかしく》」(『孝明天皇紀』四)と、議奏の徳大寺実則と三条を朝廷内から排除してほしいとの意向を示している。

三条と徳大寺の発言力は増し、天皇は不本意でも「ふんふん」と聴許するしかなかった。天皇が警戒するほどであるから、三条が軟化したというのは取り越し苦労であった。むしろ以前よりも攘夷論が過熱し、尊攘運動の象徴として三条への期待が増したと見るのが自然である。三条の重要な相談相手であった姉小路を失ったことは、政治生命においてマイナス以外にない。また事件の容疑者として一族の名前が出たことも精神的な苦痛を与えたことと思われる。この後には三条が姉小路と図ってきた攘夷実現に向けての政治運動も上手くいかなくなる。

図9　妙法院での決議　七卿が長州へ落ち延びることを決めた（『三条実美公事蹟絵巻』より）

八月十八日の政変

姉小路暗殺事件が起こった五月以降、長州藩の木戸孝允《たかよし》、久坂玄瑞、熊本藩の轟武兵衛、高知藩の吉村寅太郎、さらに有馬藩の平野国臣《くにおみ》、真《ま》木《き》和泉《いずみ》などが、学習院に出入りして尊攘派公家たちと議論を重ねた。そこで真木は、天皇が攘夷祈願のため、神武天皇の山陵および春日社を参詣し、親征の軍議をおこなうという大和行幸の計画を示した。真木たちが鷹司関白などを介して尊攘派公家たちに攘夷実現を求める運動が展開されると、三条も黙止してはいられなくなる。彼らの要望を受けた三条は、大和行幸の計画を天皇に言上し、八月十三日に大和親征行幸の詔が出された。天皇は不本意ながらも同意したのである。

親征行幸には近衛忠熙と権大納言忠房《ただふさ》の父子、右大臣の二条斉《なり》敬《ゆき》、内大臣の徳大寺公純《きんいと》などが難色を示し、鳥取藩主の池田慶徳《よしのり》や、京都守護職で会津藩主の松平容保なども反対した。一橋慶喜は、武備充実を図らないと攘夷は難しいことを述べた。こうした状況を受けた天皇は、中川宮（青蓮院宮を改称）尊融《そんゆう》親王に苦しい胸の内を明かした。十六日には近衛と二条にも伝えている。

そして八月十八日の午前一時過ぎ、中川宮、二条、徳大寺、近

衛父子、松平、京都所司代の稲葉正邦《いなばまさくに》が参内し、御所は会津藩・淀藩・薩摩藩の藩兵が警護した。尊攘派の公家が朝議に参加していたため、正親町三条実愛、中山忠能、阿野公誠など呼ばれた者を除いて参内が停止された。そして国事参政と国事寄人が廃止となり、大和親征行幸が取り消されている。早朝には堺町御門で長州藩兵と会津藩および薩摩藩兵との間で小競り合いが起きた。

三条は家臣を介して御所の周辺が騒然としているとの情報を得ると、長州藩兵を率いて鷹司邸に向かう。御所のなかでなにが起きているのかを確認しようとしたのである。長州藩に近しい立場にあった鷹司関白は、政変の計画を知らされていなかった。午前十一時に彼が参内してようやく事態が伝えられた。鷹司は長州藩兵の京都からの退去命令に反対したが、朝議の結果は変わらなかった。

御所からは勅使の柳原光愛《みつなる》が鷹司邸に派遣され、三条たちに退散するようにという御沙汰の出たことが伝えられた。これを受けて三条たちは洛東の妙法院まで撤退している。彼らは朝敵になることを避けるため、御所を目指すことはしなかった。参内停止となった豊岡随資、烏丸光徳《からすまるみつえ》、滋野井実在、東園基敬は自宅に戻り処分を受けたが、三条、三条西季知、壬生基修、四条隆謌《たかうた》、錦小路頼徳《にしきこうじよりとみ》、沢宣嘉《さわのぶよし》、東久世通禧《ひがしくぜみちとみ》の七卿は、長州藩へ逃れる道を選択する。

三条たちは長州への脱走には逡巡したが、御所内に戻れば姉小路のように暗殺されるのではないかという不安も存在した。公家は勅使などの公務を除いて京を離れることを禁じられていた。逡巡した末、彼らは朝廷の規範を破り、脱走という違反行為を犯したのである。彼らはいずれも攘夷実行に向けて動いていたが、その存在を誰よりも目障りと感じていたのは天皇であった。八月十八日の政変は天皇の意志によって実行されたが、皮肉にも三条たちはその真意を知らなかった。

七卿落ち

八月十九日に京都を追われた三条ら七卿は、雨の降るなか軽装に草鞋履きという出で立ちで兵庫を目指した。兵庫からは船に乗り、二十七日に長州藩の三田尻《みたじり》に到着すると、三条らは招賢閣に入った。彼らに対する朝廷の姿勢は厳しく、到着三日前の二十四日には七卿の官位が停止されている。この報が九月九日に届くと、三条は実美から実へと名前を変更した。また梨木誠斎という仮名を用いた。三条は京都を追放されたことを不本意と感じており、九月二十二日に筑前藩家老の矢野梅庵、十月二日には筑前藩主世子の黒田長知《ながとも》に対し、京都の政治状況を変えるための運動をしてほしいと依頼している。

図10　長州へ向けて竹田街道を行く七卿（『三条実美公事蹟絵巻』より）

幕府は文久三年五月十日を攘夷実行の期限としたが、横浜鎖港問題は進捗しなかった。一方の長州藩はアメリカの商船を砲撃した。長州藩や三条らは、天皇が希望する攘夷実行のために尽力したにもかかわらず、なぜ我々が非難されなければならないのか納得がいかなかった。そのため、八月十八日の政変よりも前の状況に戻し、攘夷実行を国是とすることを望んだ。

藩内では「正義派」と称される諸隊が七卿を擁し、藩主の毛利敬親と元徳の父子に率兵上洛させる議論が盛んとなった。だが、三条は単独で突出するような攘夷運動には賛成していない。九月二十八日に招賢閣を訪ねてきた平野国臣からは、生野《いくの》での挙兵参加を求められるが、三条は自重すべきだと断っている。それに対して沢宣嘉は、十月二日の夜に脱走して「生野の変」に加わった。この計画は失敗するが、沢は幕府の手に捕えられることなく、この後も諸藩士たちと交流しながら王政復古後に京都に戻るまで放浪することとなる。

図11　壇ノ浦の砲台を視察（『三条実美公事蹟絵巻』より）

年が明けて文久四年正月十九日に三条ら六卿は「歎奏書」を書いている。二十六日に家臣の丹羽正雄および三条西の家臣の河村季就が上京し、三条の実弟である河鰭実文に示した。そして二月三日に武家伝奏の坊城《ぼうじょう》俊克《としかつ》に提出する。朝廷内には依然として三条らの政治姿勢に共感する公家たちが少なからず存在したが、中川宮朝彦《あさひこ》（尊融を改称）親王や二条斉敬など前年八月の政変を推進した公家たちの意向もあり、「歎奏書」の回答は棚上げとなった。

その間に長州藩内では、京都への率兵上洛に加え、前年の攘夷決行の報復として、諸外国の艦隊が来襲するかもしれないとの情報が入り、軍備が進めれた。元治元年（一八六四）三月二十八日、三条ら六卿は壇ノ浦の砲台を視察している。このとき六卿は鎧直垂《ひたたれ》を着て馬に乗っており、そこからは文弱な公家の姿は見られない。ところが錦小路は、京都から追われた心労に加えて、不慣れな土地での生活に無理が出たのか、病気療養を余儀なくされる。錦小路の攘夷に対する思いは強く、下関視察には無理を押して同行したが、当日の夜に吐血してしまう。毛利敬親は侍医を派遣したが良薬も功を奏さず、四月二十五日に錦小路は息を引き取った。

それから一月後の五月二十五日、三条は楠木正成《まさしげ》の祭祀をおこなっている。朝廷の権威伸張を望んできた三条は、自分たちの政治運動を「建武の中興」と重ねて考えていたのかもしれない。三条が作った祭文には「嗚呼公乎。忠誠義烈」、「七世生々。兇賊之甦」（徳富蘇峰『三条実万公・三条実美公』）と、後醍醐天皇に命を捧げて戦った楠木の功績をたたえている。長州藩の率兵上洛は、京都で薩摩藩および会津藩の勢力と戦闘を起こす可能性もあった。そのような前に楠木を祭っているところからは、自分たちの名誉回復のためには命を捨てても構わないという意志のあらわれと考えることができる。

禁門の変

長州藩は四国艦隊の下関襲来が確実になると、その前に攘夷の国是を確立させることが緊要の課題となった。元治元年七月に京都での軍事衝突の危険性が高まってくると、公家たちの間で建白書の提出が相次いで起こる。長州討伐反対論、長州藩の歎願採用論、長州藩への寛大な措置と毛利父子の入京許可、攘夷貫徹論など、長州藩および五卿たちに有利な論理が展開された。

有栖《ありす》川宮《がわのみや》幟仁《たかひと》親王と熾仁《たるひと》親王の父子は平和的な解決を求め、七月十五日の朝議では山階宮晃《やましなのみやあきら》親王を勅使として派遣し、在京の長州藩士らを説諭した上、毛利父子の嘆願書を提出させる段取りが決定される。だが翌十六日には山階宮の勅使派遣は中止され、長州藩討伐姿勢へと急変した。その状況変化には、薩摩藩・土佐藩・久留米藩の主張と、それに熊本藩や福井藩などが同調したことが大きかった（原口清「禁門の変の一考察」二）。

長州藩兵は、伏見・嵯峨・山崎の三方面に分かれて頓集していたが、七月十七日には石清水八幡宮に各部隊の首脳が集まり軍議が開かれた。ここでは久坂玄瑞や宍戸《ししど》佐馬介《さまのすけ》が大坂まで一時的に退き、毛利父子の到着を待ってから進退を決すると主張したのに対し、来島又兵衛《きじままたべえ》や真木和泉は君側の姦を排除すべき進撃論を譲らなかった。大勢は来島および真木の論調に賛同したため進軍が決定された。

七月十八日の夕方から朝議が開かれ、当初は長州藩の寛大な処置を望む有栖川宮幟仁と熾仁の父子、正親町実徳、大炊御門家信《おおいのみかどいえこと》らの議論が優勢となった。だが天皇の召しによって中川宮朝彦親王、二条斉敬、さらには一橋慶喜らが参内すると形勢は変わり、長州藩討伐の詔が出されることとなる。このとき御所の外では砲声が響き、すでに戦闘がはじまっていた。

三条ら五卿は七月十四日に三田尻から乗船し、逆風に進路を悩まされながら、二十一日に讃岐の多度津《たどつ》に到着した。ここで急使の知らせに接し、備後鞆《とも》港まで引き返す。そして二十三日に御手洗《みたらい》港で京都における長州兵の敗報を聞かされている。

太宰府での五卿滞在

元治元年八月一日、御沙汰書が届き、三条および三条西は閑院家一族から義絶された。三条家は実美の兄公睦の子公恭が継ぐこととなった。五日に四国艦隊下関砲撃事件が起こると、三条は毛利敬親に面会して進発の指示を仰いでいる。諸外国軍艦の威力は凄まじく、長州藩の前田砲台などは壊滅的な被害をこうむり、戦争継続の見込みは難しかった。八日に毛利元徳と対面した三条は、講和談判を否定し、攘夷貫徹を望んでいる。だが十三日に三条は楢崎弥八郎から絶望的な戦況報告を受け、講和談判以外に手段がないことを知る。

三条ら五卿が滞在する長州藩はさらに苦しい立場に置かれる。これより前の七月二十三日、長州追討令が出されたのである。長州藩内では幕府に恭順の姿勢を示す俗論党が政権を握り、三条ら五卿は「正義」を主張する諸隊兵と通じていると見なされた。幕府の征長軍が広島の国泰寺《こくたいじ》に迫ると、諸隊兵は武装して応戦の構えを示した。十一月十五日に烏帽子《えぼし》鎧直垂姿の三条らは馬に乗って湯田を出発し、十七日に長府の功山寺《こうざんじ》に到着した。

五卿の存在は、長州藩の「正義」を示すものであった。いざ幕府軍との戦闘が開始されたら、彼らも戦陣に立ったことだろう。だが、十六日に国泰寺で征長総督の徳川慶勝《よしかつ》（旧尾張名古屋藩主）に禁門の変の責任者である三家老の首が示されると、十八日予定の開戦は延期となった。十九日には五卿を筑前藩などの五藩で一人ずつ預かる九州移転の話題が浮上した。俗論党が早期移転を望むのに対し、それに諸隊が反対運動を展開したため、五卿の九州移転は遅れた。結果的に三条は移転を受け入れたが、五卿の分離は彼の反対もあって避けられた。

三条ら五卿は、元治二年正月十四日に外浦で乗船し、福浦、筑前若松、黒崎を経て、十八日に赤間藩主の離宮に入った。三条らが無位無官であったため、離宮は監視され、外出が禁じられるなど、囚人のような生活を強いられた。二月十二日には太宰府延寿王院に移り、ここでも参詣などを除き外出は制限された。そこで薩摩藩への移転が浮上したが、三条は受け入れなかった。

太宰府に移ってからも三条らは長州藩の「正義」を示す存在に変わりなかった。折しも長州藩内では諸隊が俗論党を排除した。三月に幕府は目付の小林甚六郎を福岡に派遣し、状況を視察させた。四月一日、小林は五卿が大坂へ行くことを説得するため、三条との面談を要望した。五日に薩摩藩士の黒田清綱《きよつな》は、三条たちに藩主の指

図12　太宰府における小林甚六郎との対面（『三条実美公事蹟絵巻』より）

示によって五卿を警護している立場上、幕命とはいえ大坂に送ることは承服できないと訴えた。

三条らは、大坂や江戸に送られることと、五卿が分離されることに対して拒絶する。その背景には三条らの意向を後押しする薩摩藩の存在が大きかったようである。そして慶応元年（一八六五）八月十七日、三条に面会した小林は、〈五卿が京都に戻れば参朝停止処分を解くため尽力してくれる公家がいる〉はずだと説き、また〈二条関白は近衛を嫌っているが、三条にはそのようなことはない〉とも述べている。

だが三条は、〈自分たちが西下したのは一身上の都合ではなく、朝廷を慮《おもんばか》っての行動であり、ここで帰ったのでは朝廷にも天下に対しても申し訳が立たない〉と論じ、それよりも〈在京の公家たちで処分を受けた者の罪を解除すべきである〉（土方久元「回転実記」二）と回答した。三条たちにとっては、自らが取った攘夷という行動が正当化されない限り、京都に帰っても意味がないと感じていたのである。

進捗しない寛典処分

慶応元年四月に幕府は長州再征令を布告すると、閏五月に将軍家茂が軍勢を率いて京都に上洛した。六月には長州藩の三支藩と、長州藩の末家吉川経幹《きっかわつねまさ》らを大坂に呼び、罪状を糾問しようとした。だが、彼らは幕府の命に応じなかった。慶応二年正月には、長州藩の十万石削減や毛利父子の退隠と蟄居などが決定され、これにしたがわない場合は征討することが表明された。折しも同月二十一日には京都で薩長同盟が結ばれ、薩摩藩が長州藩に協力することが約束されていた。

そのため、幕府と長州との交渉は決裂し、六月七日に長州再征が起こった。幕府軍は長州藩諸隊に苦戦を強いられ、戦局が好転しないなか七月二十日に将軍家茂の死去を迎える。長州再征の敗北は、幕府の権威を失墜させる一方、長州藩の寛大な処置を求める動きを有利にした。八月三十日には正親町三条実愛など二十二人の公家が参内し、三条ら五卿の寛大な措置を含む朝廷改革の意見書を提出している。この運動は、洛北の岩倉村に幽居中の岩倉が、彼の姉婿である中御門経之《なかのみかどつねゆき》を介して正親町三条や大原重徳らと連携を図っておこなったものである。

この列参運動に孝明天皇は激怒し、正親町三条、中御門、大原は閉門の処分を受け、意見は聴許されなかった。九月から薩摩藩は五卿の処分解除に向けて動いた。十二月十四日には五卿を警護する五藩が、幕府に五卿は「至極謹慎之次第」（前掲「回転実記」二）であるとの様子を伝えながら、その罪を解くように求めた。三条の処分解除を認めなかった孝明天皇は、出血性疱瘡《とうそう》により十二月二十五日に崩御する。三条は孝明天皇崩御の知らせを、慶応三年正月九日に聞いている。

これにより五卿の処分解除は、薩摩藩の方針に沿って進むかに見えた。薩摩藩は、正月二日には「五卿方御復位御帰洛之事も至極都合宜相運」となり、七日には「正義之宮様堂上方悉皆《しっかい》勅免に相成筈之由」（前掲「回転実記」二）という情報を得ている。十五日と二十五日の大赦令により、文久三年と元治元年に処分を受けた公家の赦免が実施された。ところが、文久二年に処分を受けた九条尚忠は許されたものの、久我建通、岩倉具視、千種有文、富小路敬直と、前年八月の列参運動で処分を受けた正親町三条たちは除外された。そして三条たち五卿の赦免もおこなわれなかった。

幕府の主張によれば、「五卿方は自ら求めて朝廷を離れ候事故《ゆえ》、今更朝廷より被召還《めしかえされ》候謂《いわ》れ無之」（前掲「回転実記」二）という。〈三条たちは勝手に脱走したのだから、朝廷で呼び戻す理由はない〉との主張だが、これに薩摩藩は承服していない。幕府にとって攘夷の象徴的な存在である三条たちが京都に戻るのは好ましくなかったのであろう。そして三条たちを避ける公家たちがいたことも想像に難くない。そうした公武両者の意向によって三条らの赦免は実現しなかったと見るのが自然である。

そして五月を契機に薩摩藩と幕府の関係性は険悪となる。そこでは長州藩の寛典処分が先決と判断する薩摩藩の島津久光と、兵庫開港を最優先課題と見る将軍徳川慶喜との間で意見が対立した。長州藩の寛典処分は、三条ら五卿の京都復帰に繋がる問題であった。朝廷内には幕府の姿勢に不満を持ち、薩長の動きに期待を寄せる公家たちがあらわれ、そのなかには「討幕」を考える者もいた（原口清「慶応三年前半期の政治情勢」）。そうした京都の状況変化は、三条を訪れた諸藩士から伝えられた。

二　維新政権の宰相

王政復古による帰京

慶応三年（一八六七）の九月から十月にかけて土佐藩士の中岡慎太郎が太宰府の三条を訪れている。折しも土佐藩は公議政体にもとづく政治改革を構想し、武力討幕を視野に入れた薩長両藩と並行するかたちで運動を展開していた。二月二十二日に土佐藩士の坂本龍馬は、「廿四卿の御宥罪も相解ケ筑前の三条卿ハ御帰京の上ハ天子御補佐とならせられ候よし、此儀ハ小松西郷なと決して見込ある事のよし、然《しから》ハ先ツ天下の大幸ともいうへきか可楽々々」（『坂本龍馬関係文書』一）と記している。薩摩藩士の西郷隆盛や小松帯刀《たてわき》は三条らが京都に戻れば天皇を補佐すると想定しており、そうなることを坂本も「天下の大幸」と楽しみにしていた。

新しい政治体制を望む薩摩藩・長州藩・土佐藩のいずれもが、天皇を補佐する存在として三条に期待を寄せていたのである。そこで中岡は京都への五卿復帰を図る。その実現には朝廷内で五卿復帰に向けて動く有力な公家の存在が欠かせなかったが、中岡は土佐藩士の大橋慎三から岩倉具視が最適であることを聞かされる。

岩倉が幽居の身でありながら、二十二人の公家による意見書提出に関与していたことは先に述べた。また彼は、地下官人や諸藩士とも交流しており、隠然たる政治力を持っていた。実際に岩倉と話した中岡は、その人柄を高く評価して三条との提携を望むようになる。だが、先述のとおり文久二年（一八六二）に岩倉を朝廷から追放したのは三条たちであり、三条は岩倉を幕府に阿《おもね》る「姦物」としか思っていなかった。九月に中岡から岩倉との提携をもちかけられた三条は、彼は信用できないと断っている。

このとき同席していた東久世通禧《ひがしくぜみちとみ》が岩倉の人柄を説明し、三条の誤解を解くことに努めた。東久世は岩倉の一族であったが、「四奸二嬪」排斥運動の影響を恐れ、当時は弁明できなかったとも語った。三条たちが問題視した和宮降下は、岩倉にとって幕府のご機嫌を取るために推進したのではなかった。和宮降下を担保とし、幕府に将来的な攘夷の実行と、重大事件を朝廷に諮ることを約束させるものであり、朝権伸張を望むものであった。政治運動の方法に差異はあるものの、三条と岩倉の朝権伸張という願いは共通していた。

その誤解が解けたことにより、三条は岩倉との協力を承諾した。この知らせは中岡によって岩倉のもとに届けられ、新しい政治体制に向けて両者は和解したのである。十月十三日には正親町三条実愛《おおぎまちさんじょうさねなる》、中御門経之《なかのみかどつねゆき》、中山忠能《ただやす》の連署による「討幕の密勅」が作成されたが、翌日に将軍徳川慶喜が大政奉還を朝廷に提出したため大義名分が失われる。十一月十五日には三条と岩倉の和解に尽力した中岡と、彼の同志である坂本龍馬が襲撃され、坂本は即死し、中岡も翌日に死去した。十六日および十九日に岩倉と大久保利通は、政変について相談をしている。

正親町三条は、朝廷内の人材不足に不満を抱えていたが、いざ政変実行となると躊躇し、中山や中御門とともに平和的な路線を模索するようになった。十一月二十九日、正親町三条は大久保から政変の機会が失われることを説かれ、その決意を促されている。十二月一日に大久保は中山から政変実行の了解を得た。大久保および西郷隆盛と、土佐藩士の後藤象二郎の間では政変実行を八日と決める。五日に後藤は、前藩主の山内豊信《やまうちとよしげ》の上京を待ってほしいと、十日に政変実行の延期を申し入れるが、岩倉と大久保は認めなかった。それでも中山が宮中内の公家の調整が困難と主張したため、一日だけ延期を余儀なくされた。

そして十二月九日の朝議で毛利父子の赦免および官位復旧、三条と岩倉の赦免が決定された。朝議がおわると、それまで幕府に協力的であった摂政二条斉敬《なりゆき》などが退出し、その場には「薩長討幕派」の公家たちと、それに協力する松平慶永や徳川慶勝らが残った。そして即座に準備していた岩倉が参内し、天皇や正親町三条および中山たちの面前で「王政復古の大号令」を読み上げた。

新しい政治体制は、古代の国家のように天皇を中心にしたものであり、身分の上下を問わず賢才が政治に関与できるものとしていた。この王政復古の政変により、幕府の諸機構や朝廷内の摂政や関白など、養老令で規定していない令外《りょうげ》の官は廃止され、仮に総裁・議定《ぎじょう》・参与を置く新政府が発足した。参与に就任した岩倉は、当夜の小御所《こごしょ》会議に出席し、議定の山内豊信との間で徳川慶喜の辞官納地をめぐり激論をしているが、このとき三条ら五卿は太宰府にいた。

三条たちに赦免の知らせがとどくのは、十二月十四日である。当夜はそれを伝えた薩摩藩士の西郷従道《じゅうどう》と大山巌《いわお》を招いて祝宴を開いている。三条ら五卿は十九日に輿に乗って太宰府を出発した。二十一日に薩摩藩の春日丸に乗船し、二十二日に下関で毛利元徳、二十三日に三田尻で毛利敬親に挨拶している。お互いに苦労してきたから、晴れて赦免となった喜びを分かち合ったに違いない。二十五日に大坂、二十七日に伏見を経て京都に入った。実に四年振りの帰宅であった。同日付で三条は議定に任命され、岩倉は参与から議定へと昇格した。

関東大監察使

新政府にとって、幕府が長年統治してきた江戸を掌握することは重要な課題であった。関東には依然として新政府軍に抵抗する旧幕府勢力がおり、それを鎮定する意味でも江戸を押さえることが欠かせない。慶応四年二月三日に徳川慶喜の征討令が公布され、東征大総督の有栖川宮《ありすがわのみや》熾仁《たるひと》親王を中心とする新政府軍が進軍した。三月十三日に旧幕府の代表者である勝安芳と、東征軍参謀の西郷隆盛が会見し、江戸総攻撃は回避される。そして四月十一日に江戸城が新政府側に引き渡され、二十一日に新政府軍が入城した。

この流れを受けて江戸を統治するという重要な役割を三条が担うこととなる。閏四月十日に関東大監察使に任命され、翌日京都を出発して大阪に暫く滞在し、そこから乗船して二十四日に江戸城に到着している。久しぶりに戻った京都には四か月しか滞在できなかったのである。三条が江戸に赴任したころ、上野山には輪王寺宮《りんのうじのみや》（北《きた》白川宮《しらかわのみや》能久《よしひさ》親王）を擁する彰義隊などの旧幕府勢力が結集していた。三条は「東叡山頓集之賊徒丈《だけ》ハ掃撃不仕《つかまつらず》候てハ相片付不申《もうさず》候、専苦心仕居候」（『岩倉具視関係史料』下）などと記しており、彰義隊の鎮圧が当面の難題であった。その処置のため、軍務官判事の大村益次郎が京都から江戸に到着した。

江戸の城下から目線を関東に広げると問題は山積していた。野州方面の治安も良好とはいえず、宇都宮への派兵が余儀なくされた。三条は西郷隆盛と相談して「大藩ヲ以鎮圧無之而《これなくて》者《は》平定ニ不至」という結論を出す。さらに房総方面の統治も容易ではなく、五月二日付の書翰で三条は京都の岩倉具視に対して「総房辺鎮撫ハ大藩ニ無之てハ不行届」、「御人撰にて東下日々渇望」（『岩倉具視関係史料』下）と主張している。大藩の兵力と、それを指揮する有能な人材を必要としていたことがわかる。五月五日、三条と有栖川宮は、前橋藩主松平直克《なおかつ》と面会し、上野方面の鎮撫は松平に任せ、下

図13　小直衣（狩衣直衣）姿の三条実美

野方面には佐賀藩主鍋島直大《なおひろ》の兵力を向かわせることになったと伝えた。

江戸総攻撃は回避されたものの、江戸近郊の関東地域では旧幕府勢力と新政府軍との間で戦闘が起きていた事実を見逃してはならない。二百年以上も天下泰平を謳歌してきた人々にとって、江戸に侵入してきた新政府軍は迷惑千万な存在である。村や町が戦禍にあった体験からは、馴染みの薄い新政府よりも、慣れ親しんだ旧幕府を慕う気持ちが湧いてきても不思議ではない。三条は迅速に治安維持を図り、人心を新政府に引きつけなければならなかったのである。

江戸を統治する処世術

関東の行政は即断即決しなければならない事件が少なくなかった。京都の太政官《だいじょうかん》に報告していたのでは臨機応変な対応ができない。そこで五月二十四日、関東の行政については三条に委任され、彼は右大臣兼関東鎮将に就任する。五月三十日付の岩倉宛ての書翰で三条は、「官軍も揚々として府内ヲ横行仕候次第、欣喜《きんき》此事ニ候」などと、喜びを隠せないでいる。小田原の「賊徒」が速やかに平定されたため、近いうちに奥羽も平穏になるだろうと前向きな予想を示した。だからといって、依然として江戸の統治が容易でないことも察知していた。

その難しさを三条は〈数百年間、徳川氏の恩沢に浴してきた人々であり、天皇の存在を知らないため、政治の実施がとても難しい。よって旧幕府の慣習により寺社、町、勘定の三職を立て、従来の規則などを新たに引き直すのがよい。姑息ではあるが、そのほうが速やかに統治できる。そうしないと、必ず紛乱が生じるだろう〉（『岩倉具視関係史料』下）と語っている。

江戸城内には治安維持を図るため、六月五日に江戸鎮台を置き同職には有栖川宮が任命され、江戸府知事の烏《からす》丸光徳《まるみつえ》が輔佐した。このような体制ができたものの、三条は江戸の統治には天皇の存在が不可欠と感じることに変わりはなかった。三条は江戸到着直後から行幸を求めており、五月七日から九日には天皇の面前で「東征出輦」や「御親征ノコト」が議論された。当時行幸に反対する公家や女官たちも少なくなかったため、天皇の東幸をどのように実施するかは重要な課題であった（京都における大阪親征行幸や東京行幸に際しての賛否両論については、Ⅱの一「正親町三条実愛の努力と限界」で詳述する）。

その議をおこなうため、六月五日に参与の大久保利通、十九日には参与の木戸孝允と大木喬任《たかとう》が、それぞれ京都を出発している。二十一日に大久保、二十五日に木戸と大木が江戸に到着すると、江戸城内で三条と大村を交えて天皇東幸について議論を重ねた。そして木戸と大木は、二十九日に江戸を出発し、七月七日に京都に戻った。三条は、江戸の統治には自身でも、宮家の有栖川宮でも効力は十分ではなく、天皇でなければならないと感じていた。だが、後述するように彼の望む天皇東幸の実施は遅れることとなる。

二人の輔相―信頼を寄せる岩倉―

関東平定に向かった新政府軍としては、御親征大総督に任命された有栖川宮熾仁親王と、それを支えた大総督参謀の西郷隆盛、江戸開城に際して入城した東海道先鋒総督参謀の海江田信義《かいえだのぶよし》、さらに上野の彰義隊撃破で作戦力を発揮した大村益次郎などが有名である。だが、それ以外にも大総督のもとで東海道や東山道から進撃した者は数多くいた。慶応四年正月九日、岩倉具視の次男具定《ともさだ》は東山道鎮撫総督、同じく三男具経《ともつね》は同副総督に任命された。そして両者は、江戸の治安を維持するため、しばらく現地に滞在することとなる。

その間に京都の岩倉は、兄弟の無事を案じる複数の書翰を両名に宛てて送っている。三条が江戸に向けて京都

図14　岩倉具視

を出発した直後の閏四月十二日付の書翰では、「若年の義、兎にも角にも謹慎専務にし而《て》、慢心なかるべし」と、現地で驕るような態度を取ってはならないと戒めた。続けて「今後は専ら条公をして父とし（てが脱か）見るべし、余思に両児勤とする所治乱共に勤て士心を失ふ事なかれ」（『岩倉具視関係文書』三）と注意した。かつては政敵であった三条を、父として見るべきだという。その理由は、三条が驕ることがなく、平時と戦時に関係なく「士心」を失っていないからであり、そのような姿勢を模範とすべきだと判断したからに他ならない。

文久期には、三条と岩倉の両者はよく人柄を知らなかったため対立した。それがお互いに新政府を担う立場として接するうちに、それまでの誤解が解消されたように思われる。その証拠に三条も、岩倉の立場を気遣う書翰を送るようになっている。七月五日付の書翰では、岩倉兄弟が東山道総督に任命されてきたが、これに対して世間では「官軍にして其行は頗《すこぶ》る暴戻」、「猥《みだり》に黄白を費し会計の道を不知、国家之興廃をも不顧」（『岩倉具視関係文書』四）などという、噂が起きているのはなぜかと問い質している。つまり岩倉が権威を利用して自身の息子二人を東山道総督に任命したものの、その役割を十分果たしていない。これは国家経済を顧みないで無駄に経費を使っているとの声が出ていたのである。このような噂を三条は、江戸と京都を裂く「離間之讒説」と判断し、十分注意しなければならないという。

江戸における旧徳川勢力が後退したことを「当地賊徒平定以来弥《いよいよ》鎮静徳川にも大に恭順」と伝えながら、だからといって油断してはならず「勝て兜之緒をしめる」必要があると述べる。そして「旧来の法制禁令悉く不採用無法に一新を為んとせは、政事無紀律職官人材不備百事紛乱民亦《また》徳川之政治を思ふに至らん」と、江戸における急激な変化は避けるべきであり、徐々に変えていかないと人々から反感を買う恐れのあることを指摘する。人心を新政府に引きつけ、政治の混乱を避ける意味から、鎮将府では旧幕臣たちを官員として再雇用した。だが、三条は「旧幕小吏輩狐狸之性今面目を改め勉励従事すと雖《いえども》決して油断ならず、屹度《きつと》監察を以て邪正是非を督責して使用するに非れは、必らす旧轍を誤て踏に至るべし」（『岩倉具視関係文書』四）と、旧幕臣の扱い方に注意喚起を促している。

三条の恐れは、人心が新政府から離れ、馴染みある旧幕府を慕うようになることであった。したがって、旧幕府の法令や諸制度で引き継げるものは残し、旧幕臣たちの生活にも配慮していた。ただし、彼らの動きを常に監視する必要性も感じており、猜疑心を抱きながら統治の任にあたっていたのである。そのような心境を岩倉に提示しており、三条の岩倉に対する見方は変化していた。

天皇の東幸を願う

鎮台廃止にともなう有栖川宮の進退が問題となると、三条は「何分当地之人心親王御一人御在府」が必要であり、「鎮将ハ被置とも政事ノ方ハ鎮台一人御東下」（『岩倉具視関係史料』上）してほしいと頼んでいる。文末では、聖護院宮《しょうごいんのみや》嘉言《よしこと》親王（のちに小松宮《こまつのみや》彰仁《あきひと》親王と改称）、華頂宮《かちょうのみや》博経《ひろつね》親王でも構わないと述べており、必ずしも有栖川宮でなくてもよかったようである。

いずれにせよ、三条にとって宮家は東幸が実施されるまで、天皇に代わる存在であったことがうかがえる。江戸統治には天皇の親戚である宮や、清華家出身の三条など、天皇と血縁関係で結ばれている人物が欠かせなかった。七月十七日、東京奠都《てんと》にともなって鎮台が廃止され、関東鎮将府が置かれた。同日に三条は関東十三か国の政務を担当する鎮将に就任し、有栖川宮は「関東軍事一途」（『百官履歴』二）が委任された。

京都には東幸に反対する議定の中山忠能や参与の大原重徳などの公家が少なからずいたため、京都から東京に都を移す遷都が困難であった。そこで京の都を廃止することなく、東に都を置く奠都という手段を取った。これにより江戸は東京と改称され、あとは東の都に西の都から天皇を移すだけとなった。だが、そもそも天皇が東京に行くことを快く思わない公家がいるため、東幸の実施は引き伸ばされた。

東幸を心待ちにする三条は、岩倉に繰り返し東幸の機会を失わないよう訴えた。八月十七日付の岩倉宛て書翰では「今日府下人心亀之助〔著者註：徳川家達《いえさと》〕移転以来、浮説流言ニて聊《いささか》動様之気色も有之《これあり》」、「御東下ニ相成候様為国家千祈万禱仕候」、「輔相供奉無之而《これなくて》者《は》御不都合とも存候」（『岩倉具視関係文書』川崎本）などと説明する。徳川宗家十六代の徳川家達が駿府に移転すると、東京では「浮説流言」が起きているという困難な状況を説明しながら、東幸の実施を督促した。また岩倉の随行が欠かせないことも示している。

さらに八月二十四日付の岩倉宛ての書翰では、東幸に際して「未十分王化不眼之黎民」に「府内一円ニ金子を賜」うことが必要だと述べている。その理由を「最早威ハ十分」であり、「此上ハ恵ヲ施ニ無之てハ治平無覚束」からだという。また注目すべきは、東幸は「暫時御滞在ニて御西還被遊《あそばされ》、来年春陽温和之候を以再御東幸、其時ハ屹度《きっと》永世不抜之御基礎ヲ被立《たてられ》候」（『岩倉具視関係史料』下）などと述べていることである。要約すれば〈しばらく東京に滞在して京都に還幸するが、明治二年春に再び東幸し、そのときに永久的な基本を立てる〉という。この段階では年内還幸を認めており、後述するような還幸反対論を主張していなかったことは見逃せない。

右の書翰から一月後の明治元年（一八六八）九月二十日（九月八日の一世一元の制により明治と改元）に東幸は実施され、十月十三日に江戸城（この日に東京城と改称）に到着した。到着前の七日、三条は「当地之人心威武之厳ニ不服シテ、衣冠之尊ニ服候」などと考え、「関東武治之民を服する」には「朝廷之文を以可刻」（『岩倉具視関係史料』下）ことにあるという。つまり、関東鎮将府による武力で治安維持を図ろうとしても反発を招くだけであり、人心を治めるには天皇の尊い権威が必要であるという。

年内還幸への反対

年内還幸について三条は難色を示した。彼は天皇が東京を離れれば、再び統治が困難になると感じた。三条は岩倉に対して、日本の盛衰は東京にあり、京都を失っても構わないと、年内還幸に反対する。だが、中山忠能の意向を受けた岩倉は、京都の人心に配慮して年内還幸を支持した。その理由には、一条美子《はるこ》の立后、孝明天皇の三回忌法要、東幸の反対者に配慮する必要性などがあった。

そこで三条は、来春の天皇再幸と、その際には京都から東京に太政官を移すことなどを提案している。この議に岩倉、木戸、大久保が反対した形跡はなく、むしろ同意見であったと考えられる。三条のような急進的な方法を取れば、京都の人心が収まらないため、ここでは岩倉の漸進的な手段が支持されたのである。あまつさえ中山は、海路では天皇および三種の神器に危険がおよぶため、乗船するなら「内侍所」の「神慮」に伺うべきだと、還幸経路にも固執した。

これに対して三条は、来春の再幸を取りつけると、年内還幸の反対姿勢を見せず、乗船するか否かなどで「神慮」を煩わせるべきではないと主張している。また乗船の否定は年内還幸の延期を意味しており、それは亡き孝向けて出発する。

明天皇が希望するものかと疑問を呈した。最終的には中山の意向が入れられ、十二月八日に天皇は陸路で京都へ

輔相の専任

三条は、十二月二十八日に東京を出発し、海路で京都へ戻った。明治二年正月十六日に岩倉が病気を理由に輔《ほ》相《しょう》辞職を申し出た。これは翌日聴許され、輔相は三条が専任することとなる。東京の三条と京都の岩倉と、輔相が二名いることは政令の二極化をもたらす可能性が否めなかった。事実、年内還幸をめぐって三条と岩倉が対立したこともあり、最高職の間で意見が分かれると政務が停滞するおそれがあった。そのことを感得した岩倉は、輔相を三条に譲り、自らが議定上席に後退することで混乱を回避した（松尾正人「明治初年の宮廷勢力と維新政権」）。

その一方で三条の政治的責任が重くなったことも見逃せない。最終的な裁可は天皇だが、失策の責任を天皇に負わせないようにするのが名宰相の役割である。三条の判断は国家の方針を大きく変えるため、常に慎重な姿勢が求められるようになっていく。その機会は、正月二十日に薩摩・長州・土佐・肥前の四藩主名で版籍奉還の上書提出というかたちであらわれている。

これを受けた三条は、版籍奉還の勅許は東京で「侯伯大会議」を経てからとし、それには薩長両藩主の上京が欠かせないと判断するようになる。この流れは岩倉が企画し、薩摩藩主の島津忠義と、その父久光を説得するため大久保利通が帰藩したことはよく知られている。三条も例外ではなく、長州藩主の毛利敬親と、その子元徳に対して上京を求めた。その書面では「貴藩御父子積年之御忠誠」によって「薩藩モ同心戮力《りくりょく》」となり、「両藩之間ニ於テ聊ニテモ嫌疑」が起こるようなことがあってはならないと述べている（『防長回天史』一二）。三条は薩

長土肥のなかでも薩長を特別視し、両藩の提携なくして国家および政府は成り立たないと、自覚していたことがうかがえる。

天皇再幸

京都を再び出発した天皇は、明治二年三月二十八日に東京に到着した。天皇再幸である。随行した三条は東海道の浜松で急病となるが、大事には至らなかった。東京では議定の東久世通禧と参与の後藤象二郎が辣腕を振るっていた。後藤らは弁事を経ないで諸願伺を各官に提出できるようにしたり、行政官が兼務していた議政官を分離したりするなどの改革を実施した。そして四月二十三日には各藩の公議人が集まる公議所で会議が開催された。それらは「侯伯大会議」に向けて公議政体路線の復権を図る状況ともいえる。

その一方では、中山忠能、正親町三条実愛、徳大寺実則などの公家に加え、浅野長勲《ながこと》（安芸広島藩主）、徳川慶勝、伊達宗城《むねなり》（旧伊予宇和島藩主）、池田章政《あきまさ》（備前岡山藩主）、池田慶徳、蜂須賀茂韶《はちすかもちあき》（阿波徳島藩主）などの諸侯が議定職に就任していたが、彼らには実務の内容が伝えられず、皇城（三月二十八日に東京城を改称）の一室で終日を過ごすというような状態であった。輔相の三条は、かつての七卿落ちの同志である東久世を抑えられず、宗族の正親町三条もなす術がない。

政府内の混乱ぶりは天皇再幸後も変わらなかった。京都の岩倉具視に宛てた四月六日付書翰で三条は、「政府五官一として一致協力規律法度之相立候処無之、各疑惑ヲ懐其職ヲ担当して任スルノ気無、或ハ瓦解土崩難保之情態ナリ」（『岩倉具視関係史料』下）と伝えている。各官間では協調する姿勢が見られず、職務を担当する気力すら失われているという。この後文では、このような状況を打開するため岩倉、大久保、木戸の東下を希望した。

また四月十七日付の議定中御門経之宛ての書翰で「当京政府之処、無拠次第有之少々規則変革被仰出《おおせいだされ》、議政行政ヲ両局ニ分チ」、「大ニ制度御改ニ可相成候得共、差当リ不得已《やむをえず》」（『三条実美公年譜』）とも述べている。行政官と議政官との分離をやむを得なかったというように、大幅な制度変更を快く思っていない。右のような事態が生じたのは、三条と岩倉の連携が取れず、また両者を支える木戸と大久保の存在が欠如したことによる。したがって、三条は彼ら三者の到着を期待したのである。

官吏の公選と版籍奉還

三条から書翰を受けた岩倉は国家存亡のときと感じ、大久保と木戸に東京に向かうことを促した。四月二十四日に岩倉と大久保は東京に到着するが、木戸は体調不良のため到着が遅れた。後藤象二郎ら公議政体派が台頭する状況をなくし、三条および岩倉を中心とした薩長藩閥によって政治権力を取り戻すことが課題であった。大久保は、前年閏四月二十一日の政体職制で規定されている官吏の公選制に着目し、その実施によってこの課題を克服しようと考えた。

この提案に三条と岩倉は異論がなかったようである。明治二年五月十三日と十四日、皇城の大広間で三等官以上の入札による官吏の公選がおこなわれた。輔相と議定は公家と諸侯から選び、参与は身分を問わなかった。まず輔相の入札がおわると天皇が出御し、箱のなかの入札結果が読み上げられた。このとき三条は四十九票という最多票を得て輔相に選ばれた。輔相は三条一人であるから、多くの者が政体職制の最高職に彼を求めていたことがわかる。

輔相が決まると天皇は入御し、代わって輔相に選ばれた三条が上座に座り、議定と六官知事の投票が実施された。投票がおわると三条の面前で結果が読み上げられる。この方法は翌十四日の参与と六官副知事の投票でも同じであった。議定の岩倉は四十八票、参与の大久保は四十九票を獲得した。十三日には議政官を廃止し、上下二局を開設しており、三条・岩倉・大久保の意向に沿った改革が実現している。上局の設置は、そこで版籍奉還の勅許に向けた会議の開催を企図したことによる。五月二十一日の会議では、天皇から「皇道興隆」「知藩事新置」「蝦夷地開拓」についての諮問がおこなわれた。

このうち知藩事の新設は、すでに多くの藩主から版籍奉還の願いが提出されていたとはいえ、誰を任命するのかが問題となった。六月五日の会議で三条は、藩知事（知藩事）と名称を変更しただけでは意味がなく、藩知事の交替を求めることを主張した。つまり藩知事には世襲を廃された旧藩主を任命せず、それ以外の者を就けるという意味である。これには木戸の急進論を受けていたのかもしれないが、三条が大胆な構想を支持していたことは注目に値する。だが、薩摩藩には封建制を重視する島津久光がおり、大久保は漸進的な意見を示した。六月十七日に版籍奉還が勅許され、世襲制の藩主から地方官としての藩知事へと変更したが、藩知事には旧藩主を任命している。これにともない公卿と諸侯の区別も廃され、新たに華族という名称が設けられた。

右大臣の職責

明治二年七月八日に職員令《しきいんりょう》が公布された。大宝律令の官制を名称に採用したため、従来の輔相・議定・参与に代わり、左大臣・右大臣・大納言・参議が置かれている。左大臣と右大臣は「掌輔佐天皇、統理太政、総判官事」と、天皇を輔佐して国政を取り纏める。大納言と参議は「掌参議太政、敷奏宣旨」（『法令全書』明治二年第六二二号は、八月二十日改正のものであり、七月八日の「職員令」とは差異がある。この点は稲田正次『明治憲法成立史』上、が詳しい。）と、国政を預かり議事を奏上する。

太政官に民部省、大蔵省、兵部省、刑部省、宮内省、外務省を置き、待詔院《たいしょういん》、集議院、按察使《あんさつし》などが設けられた。このとき左大臣は欠員、右大臣に三条、大納言に岩倉と徳大寺実則、参議には副島種臣《そえじまたねおみ》と前原一誠《まえばらいっせい》が就任した。三条が臣下の最高職であることに変わりはなかった。また職員令では、左大臣と右大臣が「輔佐」や「統理太政」できるようになったから、三条右大臣の制度的な権力は強められた。とはいうものの、彼を支える納言や参議の協力が欠かせないことも事実である。

ここで大久保利通と木戸孝允は板垣退助とともに待詔院出仕に就任していた。そのため三条と岩倉は、参議よりも待詔院出仕に期待した。つまり天皇・左大臣・右大臣の「諮詢《しじゅん》」に待詔院出仕が預かり、それに木戸や大久保が応えていくという体制である。ところが、三条が期待する木戸は、彼が好まない前原を参議にしたことに加え、版籍奉還の方法をめぐって大久保と意見を対立させたこともあって政府出仕を快く思わなかった（松尾正人『木戸孝允』）。木戸や大久保が参議から外れたことにより、三職会議の運営に早くも支障が出たようである。七月二十三日に大久保は、岩倉の求めに応じて参議に就任した。

そして八月二十日に職員令が改正され、参議の職掌が「掌参与大政、献替《けんたい》可否、敷奏《ふそう》宣旨」となり、官位相当の従三位を正三位へと位階を上げた。天皇を輔佐する「献替」の役割を、待詔院から参議へ移したのである。また同日付で大久保は、三条と岩倉に宛てて「大臣納言参議盟約書」と「大臣納言参議四ヶ条誓約書」を送り、「政出一本」「機事要密」などを厳守することを求めた。これが従来守られておらず、政府の改革や政策が遅延する素因となっていたことを示す。右大臣の三条には、納言や参議の協力を得ながら、そうした弊害をなくすことが求められたのである。

民蔵分離問題

新政府の発足から二年目を迎えると、国家経済に関する諸問題が目に見える形であらわれてきた。具体的には①戊辰戦争の戦費、②太政官札（金札）の大量発行、③東北地方を中心とする凶作、④贋悪貨幣の問題などである。それらが重層化することでインフレが起こった。こうした問題を解決するため、明治二年八月十一日に民部省と大蔵省が合併され、民部大蔵省では大輔《たいふ》大隈重信《おおくましげのぶ》以下、伊藤博文、井上馨《かおる》らが中心となり、地方行政を含めた国家財政の政策が進められた。

財政問題が苦手な三条は、大隈に「贋札之事其害誠不容易」、「国家之盛衰にも関係」（『大隈重信関係文書』六）するため、詳細に取調べた上で見込みを申し出るよう命じるなど、同省の役割に期待していた。三条は明治三年六月十三日付の参議佐佐木高行《たかゆき》宛ての書翰で、「大隈伊藤両士の議は頗《すこぶる》有材高識又有力難得之英物、大ニ頼もしき人に有之候処、惜哉才英敏に余候而人を籠絡し権謀術数に近く、温和之気象包容の度量無之処より自然誹を来し、今日之物議も有之候」（『保古飛呂比』四）などと述べている。

三条が大隈と伊藤の両者をどう見ていたかがわかる興味深い内容である。〈大隈と伊藤は高い知識をもったなかなか得られない頼もしい人物であるが、惜しむのは才能がありすぎるため人を籠絡する権謀術数のところがあり、温和な点や包容力には欠けるため他者から非難を受ける。現在起きてる物議もここにある〉。そして三条は、「材力之士を政府に挙は大に之権力を政府に収攬するにあり」と論じ、大隈を参議に登用することを主張する。

こうした意見の背景には、大隈を支持する木戸孝允からの影響も受けていたかもしれない。実際、三条は六月十六日に木戸を招いて民蔵問題について意見を聞いている。そこで木戸は大隈を参議に登用すれば、民部省と大蔵省の問題は解決すると述べたようである。政府と両省の関係が緊密になれば、地方行政の問題も解決できると考えたのかもしれない。

ところが、この意見に大久保利通、広沢真臣《まおみ》、副島種臣、佐佐木高行の四参議は反対し、六月二十二日に辞職を申し出ている。彼らは、大隈らの権限を縮小させるため、民部省と大蔵省とを分離することを望んだ。両省が合併されたことで同省の力が強くなり、職員令の三職が十分に主導権を取れない矛盾が出てきた。また地方においても、凶作や窮乏の状況に対する不満が重なり、民部大蔵省への批判が強まってくる。

深刻な事態を回避するため、七月二日に三条は岩倉に大隈を説得するよう依頼し、翌日には自らが大隈に大蔵大輔だけを務めて欲しいことと、民蔵分離が避けられない状況を伝えている。それでも三条は迷走する。三条は、大久保から民蔵分離の決定を迫られたが、大木喬任から決定延期の意見を受けると「憂国王城依頼スベキ人物」(「岩倉具視関係文書」対岳文庫)と見なし、大久保の意見を絶対視しなかった。

三条は、民蔵分離を断行したところで大隈や大木は承服せず、人事面で政府は瓦解すると予想していた。九日に参議たちから意見を受けた三条は、「天下興廃安危之決、僕の一決に定り候次第」と覚悟を決める。とともに「苦慮之極」(『岩倉具視関係文書』四)と決断を迫られた苦しい心境を記している。この点が岩倉とは異なり、三条につきまとう政治責任の重さであった。

そして七月十日に民蔵分離は実施され、大蔵大輔は大隈重信、民部大輔は大木喬任が専任となり、四参議の辞職は回避された。また同日付で大久保と広沢に民部省御用掛の兼任が命じられている。だが、十一日付の大久保宛ての書翰で三条は、民蔵分離後に省中から議論が起こることを懸念し、大隈大輔を参議として引き抜くことを提案している。大隈を参議にさせようとする三条には考えがあった。それは七月二十五日付で岩倉に送った書翰から明らかとなる。

三条は、民部を「右輪」、大蔵を「左輪」と、両輪で運転しないと会計の前途はないと指摘し、江藤新平が提案する「制度御改正」を視野に入れ、両省の大輔と少輔《しょう》は大弁に兼任させ、三職が寮司の職務も実践していくような政府強化策を望んでいた（「岩倉具視関係文書」川崎本）。九月二日には大隈の大蔵大輔から参議への転任が実現する。そして三条が望む政府強化については、大久保や木戸などの共通課題となっていく。

薩長土三藩の藩兵提出―御親兵の設置―

政府強化を図るには、あらためて鹿児島藩と山口藩との協力が必要であった。明治二年十一月にも大久保が鹿児島、木戸が山口へと戻り、政府改革の必要性を藩知事に説いていたが、勅使を派遣して両藩の協力を求めることとした。鹿児島と山口への勅使派遣は三条を勅使とする案も浮上したが、太政官の最高職である彼が東京を離れるのは不都合であるため、岩倉が代わって勅使を務めることとなった。

岩倉は大阪の造幣局を視察するため関西にいた。明治三年十一月二十九日、東京を出発した木戸と大久保は京都で岩倉と面会している。その後、岩倉勅使は鹿児島と山口を訪れ、両藩知事に対し政府への協力を求めた。また島津久光の上京を促し、戊辰戦争の終結後に鹿児島へ戻っていた西郷隆盛が上京することとなった。岩倉勅使と別れて高知を訪れた大久保、木戸、西郷、山県有朋《やまがたありとも》と高知藩大参事板垣退助の間では、三藩兵の政府提出についての合意が図られた。

彼らが留守の間に東京では、明治四年正月九日に参議の広沢真臣が暗殺される事件が起こった。その処理も含め、三条は岩倉、木戸、大久保の早期帰朝を求めている。帰朝を求める書翰からは、彼らが東京を離れたことにより、早くも事務が停滞している様子がうかがえる。それは大納言の正親町三条実愛と徳大寺実則だけでは、十分な対応ができなかったことを示している。

大久保、木戸、西郷、山県は二月二日に東京に戻り、岩倉は少し遅れて六日に到着した。七日には三条と岩倉の間で今後の流れについて確認している。そして八日、三条邸には三条、岩倉、木戸、大久保、西郷、板垣、山口藩大参事杉孫七郎が参集し、鹿児島藩、山口藩、高知藩の提携と、三藩兵を親兵とする山口藩の建言などについて議論がおこなわれた。この日に三条は岩倉宛てに大久保と木戸の意向が一致するかを心配する書翰を送っている。とくに木戸の心意は気がかりで「山口藩申立之一件実に御大事と存候得は、一日二日と遷延相成候而は益《ますます》六《むず》ヶ《か》敷《しく》」、「三藩之協和も水泡瓦解之兆と深痛」（『岩倉具視関係文書』五）と述べており、木戸の意向次第では三藩提携が難しくなると予想する。

翌九日には大納言の徳大寺実則、嵯峨《さが》実愛《さねなる》（明治三年十二月二十三日、正親町三条から嵯峨へ改姓）、参議の副島種臣、佐佐木高行、大隈重信にも諮られたが異論は出なかった。残る木戸の意向を確めるため、同日に三条と岩倉は「深意」を質問している。木戸によれば、「山口藩建白の儀に付縷々条公より御演説あり、依て不得止《やむをえず》之深情を論陳せり」（『木戸孝允日記』一）とあるとおり、三条が建言について発言するため、答えざるを得なかったという。

木戸の「深意」は、二月十日付の岩倉宛ての書翰から明らかとなる。そこでは八日の席上で西郷が「天下諸藩之人材」を抜擢して政府内の刷新を促し、参議を務めてきた自分たちを「天下悪物之標準」のように発言したのが堪えられないと吐露している。山口藩では、大村益次郎の襲撃事件、藩内の軍制改革に反対する諸隊の脱退騒動、広沢真臣の暗殺事件など「内外数度之大難」（『木戸孝允文書』四）を経験してきた。それだけに政府から離れてきた西郷の無責任な発言に憤りを感じたのである。

それでも十日の会議によって三藩の藩兵を御親兵として設置することが決定した。翌十一日に三条は木戸宛ての書翰で「独一藩之責にも有之間敷《これあるまじく》」、「建言御採用不相成《あいならず》情実了解候様所望」（『木戸孝允関係文書』四）と、木戸の心情を理解することに努めた。三条にとって、政府強化を目的とした三藩提携と御親兵設置に西郷の復帰は不可欠であったが、木戸を失うことも避けなければならなかった。

官制改革案

三条は、政府強化にともなう官制改革について六月一日に岩倉、木戸、大久保と評議し、四日には木戸に質問をしている。大久保は、木戸を参議の上に置き、三条を輔翼《ほよく》することで政府の強化を図ろうとした。この意見を聞いた西郷は、板垣に協力を求め、さらに長州藩の山県有朋および井上馨からも了解を得た。三条と岩倉は、西郷と板垣からの建白を受け、十七日に木戸に参議就任を打診する。だが木戸は、参議就任は西郷の他にはないと固辞した。

また二十二日に三条と岩倉は、木戸に官制改革に関する意見を聞いている。木戸の意見は大久保とは異なった。大久保は大臣および参議と諸卿を兼任させることで政府と諸省との連携を図ろうとしたが、木戸は参議や納言の数を増やして権限を強化しようとした。この木戸の参議と諸卿を分ける構想は、後述する太政官三院制の行政権の分離となる。

三条および岩倉からの再三の依頼に加え、大隈重信の説得もあり、六月二十五日には西郷とともに木戸の参議就任が決定した。同日付で三条は木戸に宛て「一層勉強有之度」と、「尽力」することを期待している。そして木戸の意見を聞くため、諸省卿輔の人選についての「別紙愚存」（『木戸孝允関係文書』四）を内々に見せた。

三条が考える人事刷新は、神祇伯に中山忠能、同副に福羽《ふくば》美静《よししず》、民部卿に由利《ゆり》公正《こうせい》または佐佐木高行、民部輔に渡辺清、大蔵卿に大久保利通、同輔に井上馨または大隈重信、外務卿に岩倉兼任、外務輔に寺島宗則《むねのり》、刑部卿に佐佐木高行、同輔に宍戸《しし》璣《たまき》、兵部卿に大久保利通、同輔に山田顕義《あきよし》または山県有朋、宮内省に嵯峨実愛、万《ま》里小路《でのこうじ》博房《ひろふさ》とした。後藤象二郎と大木喬任については見込みがなく、良案を求めている。

諸省卿輔の人選については、右大臣の三条、大納言の岩倉、嵯峨、徳大寺、参議の木戸、西郷の事項であったから、三条の「愚案」がたたき台になった可能性は少なくない。

制度取調会議

高知藩では明治三年十月に士族の常職を解体するなど、政府に先取りした開化政策を実施していた。その政策に理解を示す福井藩や米沢藩は連携を図るため、明治四年四月十四日に集会を開いている。参加者は高知藩大参事の板垣退助、熊本藩大参事の米田《こめだ》虎雄《とらお》、同少参事の安場《やすば》保和《やすかず》、徳島藩大参事の小室《こむろ》信夫《しのぶ》、彦根藩大参事の谷鉄《たにてつ》臣《おみ》、福井藩大参事の小笠原幹、米沢藩大参事の森三郎、三条家家令の森寺邦之助である。

こうした会合は重ねられ、政府に「議院」を設置することを求めるようになるが、彼らには諸藩の連携により薩長を牽制しようとする狙いがあった。その一方では、明治三年から四年にかけて中小藩だけではなく、徳島、鳥取、熊本、名古屋の各藩知事から辞職願が提出されるなど、大藩からも「真成郡県」を求める動きが出てきた(この流れについては、松尾正人『廃藩置県の研究』が詳しい)。

三条は改革諸藩の動きを、会合に参加する森寺から伝聞していた。また板垣らも三条に改革の実施を求めた。その動きとは別に政府内では、太政官制の改革に関する制度取調会議が開かれた。制度取調専務には、六月二十

九日以降に大蔵卿大久保利通、同大輔大隈重信、外務大輔寺島宗則、工部大輔後藤象二郎、東京府御用掛大木喬任、従四位佐佐木高行、兵部少輔山県有朋、民部少輔井上馨、神祇少副福羽美静、宮内大丞吉井友実《ともざね》、中弁江藤新平などが任じられた。

制度取調会議は七月五日から開始され、六日には三条も臨席したが、議事は「国体」の問題や君権についてもおよんでいる。三条によれば、制度取調会議は「段々洪大」し、評議も「至急ニハ六ケ敷」状態となった。木戸の見込みも立たないため、薩長土三藩提携による政府改革が困難になるのではないかと危惧した。そこで三条は岩倉に、薩長土に限らず鳥取藩、徳島藩、佐賀藩、熊本藩にも諮詢し、「公論」をとってはどうかと提案する（「岩倉具視関係文書」川崎本）。

さらに七月三日付の木戸宛て書翰で三条は、薩長は名古屋藩および福井藩と並んで王政復古の功労が大きいが、これからは「外藩」も「待遇之上」では「公平」を示すことが「肝要」であると述べている（『木戸孝允関係文書』四）。これは二年前に毛利父子に送った書面で薩長を特別視していたことに鑑みると、明らかに動揺しているのがわかる。政府の官制改革を前にして、制度取調会議の空転により薩長土の連携に危機感を感じた三条は、三藩以外の関係者を入れることで解決を図ろうとしていた。

廃藩置県の断行

だが、木戸や大久保の考え方は、三条とは違っていた。官制改革の審議過程の水面下では、木戸孝允らによって密かに廃藩断行の計画が推進された。七月初旬には、山口藩出身の鳥尾小弥太《こやた》と野村靖が陸軍大輔の山県有朋を訪れ、色々な会話をしているなかで廃藩断行が浮上した。兵制統一を図る山県は両者の意見に同意し、その旨

図15　廃藩置県　右から２人目で詔書を読むのが三条実美

を木戸に迫り、さらに西郷隆盛から理解を得る必要を説いた。野村と鳥尾は井上馨に木戸の説得を頼んでいる。山県は西郷を、井上は木戸を説得し、この話を聞いた西郷と木戸は納得した。

そして七月九日、九段下の木戸邸に鹿児島藩の大久保、西郷隆盛と従道、大山巌、山口藩の木戸、山県、井上の七名が集まり、廃藩断行に関する協議が開かれた。この議論は十二日まで続けられ、この日に三条と岩倉に廃藩断行の計画が告げられた。議論のなかでは、三条に了解を得て上奏宸裁を得てから、岩倉に伝えるという意見もあった。だが、維新の功労者であることから同じく知らせている。

大久保は三条邸に向かう岩倉に対して不退転の決意を求めたが、最終的に三条は薩長両藩が国家を支えているという持論を選択したのである。岩倉の了解に加え、三条が信頼する木戸と、彼に双璧する政治力を持つ大久保、さらに西郷などが支持している。廃藩を断行した場合、どのような反響があるのかを考慮すれば、三条に動揺する気持ちがなかったとはいえない。だが、彼が断行を決意したのには、右の心強い協力者の考えが一致していたことが大きいだろう。

この二日後の七月十四日の朝、皇城に鹿児島藩知事の島津忠義、山口藩知事の毛利元徳、高知藩知事山内豊範代理の板垣退助、佐賀藩知事の鍋島直大が参内した。午前十時、小御所代に天皇が出御すると、三条は四人に対して勅語を読み上げた。その後に同所に参内した名古屋藩知事の徳川慶勝、熊本藩知事の細川護久《もりひさ》、鳥取藩知事の池田慶徳、徳島藩知事の蜂須賀茂韶にも同じく勅語が与えられた。午後二時、大広間に在京の藩主および代理人が集められた。天皇が出御すると、三条が廃藩置県の詔書を読み上げた。

このとき木戸は、文久三年八月十八日の政変で失脚し、長州に追われた三条の姿を思い出し、また詔書を平伏して聞く毛利元徳の姿を見て涙を流している。王政復古のときには遠い太宰府で隔離されていた三条が、廃藩置県では天皇の勅語および詔書を読んだ。今後の国家建設や廃藩の反動に対する不安はあっただろうが、政府の要職に就いて復権を果たしたことの感激は木戸と一致していたのではないか。

太政官三院制と太政大臣

明治四年七月二十九日、太政官正院、左院、右院からなる官制改革がおこなわれた。いわゆる太政官三院制と呼ばれる官制改革である。正院は、天皇が親臨して万機を総判するところであり、大臣・納言・参議・枢密大史によって構成された。立法・行政・司法については右院と左院から上申させ、それを正院が裁判した。左院は議官が諸立法を議する機関であり、右院は諸省の卿と大輔が行政上の議会を議する場とした。

行政権は一元化していない。七月二十九日に各省卿に公布された達では、「卿ハ天皇庶政ヲ課分シ百揆ヲ統叙セシムル」、「卿ハ専ラ其部事ヲ総判スル全権ヲ有ス」（『法令全書』明治四年、太政官第三八七号）と、各省卿に政策運営と人事行使が与えられている。太政官正院は裁判するとはいえ、政策形成の主導権を各省が持っていたことは否めない。

表3　太政官三院制の主要人事（明治4年6月〜11月）

官職名	氏　名	就　任　日	出身
太政大臣	三条実美	明治4年7月29日	公家
左大臣	×	×	×
右大臣	岩倉具視	明治4年10月8日	公家
参議	木戸孝允	明治4年6月25日	山口
	西郷隆盛	明治4年6月25日	鹿児島
	板垣退助	明治4年7月14日	高知
	大隈重信	明治4年7月14日	佐賀
宮内卿	徳大寺実則	明治4年9月15日	公家
宮内大輔	万里小路通房	明治4年6月27日	公家
外務卿	岩倉具視	明治4年7月14日〜10月7日	公家
	副島種臣	明治4年11月4日	佐賀
外務大輔	寺島宗則	明治2年7月8日	鹿児島
民部卿	大木喬任	明治4年7月14日〜27日	佐賀
民部大輔	井上馨	明治4年7月14日〜27日	山口
大蔵卿	大久保利通	明治4年6月27日	鹿児島
大蔵大輔	大隈重信	明治4年6月27日〜7月13日	佐賀
	井上馨	明治4年7月28日	山口
兵部卿	×	×	×
兵部大輔	山県有朋	明治4年7月14日	山口
司法卿	×	×	×
司法大輔	佐佐木高行	明治4年7月9日	高知
文部卿	大木喬任	明治4年7月28日	佐賀
文部大輔	江藤新平	明治4年7月18日〜8月3日	佐賀
左院議長	後藤象二郎	明治4年9月20日	高知
左院副議長	江藤新平	明治4年8月10日	佐賀

金井之恭著・三上昭美校訂『校訂明治史料顕要職務補任録』（柏書房，1967年覆刻版）から作成．表の就任日のうち，明治4年11月よりも前に転任した者に限り期間を示した．

この改革により、三条は太政大臣、岩倉は外務卿を経て右大臣に任命されている。この重責を両者は十余年にわたって務めることとなる。それ以外の主要な顔ぶれは、表3を見てもらいたい。天皇や宮中を管轄する宮内省を除くと、公家出身者は三条と岩倉に限られ、明治二年五月の官吏公選の前に問題となっていた諸侯出身者は一人もいなくなっている。公家や諸侯に代わって民部省や大蔵省などで辣腕をふるってきた実務に長けた藩士出身者が要職を占めている。参議をはじめ、薩長土肥の四藩がバランスよく配置されているのも特徴といえる。

三条の人事案はどの程度成功したのであろうか。彼が示した十七名のうち、大蔵卿の大久保、同大輔の大隈またはは井上、外務卿の岩倉、同大輔の寺島、兵部大輔の山県、宮内大輔の万里小路、また司法卿が欠員だったから事実上の長官である司法大輔の佐佐木と、約半数の八名が実現している。三条が人選に困った大木は、廃藩置県の断行に際して民部卿に任官するが、官制改革で同省が大蔵省に吸収されたため、わずか二週間で文部卿に移った。同じく井上民部大輔も短命で、参議に移った大隈大蔵卿の後任となった。もう一方で名案が浮かばなかった後藤は、新設の左院議長に落ち着いている。

明治政府は、右の陣容で出発するが前途は多難であった。三条が分離で悩んだ民部省は廃止され、その機能は大蔵省へ合併された。また、Ⅱの一「正親町三条実愛の努力と限界」で述べる刑部省は、それまで弾正台《だんじょうたい》との権限が不明確で不都合な点が少なくなかったが、両者は新設の司法省に合併されている。大蔵省の権限は、地方行政も管轄することで増大した。後述するように新規事業で予算獲得を企図する各省と、予算削減を算定する大蔵省との間で衝突し、正院は調整に追われる。そして太政大臣の三条は、予算問題で苦しむこととなる。

三　明治六年の政変

岩倉使節団との約束

廃藩置県が断行されると、政府は新たな政策を模索するようになる。近代的な国家建設には、欧米先進諸国のどの国の制度や文化を参考にすべきか、三条を筆頭とする政府関係者で明確な構想を持つ者はいなかった。また安政年間に日本が諸外国と結んだ通商条約の改正は明治五年から可能であり、その事前交渉は一年前から各国に通告することができた。そこで八月には大隈重信が使節となることを主張し、この提案は三条も支持した。それが九月には岩倉具視と大久保利通の政治工作により、岩倉使節団の派遣へと変更された（大久保利謙編『岩倉使節の研究』）。

ところが三条は、太政大臣として廃藩置県後の政務を担う立場から、参議の木戸孝允と、大蔵卿の大久保利通が海外に出発することに難色を示した。明治四年（一八七一）九月十日付の木戸宛て書翰では、「方今内国之形勢、政府之情態彼是推考仕候得ハ、実ニ今日之事業不容易折柄」、「足下政府ヲ相離レ候而ハ、必ラス不可然《しかるべからず》」（『松菊木戸公伝』下）と、国政状況に鑑みて政府を離れるべきではないと述べている。一方の岩倉も大久保と木戸を必要としており、十二日付の木戸宛て書翰で「洋行云々ノ事、厚ク御勘弁被下度《くだされたく》」、「何分条公ノ上モ察候次第、強而《しいて》モ難申出」（『松菊木戸公伝』下）と、三条に配慮しながら使節同行について木戸の意向を探った。

岩倉と大久保の押しによって木戸の洋行は固まり、三条も同意を余儀なくされる。このような状況下で三条は大隈を頼りにするようになる。九月二十三日付の大隈重信宛て書翰で三条は、「内国政務之目途別紙ヶ条、明日遂評議候心得」を伝えた。この「別紙ヶ条」は「大臣参議及各卿大輔約定書」を指している。二十五日付の大隈宛て書翰によれば、「約定書」について相談がなされ、大蔵大輔の井上馨《かおる》からは大久保の洋行に対して理解が得られたことがうかがえる。

三条が大隈に示した「約定書」は、大久保と木戸の不在中の「内国政務」に不可欠なものであったと思われる。それは「約定書」の議論を経て、井上が大久保の洋行に対して軟化したこととも重なる。十月九日付の大隈宛て木戸の書翰では、「過日条公より御示し被成《なされ》候ケ条書元より少々御取捨は無之《これなくて》而は不相成《あいならず》候得共、凡《およそ》使節帰朝まで之処斯々《かくかく》と申処は大略相定り居候方可然」（『大隈重信関係文書』四）とある。ここからは三条の発議による「約定書」を、大隈が検討していたことがわかる。「約定書」の発案者には大隈説と井上説もあるが、右の流れからも三条を発議者とし、大隈が動いていたと考えてよいだろう（笠原英彦『明治留守政府』）。

十一月九日に政府諸官員は、三条の不安を解消させた「約定書」に連名調印している。この第六款には「内地ノ事務ハ、大使帰国ノ上大ニ改正スル目的ナレハ其間可成丈ケ新規ノ改正ヲ要スヘカラス、万一已《やむ》ヲ得スシテ改正スル事アラハ、派出ノ大使ニ照会ヲナスヘシ」とある。つまり国内行政は岩倉使節団が帰国するまで大幅な変更をしてはならず、やむを得ない場合は岩倉たちの了解を必要とした。だが第七款では「廃藩置県ノ処置ハ、内地政務ノ統一ニ帰セシムヘキ基ナレハ、条理ヲ遂テ順次其実効ヲ挙ケ、改正ノ地歩ヲナサシムヘシ」と規定している。これは廃藩置県後の行政を統一し、改正をおこなうことを求めている。

この矛盾する内容は、政権の安定化を図ろうとする三条の意向が反映されていたと思われる。しかし、実際に

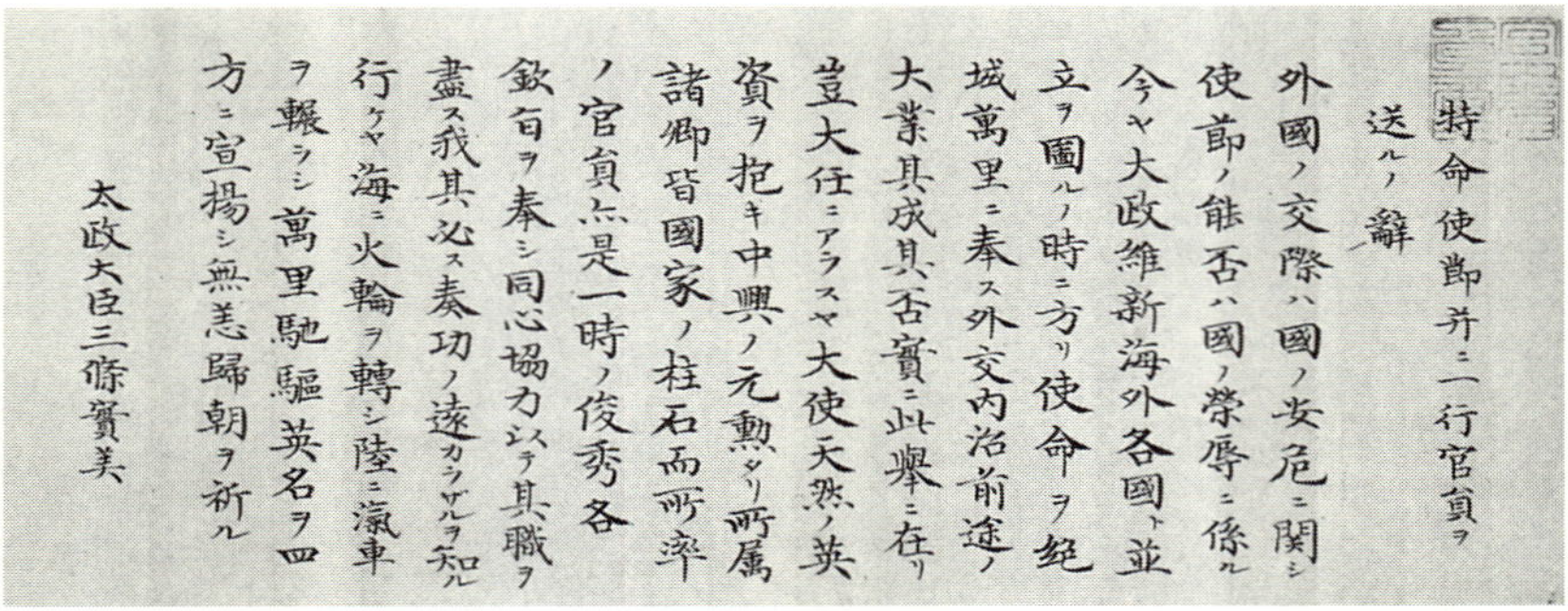
特命使節并ニ一行官員ヲ
送ルノ辭
外國ノ交際ハ國ノ安危ニ関シ
使節ノ能否ハ國ノ榮辱ニ係ル
今ヤ大政維新海外各國ト並
立ヲ圖ルノ時ニ方リ使命ヲ絕
城萬里ニ奉ス外交内治前途ノ
大業其成其否實ニ此擧ニ在リ
豈大任ニアラスヤ大使天然ノ英
資ヲ抱キ中興ノ元勲タリ所屬
諸卿皆國家ノ柱石而所率
ノ官員亦是一時ノ俊秀各
欽旨ヲ奉シ同心協力以テ其職ヲ
盡ス我其必ス奏功ノ遠カラサルヲ知ル
行ケヤ海ニ火輪ヲ轉シ陸ニ汽車
ヲ輾ラシ萬里馳驅英名ヲ四
方ニ宣揚シ無恙歸朝ヲ祈ル
太政大臣三條實美

図16　「特命使節并ニ一行官員ヲ送ルノ辞」

「約定書」は守られなかった。「約定書」に調印する三日前の十一月六日には三条邸で送別の宴が開かれた。その宴席で三条は、岩倉使節団に「行ケヤ海ニ火輪ヲ転シ、陸ニ汽車ヲ輾《めぐ》ラシ、万里馳駆英名ヲ四方ニ宣揚シ、無恙帰朝ヲ祈ル」（『岩倉公実記』下）という送別の辞を送っている。三条は、廃藩置県後の内政および外交の難問題を前にして、国家枢要の人たちから選び抜かれた使節団の活動および調査に期待した。

文部省の定額問題

岩倉使節団は明治四年十一月十二日に出発した。留守政府では、翌五年五月から文部省の定額金が問題となった。五月二十九日付の大隈宛て書翰で三条は〈学校の設置が急務なことは当然であり正院でも異論はない。大蔵省に調査させて学校の定額費だけでも確定させたい。ただし正院に大蔵省の不服を抑える権限はないため、井上大蔵大輔と熟談してほしい〉（『大隈重信関係文書』六）と述べている。ここからは正院の大隈と大蔵省の井上が協議し、文部省の要望に可能な限り応えようとしていた様子がうかがえる。

そして七月十三日には三条と、井上および文部卿大木喬任《たかとう》の三者で会談したが、大蔵省と文部省との定額予算には差異があった。八月二日に学制が公布されると、三条は大木からしきりに定額予算決定の催促を受けた。八月十四日付の大隈宛て書翰で三条は〈文部省の定額はやむを得ないため、天皇からの御沙汰によって決定し、明日にでも大蔵省に通達してはどうか〉（『大隈重信関係文書』六）と提案した。九月十三日付の大隈宛ての書翰では、文部省が二百万円の予算額を希望したのに対し、大蔵省は半額の百万円と算定したため、これでは大木が了解しないだろうという。

大蔵省と文部省の議論が平行線をたどるなか、十月には大隈の電信電灯建築を調査するための出張と、参議の西郷隆盛が鹿児島に向かうことが決まった。西郷の目的は、後述する廃藩置県後の政策に不満を持つ旧主君である島津久光を慰撫することであった。留守政府で財務に通じていたのは、参議の大隈と、大蔵大輔の井上、大蔵省出仕の渋沢栄一を置いて他にいない。三条は正院と大蔵省が折り合わず、官制改革が避けられない事態となれば、井上を参議にすることも考えていた。大隈が欠ければ、諸省定額の決定が遅れるのは避けられない。

そこで三条は、十月十五日付の大隈宛て書翰で、諸省定額のことと、華士族禄制のことについては出張前に確定したいと尽力を求めた。また二十一日付書翰では、大隈の留守中に異論が起こり、定額が決定できなくならないよう、大隈から井上に「内諭《ないゆ》」してほしいと、重ねて依頼している。二十二日付の書翰では、大隈の出張により西郷の出発は延期することとなったが、西郷は久光との関係から「内情困迫之次第」や、辞表を差出すような様子もうかがえるため、「少々心配」（『大隈重信関係文書』六）と伝える。三条の不得手な経済問題が浮上したこともあり、大隈に対する依頼度の高さが見て取れる。

太政官の不協和音

三条を困惑させる事態は、大隈が東京を離れると発生した。十一月十日付で三条は、その様子を出張中の大隈に送っている。〈井上と定額問題について議論したところ、彼は退職の決意を示し、それに続いて渋沢も辞意を表明したという。大蔵省内では物議が起こり「瓦解之体」を見せている。事態の収束に陸軍大輔の山県有朋や租税頭の陸奥宗光《むねみつ》が奔走しているが、解決の見込みは立ちそうにない〉との状況が伝えられた。そして〈このような状況なので至急東京に戻ってほしい〉（『大隈重信関係文書』六）と、大隈に解決を依頼した。

政府の財政は文明開化政策によって逼迫し、明治五年十二月分の官員の給料を支払うことも難しくなった。そこで政府は、苦肉の策として太陽暦を採用し、同年十二月三日を明治六年一月一日とすることにより、十二月をなくした。出張から戻った大隈は、井上の辞意留保に努めたようである。一月二日に大隈と井上の面会では「稍《やや》了局之運」（『大隈重信関係文書』六）となっている。これを受けて一月四日に渋沢は三条に工部省の定額決定を求めた。だが、渋沢によれば、三条は官制改革問題と誤解したようであり、西郷が鹿児島から戻るまで待つように命じたという。

図17　大隈重信

図18　井上　馨

これにより渋沢は、三条の誤解が定額問題の混迷の一助となっていると感じ、大隈に辞意を表明した。関東各地に裁判所の設置を企図する司法省は九十六万円を要求したが、大蔵省の回答額は四十五万円であった。陸軍省の予算要求には満額で応じたため、司法卿の江藤新平は予算分配の再検討を求めた（的野半助『江藤南白』下）。正院が大蔵省を支持すれば各省から不満が起こり、各省を支持すればその逆現象となった。予算定額問題による太政官の不協和音は、太政官三院制の官制上の欠点により生み出された。

さすがに大隈だけで状況を打開することはできない。彼に期待する財政問題に暗い三条は、適格な状況判断さえ難しくなる。三条は、明治六年一月六日付の岩倉宛て書翰で「大蔵会計」が困難となり、井上が辞意を表明する事態となったことを報じ、岩倉使節の早期帰国を待ち望んでいると弱気を見せる。さらに一月十三日付の書翰では「政府中御無人に而《て》彼是不都合」（『岩倉具視関係文書』五）と説明し、大久保と木戸の早期帰国を求めた。一月三十一日、三条は江藤と会談しているが、そこでは正院が大蔵省の提案を受け入れることが示されたようである。実際、そのとおりになると、江藤は司法省幹部らとともに辞表を提出する。三条は予算定額をめぐる争いから、井上をとるか、江藤をとるか迫られた。三条にとって、いずれも失ってはならない存在であった。

不本意な太政官制の潤色

太政官三院制の欠点が政府の予算定額問題から浮かび上がった。正院事務章程には、立法・施政・司法の事務は右院と左院から上達し、それを正院が裁制するとある。つまり正院は受け身であり、政策の主導権は各省が握っていた。この是正を図るため、明治六年四月十九日には西郷、板垣、大隈、木戸に加えて、江藤、大木、左院議長の後藤象二郎が参議に任命された。そして五月二日に太政官制の潤色がおこなわれた。

この潤色により、左院は国憲および民法の編纂が中心となり、右院は勅命によって臨時に開くものとした。権限が強化された正院は、立法権と行政権を握り、司法権にも関与できるようになった。また参議は「内閣ノ議官ニシテ諸機務議判ノ事ヲ掌ル」と規定され、「内閣ノ議決スレハ、即日本文ノ手続ヲナシ、御批允裁《ぎょひいんさい》ヲ経レハ、翌日之レヲ頒布スルヲ恒例トス」（『法令全書』明治六年太政官達）と明記している。内閣（参議団）の決定は、その日に太政大臣が上奏して天皇の裁可を受け、翌日には公布されるという。

大蔵省をはじめとする各省の要求を抑止し、正院が指導力を発揮しようとしていた。太政官制の潤色が公布された翌日の五月三日、大蔵大輔の井上馨と、大蔵省出仕の渋沢栄一が辞表を提出した。これまで知られていないが、太政官制潤色について三条は不満であった。彼は五月（日付不明）に岩倉宛ての書翰で「潤色改革相成申候、右は素《もとよ》り本意に無之《これなく》、兎角使節御帰朝之上は是非御改正も無之而《て》は不相叶」と、岩倉使節の帰国後には改革しなければならならないと不満を述べている。不本意な潤色を三条が決定したのは、「会計上殆《ほとんど》差支候次第も有之、遂には瓦解之勢に至」（『岩倉具視関係文書』五）ったからだという。

三条にとって太政官潤色は、大蔵省と各省の対立により政府が瓦解するような状況を回避する苦肉の策であった。政府の安定を図る急場凌ぎにもかかわらず、結果的に井上の辞職を回避することはできていない。そこで三条が頼りにする参議の大隈重信を、大蔵省事務総理というかたちで兼務させた。五月二十九日付の大隈宛て書翰で三条は、文部省の定額が決まらないと学校設置に影響をきたし、正院を疑ったり大蔵省を誹謗するような噂も起こるとの注意を促している。

大久保が五月二十六日に帰国すると、三条は彼に参議就任を申し入れた。ところが大久保は参議を固辞し、閣議に出席することを望まなかった。その理由には、岩倉らが帰国しない限り政治状況を変えることは難しいと判断したものと思われる。そして、次に述べるように彼の旧主君である久光が滞京し、政府に批判的な建言を提出していたことに配慮した可能性が高い。

島津久光の文明開化批判

明治六年四月二十三日、鹿児島から島津久光が上京した。彼は旧藩主忠義の父であり、藩内の実権を握っていた。久光は、廃藩置県はもとより、その後に推進された政府の文明開化政策を快く思っていなかった。明治五年六月二十三日、天皇が鹿児島に巡幸した際、久光は十四か条の建言を提出した。今回の久光の上京は、その建言の具体的な内容に関して、天皇からの質問に応えるものであった。

久光と対面した三条は、岩倉に「余程時勢に後れ候議論に而《て》、矢張封建之余習相除不申、頗《すこぶる》今日之政体と異論に御座候」（『岩倉具視関係文書』五）などと伝えている。廃藩置県後に太政大臣に就任して国政を動かしてきた三条と、その諸政全般を批判する久光の考え方は、水と油にすぎなかった。三条は愚痴のような意見を聞かされて辟易しただろうが、廃藩置県によって鹿児島藩を潰された久光の怒りも頷ける。三条は、久光に岩倉使節が帰国するまで滞京するよう依頼した。そして五月十日に久光は、「国事諮詢」である麝香間祗候《じやこうのましこう》に任命された。

三条によれば、久光は旧家臣である西郷隆盛や吉井友実《よしいともざね》が政府要職に就いていることに不満であったという。その理由は、西郷

図19　島津久光（原田直次郎画）

は廃藩断行の首謀者の一人であり、宮内少輔の吉井は天皇の洋装化など、宮中改革を推進していたからである。上京に際して久光は結髪に帯刀の従者をつれてきており、文明開化を否定する姿勢を示した。明治五年八月十二日付の大久保宛て書翰で西郷は、「兵隊の破裂は恐しくも無之候得共、副城〔著者註：島津久光〕の着発弾には何とも力不及《およばず》大よはりにて御座候」（『大久保利通文書』四）などと弱音を吐いている。参議で陸軍大将の西郷も、旧主君である久光には困惑を隠せなかった。

そこで三条は、久光を説得して不満を解消させようとした。不満解消には旧幕臣の勝安芳や大久保忠寛《ただひろ》が説諭し、麝香間祗候の松平慶永や伊達宗城も尽力している。また三条は板垣退助および大木喬任の議論により、久光が「余程氷解」したと受け取った。重ねて三条は、江藤新平に「島津老人ニ足下面話之義」、「乍苦労行向有之候ハ、都合宜」と、久光を訪問して面談することを求めた。また三条は、江藤に「島津老卿国事御諮詢被仰付《おおせつけられ》候以来一事之御下問も無之、有名無実之姿ニ相成候而者《そうらいては》不可然」、「何ニ而《して》も一二ヶ条国事御諮詢被為在《あらせられ》候様仕度」（「江藤新平関係文書」）と、久光に諮る「国事諮詢」の項目検討も頼んでいる。他にも人事について相談するなど、三条の江藤に対する信頼度の増しているのがうかがえる。三条にとって大隈と江藤は、不在の木戸と大久保の代わりであったと考えられる。

その江藤の説得もあり、この段階で三条は、久光は「追々時勢之処も腹に入」、不満も「氷解」すると考えていたところがある。もっとも、三条は「他諸県不平之徒、機に乗し上京固陋頑僻《ころうがんぺき》之論を主張し、人心を煽動致候情態に而、彼是取締筋は注意致居」（『岩倉具視関係文書』五）と述べており、久光の動きに触発されて、政府の開化政策に不満を持つ士族が暴発することを危険視していた。

それゆえ、三条は久光を政府に取り込み、不平分子との結合を防ごうとしたのである。だが、三条の見込みは甘く、久光の不満は簡単に解消されなかった。この点は次章の「正親町三条実愛の努力と限界」で詳しく説明するが、三条は久光の対応に苦しむこととなる。

朝鮮遣使問題

文明開化政策による財政問題、開化政策に異議を唱える久光の問題に苦慮しているところに新たな問題が浮上する。それが朝鮮遣使問題である。ことの起こりは、明治六年五月三十日付で朝鮮の大日本公館（旧草梁《そうりょう》倭館《わかん》）の外務省七等出仕広津《ひろつ》弘信《ひろのぶ》が、外務少輔上野景範《かげのり》に宛てた報告書による。朝鮮が日本商人の密貿易に対する取り締まりを強化し、その禁令のなかに「無法之国」と、日本を侮辱する文言があることを伝えていた。

外務省は朝鮮政府に真偽を確かめるとともに、太政官正院に上程した。この広津報告の内容に関して閣議が開かれた日時ははっきりしないが、明治六年六月下旬から七月であることに違いはない。板垣退助は、現地の日本人保護として軍艦を派遣し、朝鮮政府と交渉することを求めた。それに対して西郷隆盛は、軍艦ではなく使節を派遣すべきであり、使節には自分を任命してほしいと主張した。この意見を聞いて板垣も同意したという。

その後、西郷が三条に二回目の閣議を要請し、八月十七日に開かれることとなる。だが、高血圧症を患った西郷は欠席を余儀なくされ、自分の意見がとおるよう板垣に依頼している。閣議には三条をはじめ、板垣、大隈、大木、江藤、後藤が出席した。その結果、朝鮮への大使派遣は内決するが、最終的な決定発表については岩倉使節の帰国後に再度評議するという方針となった。

この翌々日の十九日に三条は、箱根で避暑中の天皇を訪れ、閣議の結果を上奏する。これによって大使派遣は内決したが、それは最終決定を意味したわけではない。この前日に三条はその旨を西郷に伝えていたが、九月一日に三条は西郷宛てに「使節被遣候儀ハ内決相成、尤《もっとも》重大事件ニ付、大使帰朝之上其見込等尚御詢謀相成、其上ニテ決定発表有之候」（『岩倉公実記』下）などと念押ししている。

増大する不安

岩倉使節が帰国する直前の九月十日付の木戸孝允宛て書翰では、「自ら大使帰朝之上遂評議可申候間、足下見込之処は十分討論有之度」と、木戸の閣議出席を要望した。九月十五日付の書翰では「到底使節不差遣《さしつかわさず》候而は不相済事と見込候得は、使節被遣候義は不俟論事に可有之、就而《ついて》は西郷参議段々懇願も有之候間、同人え被仰付と而も可然、尤使節差遣され候はゝ其手順も得失可有之事に付、予め大使帰朝前にも見込之処は取調置、大使帰朝之上篤《とく》と遂評議」（『木戸孝允関係文書』四）と述べる。

西郷大使の派遣は避けられない状況であるため、岩倉の帰国後に評議をおこなうことを伝えた。ここからは三条の苦しい心境がうかがえる。彼の脳裡には西郷からの強い要望に加え、徴兵令などの開化政策に不満を持つ士族が暴動を起こすのではないかという不安があったと思われる。

この三日後の九月十三日に岩倉使節団が帰国すると、十五日に三条は岩倉に大久保と木戸が政府に出仕しないと「百事治り不申」と主張し、木戸が閣議に出席しない理由を聞いてほしいと頼んでいる。また大久保の参議就任も望んだ。九月二十一日に大久保が夏季休暇の関西旅行から帰京し、二十二日か二十三日に岩倉は参議就任を依頼したようである。だが、大久保は二十六日に三条と岩倉の両邸を訪ねて参議就任の辞退を申し出ている。大久保は、木戸の主張を中心にして対処することを望んだ。

その一方で三条は、朝鮮遣使問題の決定を望む西郷隆盛から閣議開催を求められる。九月二十八日付の岩倉宛て書翰で三条は、大使派遣について「西郷頗《すこぶ》ル切迫」のため「甚《はなはだ》痛心仕」と苦しい心境を吐露し、西郷には木戸と大久保の意見を聞いて決めるから四、五日待ってほしいと述べたことを伝えている。三条は、岩倉・木戸・大久保の四者で共通認識を持ち、それを閣議で示すことを願うようになる。だが、期待どおりにはいかず、木戸は依然として体調不良であり、大久保も再度の要請にもかかわらず参議就任に応じなかった。

大使派遣の延期という方法

このような状況であるが三条は決断する。彼は十月四日付の岩倉宛て書翰で次のように使節派遣の目的案を示した。①使節は国辱をそそぎ国権をはり国交を修めるためか。②朝鮮を日本の附属国にするためか。③他に外国上で深謀遠慮するところがあるか。④国内統治のため一時的な政略か。⑤戦争を期するか。⑥戦争を期せざるか。⑦戦争を期せざるもやむを得ないときは開戦するのか。⑧朝鮮と戦争する利害は如何か。

そして三条は、この目的案を西郷から陳述させるべきだという。八月十七日に大使派遣を内決した責任感から「使節ノ派遣スルノ事ハ已《すで》ニ議決セリ、今更之ヲ論スルノ必要ナシ」と、西郷大使派遣を反古にする意識がなかった点には留意を要する。ただし、「使節ヲ派遣スルニ付テハ戦争ニ移ルヲ以テ其利害ヲ論決スル極テ大事ナリ」と、十分な議論なしに大使派遣はできないとも述べている。三条は「使節ヲシテ必死ヲ期セシム」と、西郷大使が殺害させる可能性のあることを認識し、大使が殺されれば戦争は避けられないため「慎重ヲ要スル」（『岩倉公実記』下）と指摘する。

三条および岩倉からの要請により、十月八日に大久保は参議就任を決意する。このとき大久保は、両者から自己の意見を支持するとの「約状一紙」の作成を条件とした。だが、三条の執筆が遅れたため、大久保の参議就任は副島種臣とともに十二日であった。それゆえ当初予定されていた十二日の閣議も十四日へと延期された。

これを十一日に伝えられた西郷は、三条に対して「今日之御遷延一大事之場合ニ御座候間、何卒此上間違無之様被成下度《なしくだされたく》」と、たった二日延長しただけにもかかわらず、その手違いを厳しく糾弾する。文末では「今日ニ至リ御沙汰替」などがあっては「天下勅命軽キ場ニ相成」と論じ、大使派遣の儀については「決而《けつして》御動揺無之」ようにと釘を刺し、もしも変更されるようならば「死を以国友へ謝し候迄」（『大久保利通文書』五）と決死の覚悟を伝えた。西郷は閣議日程の変更をするようでは、大使派遣の変更もありうるのではないかと予想したのであろう。そのような危惧が現実化しないよう三条に強い口調で訴えたのである。

実際に効果はてきめんであった。三条は岩倉宛てに「此一件ハ全僕等之軽卒ヨリ遂ニ如此難事ニモ立至リ候事ニ而《て》対国家申訳も無之」と謝罪している。そして「西郷ヲ使節ニ被遣候儀ハ御変換無之候而、時機ヲ見合候迄ニ候ハ、決而不信ト申訳も無之筈」（『大久保利通文書』五）との見解を持っていた。つまり即時大使派遣ではなく、大使派遣を延期するという方法を取れば、西郷も納得するだろうと予測する。翌十二日付の岩倉宛て書翰でも、十四日の閣議では大使殺害により開戦のおそれがあるため、派遣延期としたいことを伝えている。

大使派遣の閣議決定

閣議開催の前日である十月十三日、大久保は岩倉に対し、西郷の進退に関する議論を本人の前でするのは如何なものかと疑問を投げかけ、まずは西郷を除いて会議を開き、「一定之論」を決めた上で西郷を出席させて議論すべきであると、二段階に分けることを提案した。この案を岩倉から聞いた三条も同意した。

そして同日の夕方に三条と岩倉は、板垣退助と副島種臣を招き、西郷に「始終之経緯」を説明することを依頼し、十四日の朝に三条と岩倉が西郷を訪れて「国家のため内議」をおこない、その後で閣議に臨むという段取りを考えた。これを知った大久保は、それでは明日の閣議開催の意味がなく、三条と岩倉が説得したところで西郷が納得するはずがないと反対した。彼はあくまでも西郷以外で集まって議論を一定するべきだという。

実際、板垣と副島への依頼は上手くいかなかったようである。十四日の朝、三条は訪ねてきた西郷に午後一時から二時までの間に太政官へ出席するよう約束した。これを三条は岩倉に伝えるとともに、その前に会議を開きたいので他の参議たちに急報してほしいと頼んでいる。だが、西郷を除くメンバーでの会議が開かれたのか否かについては、史料がないため判然としない。

図20　朝鮮大使派遣をめぐる論争

そもそも、十四日の会議に関する一次史料はなく、当日の模様を確認できるのは、『岩倉公実記』や『伊藤博文伝』など二次史料の断片的な記述に限られる。岩倉は朝鮮問題よりも樺太問題を重視し、ロシアが朝鮮を支援しないよう外交交渉をおこなう必要があり、その間に外征に向けて内治を整えなければならないと主張した。それに対して西郷は、朝鮮問題は日本の国権に関する重要問題であり、早期の大使派遣が聴許されないのなら、自分は参議を辞職すると訴えている。

両者以外の具体的な意見はわからないが、西郷の意見に板垣、後藤、副島、江藤が賛成し、岩倉の意見に大久保、大隈、大木が支持した。木戸は病欠であり、三条は岩倉と同じ意見であったため、議論は五対五に分かれた。そこで議事は翌日に延ばされた。十五日の閣議は『大久保利通日記』で確認できる。閣議は午前十時から再開されたが、西郷は前日に主張すべきことはいい尽くしたと出席しなかった。木戸は病欠であり、大久保は大使派遣の延期を主張し、板垣と副島が派遣決定を求めた。またしても議論は伯仲し、両者妥協の余地は見出せなかった。

ここで三条と岩倉は、両者で協議するからと参議たちに一時退出を命じた。その結果、三条は西郷大使派遣を決断する。会議再開でその旨が伝えられると、大久保は最終決定を三条と岩倉に委ねていたため、自分の意見に変わりのないことを主張したものの、とくに反論していない。板垣と副島は決定を促したが、他の参議たちから異論は出なかった。このようにして、八月十七日に内決した西郷大使派遣は、正式に決定されたのである。

究極の選択

三条は岩倉や大久保の大使派遣延期を支持せず、なぜ西郷の即時大使派遣を採用したのか。それは十四日の会議終了後に岩倉宛ての書翰にあらわれていた。三条は岩倉に「小生ハ決して変説不仕《つかまつらず》、死生相決候所存ニ御座候、一西郷を以て国家ニハ難替」と、国家にはかえられないため、西郷の即時大使派遣を退ける意志を示した。ところが、「乍去《さりながら》不測之変ヲ生し候哉も難計、是のミ苦慮仕事ニ候」(「岩倉具視関係文書」川崎本)などと、西郷が参議辞職した場合にどのような事態が起こるかということが心配でならなかった。それは「兵隊之動静も此一挙之都合ニ依リ候而ハ、殆ト駕御《かぎょ》之策六ヶ敷可有之ト他日之変害不堪懸念候、兵隊之駕御ヲ失候而ハ不可救之大患ト存」(『大久保利通文書』五)という不安であった。大使派遣が中止され、西郷が下野することになると、軍人や兵隊たちがいかなる暴挙にでるかが読めなかった。そのような事態を避けようとしたのである。

そして翌日の閣議決定の直後、三条は岩倉宛ての書翰で「僕も今日ニ至リ論ヲ変し候次第申訳無之」と謝罪しながら、そのような決断をしたのは「大久保にも万々不平ト存候、乍去西郷進退ニ付而ハ不容易儀ト心配仕候」などと、西郷の進退についての不安であることを明かしている。また三条は、「朝鮮事件今日之通御決定之上ハ、速ニ僕ニ海陸軍総裁職御命し相成候様懇願」（『大久保利通文書』五）した。陸海軍を統率する総裁職などは存在しないが、朝鮮との戦争が起きたら全指揮権を執るとの覚悟を示したのである。参議就任に際しての「約状一紙」を破られたのだから、大久保が不服に思うのは当然である。三条は、大久保と西郷とを天秤にかけて悩んだあげく大久保を切った。

そもそも八月十七日に西郷の大使派遣を内決したのは三条である。そのときから三条は政府の政策に不満を持つ不平分子の存在が気がかりでならなかった。西郷が即時大使派遣に固執したため、延期論では彼の辞職は避けられない。西郷が辞職すれば、旧薩摩藩出身の軍人たちが暴動を起こす可能性もありうる。内決した責任の重圧が三条を苦しめ、それを延期した場合には反政府勢力から無責任を追及される。そのような恐怖を感じたことと思われる。

この苦しい心境を岩倉と大久保には謝罪することで理解してもらいたかったのではなかろうか。だが、岩倉と大久保の対応は甘くなかった。両者は三条が苦渋の決断をしても、大使派遣延期という持論を曲げない。それゆえ十月十六日に岩倉邸で三条と岩倉は激論となっている。岩倉は「御旨趣之通りニ而者《ては》天下之事ハ去り可申」（『大久保利通文書』五）と決定の撤回を求めたが、三条は認めなかった。そこで岩倉は、大使派遣後に予測される戦争への対策を評議すべきであると主張し、これには三条も同意した。

追い詰められて

太政官職制によれば十五日の閣議結果を三条は天皇に上奏すべきところだが、当日の上奏は見送られた。翌十六日は、太政官の休日である一日と六日の日であるため、上奏は十七日の閣議後にしなければならない。十七日の朝には三条邸を訪れた大久保が参議辞職願を提出し、岩倉も体調不良を理由に辞意を示した。さらに木戸も参議辞職願を提出している。

その一方で太政官には、三条の他に西郷、後藤、副島、江藤が集まった。三条は大使派遣の方策は岩倉たちが出席した上で決めたいと述べた。だが、西郷たちは太政大臣の職責を果たし、閣議決定を天皇に上奏して裁可を仰ぐべきだと迫った。

そして十七日の夕方に三条は岩倉邸を訪れるが、やはり前日同様の激論となっている。帰宅後には大木喬任が三条を説得したため、両者は再び岩倉邸を訪問した。ここでも三条は「断然決意不可動」姿勢を示したため、岩倉は「対話反対如何ニも無致方」(『岩倉公実記』下)と判断し辞意を決意する。岩倉は、三条が〈どうしたらよいものか〉と困惑する様子を感じ取っていた。それはともかく、三条が岩倉と激論となっても一歩も引かず、自身の決断を揺るがせなかった点は見逃せない。

三条は協力者が得られないなか、西郷ら即時大使派遣の対策協議に臨まなくてはならなくなった。この日の夜遅くに三条は西郷を自邸に呼び、十五日の閣議決定を見直してほしいと相談したようである。だが、即時大使派遣を譲らない西郷が聞き入れる可能性はない。そして西郷が去った後、十八日の明け方に追い詰められた三条は、急病を発して政務不能に陥った。

「秘策」による逆転劇

三条の急病により事態は急展開する。太政官職制では、太政大臣に故障が生じた場合、左大臣か右大臣が太政大臣代理を務めるとあるが、左大臣は欠員のため、その任にあるのは右大臣の岩倉しかいない。十九日の閣議には、江藤、大木、後藤、副島により岩倉の太政大臣代理が承認された。

同日の午後には黒田清隆が大久保宛ての書翰で、吉井友実に「秘策」を話したところ同意を得られ、今晩には宮内卿の徳大寺実則にも知らせることを伝えている。これを受けた大久保は、徳大寺は「良人」だから他言しないように注意を促し、明日早朝に吉井と徳大寺との相談内容を確認して欲しいと依頼した。この「秘策」とは、太政大臣代理となった岩倉が、閣議決定となった即時大使派遣論と、持論である大使派遣延期論とを併せて奏上するというものであった（高橋秀直「征韓論政変の政治過程」）。

三条が倒れた十八日の夜には天皇の三条邸臨幸が決まった。だが、十九日付で三条公恭は、とても天皇との対面に応じられる状況ではないと辞退を申し出ている。それは意識が回復した三条の希望であった。したがって、三条邸への臨幸は二十日に延期され、その途上では岩倉邸を訪れて正式に岩倉の太政大臣代理が命じられた。

副島は、岩倉に朝鮮問題の手順などの再評議を求めた。だが、そのことを板垣などは知らされておらず、二十二日の閣議は開かれなかった。それに代わり当日は、岩倉邸に西郷、板垣、江藤、副島が集まり、岩倉に三条太政大臣の決定事項をそのまま上奏することを要望した。これに対して大久保から「秘策」を知らされていた岩倉は、持論を併せて奏上することを譲らなかった。太政大臣代理の役割をめぐって修羅場と化したようである。

岩倉は二十三日に両論を天皇に奏上すると、西郷は参議辞職願を提出した。翌二十四日に天皇は大使派遣延期を嘉納するという勅書を岩倉に与え、これにより西郷大使の即時派遣は否定された。同日には板垣、江藤、後藤、副島が参議辞職願を提出し、翌二十五日に許可された。その一方で大久保と木戸の辞職願は却下されている。

太政大臣の辞職表明

三条の急病は、十月二十日に家令の太田源二郎から一族の押小路《おしこうじ》実潔《さねきよ》に伝えられ、さらに押小路が一族の嵯峨、高松、滋野井、花園に報知している。その「容態書」によれば、十八日の暁から「血液鬱積ヨリ発スル所ノ御病症」により「昏睡人事ヲ不肖」という状態であったが、十九日には「御軽快」となり「御床上」で「揮毫」するまで回復し、同夜には「精神平常」（『三条実美公年譜』）になったという。

だが、三条からすれば一命をとりとめたという気持ちでしかなかっただろう。自分に協力してくれる者はなく、政治的な全責任を負わされながら、その結果次第で引き起こされる事態についての対応策も得られない。そのような難題に誠実に対応しようとして無理が生じたのである。この状況では再び倒れる可能性は高く、そのときは生還できないことも予想される。三条は体力的にも精神的にも限界を感じていた。

三条の太政大臣辞職表明の時期については、史料上に違いがあるため、多くの研究書籍および論文でも見解が分かれる。『明治天皇紀』や『伊藤博文伝』には、十八日の発病前に三条が辞表を書き、家人に持たせて岩倉に届けたとある。その一方で『岩倉公実記』や『三条実美公年譜』では、発病後に辞表を提出したという。

病床の三条は、十月二十三日には「大ニ軽快」という診断が下され、翌二十四日には岩倉宛ての書簡で「拙者の上書不当と被思召《おぼしめされ》候ハ、幾重ニも御教諭奉願度」と、辞表提出について意見を求めている。また「決而《けっして》強情ニ申上候趣意ニハ無之《これなく》公論ニ付シ可申」（『岩倉具視関係文書』川崎本）と、強引に辞意を表明するのではなく、あくまで公論に付すためのものであり、太政大臣辞職の奏上は岩倉に委ねるという。

この書翰を受けた岩倉は、木戸孝允に意見を求めた。二十三日に木戸は三条家家令の森寺常徳に三条の辞表に「一条」を加えることを進言し、二十四日には岩倉に添削させたほうがよいと答えている。岩倉は、三条家家令の丹羽正庸と、木戸孝允に三条の辞職理由を書きあらためるよう指示する。その要点は、「大患発動一事」に限ることであった。二十六日付の木戸宛て書翰で岩倉は、「十八日か十九日か丹羽使者として入来、口上覚は同人より申請居」（『木戸孝允関係文書』二）と記している。三条が岩倉に辞意を示したのは、発病後であったことになる（勝田政治「征韓論政変と大久保利通」）。

図21　橋場の対鴎荘（別荘）で静養　明治天皇から御見舞品として松の盆栽を賜った（『三条実美公事蹟絵巻』より）

最初に岩倉へ提出されたと思われる辞職案では、「病ヲ発シ殆ント大事ヲ誤リ国辱ヲ招クニ至ル苟モ如此其職ヲ尽スコト能ハザレハ」、「万民ノ望ニ背ク其罪死シテ尚余リアリ」（「岩倉具視関係文書」川崎本）と、政治的責任を辞職理由に掲げていた。それが岩倉の指示を受けて書きあらためられた辞職案では「頃日俄ニ病ヲ発シ奉職難仕」（『三条実美公年譜』）と、病気だけを理由にする。

岩倉によって三条の辞表は上奏されたが、その日は明確ではない。二十九日に宮内卿の徳大寺実則が天皇の意向を伺ったところ、三条の重病については仕方がないことであり、太政大臣を辞職することは認めないという御沙汰があった。十二月十九日に天皇は、橋場の対鴎荘（別荘）で静養中の三条を訪れ、三条の病気回復後の政府復帰を求める勅諭を与えた。またお見舞いの品として盆栽の松が下賜された。同月二十五日に三条は辞意を諦め、再び太政大臣という重責を務めることを決意する。

政務復帰が遅れる病状

三条の太政大臣辞職願は本意ではなかったが、それが却下されたからといってすぐに政務復帰はしていない。三条は岩倉や大久保の働きで難局は乗り切ったとはいえ、精神的な苦痛はもとより、それによって悪化した持病は癒えなかった。そのことは「三条実美関係文書」に残された岩倉宛てと、伊藤博文宛ての出仕を断る書翰草稿にあらわれている。

両方とも日付は不明だが、十月二十九日から十二月初頭までであろう。まず岩倉宛ての書翰草稿では、いくらか「病症」は「平癒」に向かっているが、「二三字之時刻ニ当リ胸痛」が起こり、運動不足から「胃力」が衰えているため、保養が必要であると主張する。

伊藤には長らく引き籠っていることを詫びつつも、湯治が不可欠なことを挙げ、一度出仕してから「入湯相願」を出すようなことはできないと論じる。そして「出勤致候得ハ自ラ責任も有之事ニ付、数十里ノ外ニ罷在《まかりあり》候《そうらい》而《て》者《は》心情難安場合も有之、静ニ療養ヲ加候事も難仕」（『三条実美関係文書・書翰の部』）と、太政大臣の責務や邸宅から遠く離れることは、病状の悪化につながるから遠慮したいという。

病気が完治するまで太政大臣の職責は果たせない。これが当時の心境であった。三条の病気は、文久三年八月十八日の政変で京都を追われ、太宰府で生活していたときから症状が出ていた。慶応二年に医師の前田元温は、「三条公御容体、旧冬ヨリノ御起源ニテ、当時ハ御脈細緊時々御脱汗、御遺精御心下之痙攣甚シク、時トシテハ御胸部マテ攣痛有之、御書御認又ハ御長談等被成《なされ》候ヘハ、御労倦《ろうけん》、其夜ハ必御安眠御出来不被成候」（『鹿児島県史料・忠義公史料』四）などと診察している。

この診察記録からだけでは詳しい病名は特定できないが、胸部に悪い症状を抱えていたことは明らかである。極度な心労が加わると、狭心症や心筋梗塞などが起こる可能性も十分に考えられる。そのような症状は明治二年以降も改善されていない。明治二年の岩倉宛て書翰では「何分胸痛仕伏褥之仕合、身体ヲ動シ候事甚難渋」、「兎角胸痛相勝不申甚困却仕」などと、胸の痛みを数度にわたって訴えている。また明治六年政変の直前である十月二日にも岩倉に宛てて体調不良から「不参」が続いていることを告げ、翌日の出勤は医師の伊東成方の診察結果によることを伝えた（『岩倉具視関係史料』上）。

右の点については、家近良樹氏の『老いと病でみる幕末維新』という面白い視点で人物像に迫る書籍でも触れられている。家近氏は、三条の体調不良が人事不省に直結したと指摘するが、著者もこの意見を支持したい。つけ加えるなら、大使派遣をめぐって最終的に意見が分裂し、どちらを取るかの政治責任の重圧により、胸部の症状が悪化したということである。つまり、「発狂」などという狂気とも取れる精神病ではなく、急性の狭心症や心筋梗塞などで倒れたと考えるほうが自然のように思われる。重大な局面とはいえ、重病が発生したことだけで三条に政治能力がなかったとか、精神力が弱かったなどと簡単に断定すべきではない。

明治六年政変後の想い

明治六年十二月下旬から政府には出仕したが、十二月二十七日付の岩倉宛て書翰では「今朝は十字参朝可仕、何卒十二字食前に退出願度」（『岩倉具視関係文書』五）と、二時間弱の出勤を依頼しており、依然として体調不良であったことがうかがえる。明治七年一月一日付の岩倉宛て書翰では、十月の政変で下野した西郷や板垣たちの政府復帰を望んでいるのではないかと、参議の伊藤博文たちが忖度《そんたく》しているようだが、そのような意向はないと主張している。

これは前日の閣議で、樺太でロシア人に日本人が殺傷された「樺太問題」を、どのような手段で解決するかについて議論した後に書かれたものである。当日の席上で三条は、参議たちだけで結論が出ないようなら、各省卿にも諮ってはどうかと提案した。だが、それを伊藤は快く思わなかった。樺太に使節を派遣するか否かなどは、西郷の朝鮮大使派遣問題と重なる。そこで三条が彼らも呼び戻して議論することを望んでいると受け取られた。三条は伊藤の誤解であると述べたが、心意は誤解ではなかったように思える。

それは次に述べる三条の朝鮮大使派遣に対する考え方に変化がないことが証左となっている。明治七年一月末に三条は、「魯国及朝鮮江使節を派遣するの順序」を作成し、岩倉、大久保、木戸、大隈、伊藤に見せた。そこでは公使をロシアに派遣し、日本人殺傷事件の処置を待ってから、樺太の問題を協議する。協議案は、①雑居を廃止し、国境を定める。②ウルップ島以北カムチャッカまでを日本領、樺太をロシア領有とし、樺太に在住する日本人には租税を取らず、領事官を置いて日本人を管轄させる。③樺太をロシアに売却し、ウルップ島および北方二島を日本に与え、樺太における日本人の漁業権を妨げない。という三点であった。この協議の成立後に使節を派遣するという。

だが、その前には陸海軍人を朝鮮に派遣し、朝鮮の状況を視察させて、日朝間の情誼《じょうぎ》を疎通させる必要がある。使節派遣に際しては軍艦数隻を同行させるが、戦争をおこなうためではない。「国家善隣の誠意」をとおすことが重要である。ただし、朝鮮から戦端を開くようなことがあれば、「臨機防御の処置」を取るべきだという（『岩倉具視関係文書』七）。この方法は、西郷大使派遣の趣旨と同じである。三条が西郷大使派遣の中止に不本意であったことは、明治七年二月三日付の木戸宛て書翰で「朝鮮使節之義、目途之処は判然相定候様無之而《これなくて》は不都合」（『木戸孝允関係文書』四）と、主張しているところからもうかがえる。

こうした三条の姿勢は、明治四年十一月に琉球船が台湾に漂着し、現地で五十四名の乗組員が殺害された事件の処理についても変わりはない。明治六年六月に外務卿の副島種臣が清国に問題を追及するが、清国側の回答は「化外の地」と責任回避するものであった。そこで台湾出兵が計画され、明治七年二月六日に岩倉邸では大久保と大隈が提出した「台湾蕃地処分要略」が合意された。三月三十日の会議で木戸は「外征」を不可とする立場から反対したが、三条は異議を示していない。

台湾出兵に反対した木戸は、四月十八日に三条へ辞表を提出した。三条は、下野した木戸の政府復帰を求める書翰案で「朝廷足下ノ論ヲ聞カズ、我輩モ亦其言ヲ容レス、事今日ノ困難ニ至ル」（「三条実美関係文書・書翰の部」）と、木戸の反論を採用しなかったことを詫びている。これと同時期と見られる明治七年十月、三条は西郷と板垣に政府復帰を求める書翰案を書いている。ここで木戸、西郷、板垣に政府復帰を求めたのは、政府強化を図ることにあった。だが、三条からすれば、大使派遣に対して意向を同じくする西郷の下野は不本意ではなかったか。

相手国に対して和平的な姿勢で交渉に臨み、相手側が不条理にも暴挙の手段に出たときには、同行する軍艦によって臨機応戦する。この三条の考え方は、明治六年政変後も変化していない。つまり、三条は持病の悪化によって倒れてしまったが、その段階に至るまで西郷の意向を支持していたといえる。その意向は、西郷の脅迫行為に屈したわけではなく、三条自身の考慮によるものである点を見逃してはならない。

明治六年政変と三条実美

これまでの歴史研究では三条実美が朝鮮遣使問題の途中で倒れたため、彼の評価は低く見られてきた。だが、本書で述べてきたとおり、三条は政治的状況を把握せず、意見を二転三転させて、その処理ができなくなって「発狂」したのではなかった。三条は当時の政治的状況を理解しており、それゆえに西郷大使派遣という決断を取らざるを得なかったといえる。

三条が一貫して気がかりであったのは、政府の開化政策に不満を持つ不平分子の存在であった。開化政策に不満を持つ人々は、その責任を太政大臣である三条に向けてくる（実際、次章の「正親町三条実愛の努力と限界」で述べるとおり、島津久光は開化政策の責任を三条に求めた）。その不満を外に反らす狙いがある西郷の大使派遣を認めないと、薩摩藩出身者の軍人たちが暴発するのではないかという不安があった。

岩倉の帰国後、木戸や大久保に協力を求めたのも、大使派遣を反古にすることではなく、その手段に関する良策を期待したからである。だが、良策が得られない代わりに西郷から大使早期派遣を要求されたため、岩倉らの大使派遣延期という手段を捨てざるを得なくなった。三条は謝罪の上で事情を説明すれば、早期派遣に理解が得られると判断したものの、岩倉や大久保は妥協しなかった。

それでも三条は岩倉と激論を繰り返しながら、持論を曲げていない。すでに岩倉は辞意を表明し、大久保と木戸は辞表を寄せている。だが、三条は急病で倒れるまで辞意を明らかにしなかった。これは太政大臣が右大臣や参議などとは桁違いに責任感を要求される職掌であったことを示し、またそのことを三条が自認していたといえる。彼のなかでは、朝鮮との戦争と、国内の暴動との可能性を天秤にかけたとき、前者のリスクを覚悟していたと考えられる。結局、そのリスクを最小限に抑える良策を岩倉や大久保から得ることはできず、開戦に向けての全責任だけを負わされることとなった。

その直後に三条は責任の重圧と心労から急病を発してしまうが、それも単に文弱であるからではない。歴史に仮にという話は絶対にないが、三条が急病で倒れなかったら、朝鮮への大使派遣をめぐる議論は混迷を極めただろう。そして天皇が辞職を認めなかったこともあるが、三条は再び太政大臣の職責を果たそうとした。普通ならば、責任だけが重く、いざとなると誰も協力してくれないということを実感したのであるから、辞退を主張するだろう。だが、結果的に彼は重責から逃げていない。ここが維新政府で要職を務めた公家華族とは違う点である。次章ではこの点を正親町三条実愛の動きから明らかにする。正親町三条との関係からは、三条の辛い立場と、彼が無能な人物ではなかったことがより理解できるだろう。

II

三条実美と宗親族

一　正親町三条実愛の努力と限界

正親町三条実愛

文政三年（一八二〇）十二月五日生まれの正親町三条実愛《おおぎまちさんじょうさねなる》は、慶応三年（一八六七）十二月九日の政変では四十七歳を迎えており、この年に三十歳の三条実美とは親子ほど年の差がある。この政変で正親町三条は、新設された議定《ぎじょう》に就任した。当時は公表されていないが薩長が望む「討幕の密勅」に連署し、王政復古の政変にも協力したため、正親町三条が議定に就くのは当然であった。だが、彼が維新後にどのような役割を果たしたのかは、ほとんど知られていない。ここでは、その点も含めて三条と正親町三条の関係について述べる。

大阪親征行幸の是非

王政復古の政変後に参与となった大久保利通は、西洋の皇帝のような「質実剛健」とした天皇像を理想とした。大久保の言説によれば、西洋の皇帝は自ら外出し、外の景色や人々の生活ぶりを見て、世情を把握するという。閉鎖的な宮中のなかで公家や女官に囲まれる生活は、大久保が理想とする天皇像には相応しくない。また彼ら士族出身の参与は、天皇との政治的距離が公家や諸侯の議定らに比べて遠かった。大久保の「大坂遷都論」には、彼らと天皇との政治的距離を縮める意図が含まれていた（刑部芳則「維新政府の政治空間形成―東京城と皇城を中心に―」)。

だが、慣れ親しんだ京都から大阪へと都を移すことには、公家や女官のなかから反対意見が少なくない。とりわけ天皇の外祖父である中山忠能《ただやす》は遷都に猛反対した。遷都論は困難と判断した大久保は、大阪親征行幸と名目を代えて再提案する。これは遷都ではなく行幸であるから必ず天皇は戻ってくる。そして単なる行幸ではなく、親征行幸という大義名分を忘れていない。新政府軍に抵抗する旧幕府軍を征討するため、天皇自らが大阪まで行くというのである。

名目変更にもかかわらず、またもや中山は難色を示した。大坂城のある大阪は旧幕府軍の拠点であったため、そのような危険地帯に行幸させて、天皇の身に万が一のことがあったらどうするのかという不安を抱いても不思議ではない。中山にとって天皇は大事な孫であるから、行幸は将来的に安全が確認されてからでもよかった。

大久保の意向を受けた岩倉具視はもとより、三条実美は大阪親征行幸の実施に前向きであった。それでは正親

図22　正親町三条実愛

図23　中山忠能

町三条実愛は、実施の是非をどのように考えていたのだろうか。そのことは、彼の日記を読んでいくと理解できる。慶応四年三月十一日に三条と面談した正親町三条は、「行幸廿一日予ハ遅キ故十八日ヲ願之旨被申上《もうしあげられ》」(『嵯峨実愛日記』二、以下同じ)と述べている。正親町三条は親征行幸の早期実施を望んでいたのである。そして実施が遅れる状況に対して岩倉と正親町三条は、「今日之儀中山隠策歟《か》、輔弼任如何」と、中山が遅らせているとしたら輔弼の任に相応しくないと相談している。

この翌日に正親町三条宛てに中山から議定兼輔相《ほしょう》の辞表が届いていることに鑑みると、彼が実施を遅らせていたと見てよいだろう。この日、参内した三条は天皇に二十一日の行幸実施を迫ったが、これを天皇は許可しなかった。この情報を得た正親町三条は中山を説得し、遂に「廿一日可被決《きめらるべく》言上」という書面の献上を承諾させた。正親町三条は中山邸を出ると参内し、天皇に中山の書面を提出し、その後で女官たちとも面会して二十一日を行幸実施日とするよう説得している。十三日には正親町三条の熱意に打たれた中山が女官と面談した後、行幸実施について言上した。十四日の五箇条誓文の発布を経て、十五日に親征行幸を二十一日に実施することが発表された。

ここからは、正親町三条が大阪親征行幸の実施に向けて大きな働きをしたことが理解できる。この点は従来の研究で見落とされており、ともすれば正親町三条は中山とともに親征行幸に反対していたと思われがちである。幕末期の朝廷において両者はともに行動することが多かったから、そのように捉えられてもおかしくはない。だが、実際に反対した中山を説得したのは正親町三条であり、大阪親征行幸では両者の政治的な見解に大きな違いがあらわれた。

政体職制

閏四月八日に大阪親征行幸から天皇が戻ると、三条、岩倉、正親町三条、中山、徳大寺実則《さねつね》、中御門経之《なかのみかどつねゆき》が「江戸御処置之儀」について議論している。十日に正親町三条と中山は、天皇に三条の「東行ノコト」を伺い出た。三条は関東大監察使に任命され、この翌十一日に三条は京都を出発する。

三条が江戸に向けて出発すると、京都では太政官制の改革が議題となった。新政府の官制は、正月十七日に三職七科、二月三日に三職八局と改変されていたが、依然として課題が少なくなかった。閏四月十六日に正親町三条は、岩倉、坊城俊政《ぼうじょうとしただ》、勘解由小路資生《かでのこうじすけより》と「改革条々取調」をおこなうと、その後で中山とともに天皇に言上して「数ヶ条」が決まった。翌十七日に岩倉は正親町三条、中山、徳大寺、万里小路博房《までのこうじひろふさ》と官職改正について議論し、二十日には正親町三条と中山が人選を協議した。

これらは四月九日の岩倉邸における正親町三条、徳大寺、万里小路の議論にもとづき、太政官代《だいじょうかんだい》を宮中に移し、旧弊を一新することが目的であった。その場にいない中山の「姑息可生弊」ことが課題となったが、彼らの説得により中山も改革に向けて不満を見せていない。このような公家たちの了解を得て、閏四月二十一日に政体職制が公布された。

太政官代は二条城の修復を理由として御所に移され、藩士出身の参与への位階授与、彼らの火急に際しての羽織袴を許可するなど、天皇との政治的距離が縮小した（刑部芳則『洋服・散髪・脱刀―服制の明治維新―』、同「維新政府の政治空間形成―東京城と皇城を中心に―」）。宮中勤番制度の「近習」「内々」「外様」の差異をなくし、三十歳未満の勤番を免除にして、「林和靖間詰」を廃止にするなど公家特有の職制も改革された（同上「宮中勤番制度と華族―近習・小番の再編―」）。

議定には、公家から三条、正親町三条、徳大寺、中山、諸侯から松平慶永《よしなが》、鍋島直正《なおまさ》、蜂須賀茂韶《はちすかもちあき》が任命されている。正親町三条は、「一同固辞」したものの、しきりに催促されたため引き受けたという。

天皇東幸の賛否両論

関東大監察使の三条が天皇東幸を望んでいたことは先述したが、その要望が正親町三条の日記で初出するのは、五月六日の「関東ゟ《より》申来事ニ付、於小御所有議、於簾中被聞召《きこしめされ》」、翌七日の「東下軍将政事人等有内評」という記述である。三条が関東に「軍将」と「政事人」の東下を依頼し、それについて正親町三条たちは小御所《こごしょ》の天皇の面前で議論した。この議論の後、正親町三条は岩倉邸で岩倉の親族である堀河康隆《やすたか》および富小路《とみのこうじ》敬直《ひろなお》と、「御東征ノコト」（『嵯峨実愛日記』二）について相談している。そして正親町三条は再び参内し、中山とも協議した。

正親町三条が岩倉と中山の間を動いているのがわかる。五月八日と九日の小御所における天皇の面前での会議を経て、「御親征」は勅書をもっておこなうことに決まった。だが、それから一月間は天皇東幸の話題が見えないから、大阪親征行幸のときと同じように、決定されても実行には移されなかったのだろう。六月四日、正親町三条は、中山から岩倉を東幸に随行させるか否かについて質問を受け、京都留守を預からせるべきだと答えている。同じ日に正親町三条は、長州藩が東幸に同意していること、東幸に不服な中山を除くべきだという意見を耳にした。

東幸を望む三条は、六月二十八日付の岩倉宛ての書翰で京都の留守を正親町三条、徳大寺実則、松平慶永に委任することを提案し、彼らに任せれば京都の治安維持は問題ないという。その一方で三条家の一族である押小路《おしこうじ》実潔《さねきよ》は、七月から何度も正親町三条を訪れて東幸の実施に反対している。政府三職のなかでも議定の松平慶永や、

図24　大原重徳

参与の大原重徳《しげとみ》が東幸に反対し、中山の意見を後押しした。彼らの論理は、関東の治安の悪さから天皇の身を案じるものであった。東幸の実施には反対意見も少なくないため、実施に向けては硬直状態となった。東幸の実施に向けては藩士の参与らが画策したが、当時の状況では議定や参与を務める公家の理解が得られなければ政策の実現は難しかった。

その意味で考えると、三条と岩倉から期待を受け、東幸の実施に難色を示す中山や押小路などを説諭する正親町三条の存在は重要であったといえる。正親町三条は、三条が望む東幸の賛否両論の間に立ち、その実施に向けて動いたのである。八月二日に正親町三条は東幸について調査し、五日には東幸の準備に関して中山、徳大寺、木戸孝允《たかよし》、大木喬任《たかとう》らと話し合っている。八日には岩倉が東幸に随行し、中御門、徳大寺、嵯峨の三名が京都の留守を預かることとなった。最終的には明治元年（一八六八）九月十三日（九月八日に改元）、参与の大久保利通が太政官の会議で東幸実施の期日を定めることを要求し、ようやく同月二十日の実施が決定した。

妻との別れ

正親町三条と徳大寺は、天皇不在の京都で輔相代理として勤務することとなった。だが、ときを同じくして妻登茂の体調が悪化し、九月二十五日からは護浄院の住職による祈禱がおこなわれた。登茂は三年前から多病を抱えていたが、八月から病気が重くなった。正親町三条は、来訪者との面会を断り、登茂の病床に寄り添って看護を続けた。病気平癒の願いも空しく、十月四日に登茂との永久の別れが訪れた。八日に登茂は正親町三条家の墓所である清浄華院に埋葬された。

正親町三条の悲しみは、〈悲しみのあまり力を失い、先のことを案じると心が痛み、ただ悩むばかり〉という日記の記述から察せられる。茫然自失となった正親町三条は、十月三十日付の徳大寺宛ての書翰で、輔相代理の辞意を漏らしている。そこでは〈自分には輔相代理の大事を務める才覚がない〉と弱気を見せ、〈妻が死去し、幼い子供三人の面倒など家事一切をおこなわなければならない。自分が遠い場所に行くようなことがあれば、我が家は夜の灯を奪われるようなことになる〉（刑部芳則「維新政府の嵯峨実愛」）と述べる。

京都での輔相代理すら務める自信を失った正親町三条にとって、遠く離れた東京での生活は考えられなかった。そのようなことを徳大寺に述べていることから察すると、三条や岩倉との書翰を交わすなかで、将来的には天皇はもとより、正親町三条も京都から東京へと移る計画が話し合われていたのかもしれない。

三条と岩倉の期待

正親町三条の妻が死去したこと、彼が輔相代理を辞任しようとしていることは、東京の三条実美と岩倉具視に伝えられた。その状況を知りながら、十一月下旬に天皇の年内還幸が決まると、三条と岩倉は正親町三条の奮起を求めている。十一月二十五日付の三条と岩倉連名の正親町三条宛て書翰では、〈天皇還幸の実施にともない輔相や議定の随行が命じられたが、奥羽の処置や旧幕府軍が軍艦で脱走するなど東北地方の人心が収まらないため、東京には輔相のうち三条か岩倉が留まることになった〉という。そして〈正親町三条の辞表提出は致し方ないことだが、国家多難な折柄に議定や参与なども足りないため、至急東京に来てくれないか〉（刑部芳則「維新政府の嵯峨実愛」）と求めている。

これより前の六月に岩倉が中山忠能・正親町三条実愛・徳大寺実則・中御門経之に宛てた書翰では、中山と正親町三条を「両卿は先朝の股肱《ここう》当朝の柱石たる」と、孝明天皇に仕えていた頃から国家の柱であると評する。そして「中山卿は宜く至尊を輔翼し以て聖器大成を図るへし」と、明治天皇が立派な君主になるよう支えることを期待し、「正親町三条卿は宜く輔相の任に膺《あた》り、大政を賛襄《さんじょう》し、以て具視か闕漏《けつろう》する所を補ふへし」と、政治上における自身の欠点を補ってくれる存在であると高評価している。

また徳大寺と中御門については、「徳大寺、中御門両卿は宜く中山、正親町三条両卿を左右に置き、輿議公論を取捨し、以て公明政務を執るへし」と、中山と正親町三条を支えて公議輿論を取捨し、公明な政治をおこなうことを望んだ。そして「四卿にして能《よ》く同寅協和、加ふるに衆賢と審議し以て政令を施行せは、天下の平治を望むなからん」（『岩倉具視関係文書』四）と、四卿が協和して能力のある参与たちと審議して政令を施行すれば、天下は必ず治まるだろうという。

図25　三 条 実 美

大阪親征行幸の実施が中山の承諾なくして実現しなかったことに鑑みると、当時の天皇に与える中山の影響力は少なくなかったと考えられる。その中山を説諭し、共同歩調できるように導く役割を担っていたのが正親町三条といえる。そうした点から岩倉は、中山と正親町三条の役割を重視したのである。その点は三条にとっても例外ではなく、とくに一族である正親町三条に寄せる期待感は、岩倉に勝るとも劣らない。

このような期待感から傷心の正親町三条に奮起を求めたのである。三条と岩倉からの書翰が十一月三十日に正親町三条に届くと、正親町三条は同日付で両名宛てに次のように回答した。〈大任ではあるが辞退することは憚れるので、不肖ながら引き受ける〉という。また〈春から体が悪いのを押して奉職してきたが、十月下旬から腹痛で食欲もないため、船旅は難しいので陸路東海道で向かう〉（「岩倉具視関係文書・川崎本」）と述べている。

愛妻を失って悲しみに暮れ、輔相代理の辞意を表明した正親町三条であったが、それを機に政府から引退することはしなかった。彼は三条と岩倉の期待に応え、天皇再幸の準備を東京でおこなうことを決意した。十二月十三日、正親町三条は東京に向けて京都を出発する。

東京での生活

十二月十七日、同月の八日に東京を出発した天皇が名古屋の行在所《あんざいしょ》に入った。正親町三条は衣冠を着て天皇に拝謁し、東下する旨を報告した。中山とも久しぶりに対面し、長崎でキリシタン教徒が問題になっていることを聞いている。翌十八日の朝に天皇に拝謁をおえると、正親町三条は再び東京を目指した。掛川宿では山中の絶景に感動し、大井川を渡ると富士山を目にしている。京都から出て長旅の経験のない正親町三条にとっては、いずれも新鮮であったに違いない。

そして年も押し迫った十二月二十七日、東京の外桜田の彦根邸に到着した。弁事からの知らせで同邸が「旅寓」と定められた。さっそく三条、東久世通禧《ひがしくぜみちとみ》、大原重実《しげみ》が面会に訪れている。この翌日に三条が京都に向けて出発しているから、彼が正親町三条の到着を待っていたことがわかる。明治二年正月十八日には京都から家族を引っ越させることを決意し、必要となる調度品などの資金として千五百円の借用願を弁事に提出している。二月四日には外桜田の久松隠岐守邸が御用邸となり、十六日に彼の息子公勝たちが京都の邸宅を出発し、東京の御用邸には三十日に到着した。正親町三条は生活の拠点を京都から東京へと移したのである。

天皇再幸の前後に参与の後藤象二郎たちが台頭し、三条が岩倉、木戸孝允、大久保利通の東下を要望したことは先述した。ここでは当時の正親町三条の意見を確認する。二月二十二日付の岩倉宛て書翰では、「当地先々鎮静に御坐候間」、「東久以下余程勉力一同異議も無之」と、東京の模様が穏やかで東久世たちの働きぶりに異議のある者はいないと伝えている。だが、その後文では「市中強盗抔《など》も時々有之候而是には心配仕候、只御再幸を奉渇望候、一日三秋と奉待候」（『岩倉具視関係文書』四）などと、東京の治安の悪さを理由に挙げ、それを治めるために天皇再幸を希望する。

また元名古屋藩主の徳川慶勝《よしかつ》と鳥取藩主の池田慶徳《よしのり》が議定に任じられたのに対し、広島藩主の浅野長勲《ながこと》を参与とするのは不公平だという。この意は入れられ浅野は議定に任命されている。正親町三条は、大藩諸侯たちを議定職に任命することに異論はない。昨年末に鹿児島へ戻った西郷隆盛や、浅野の家臣である辻維岳《いがく》を再出仕させる必要性も説いている。有力藩の諸侯や家臣をできるだけ取り込むことが、正親町三条の政府強化策だと思われる。

そのような協力体制により解決を望んだのが、東京の治安の悪さと「固陋《ころう》之僻習」を是正することであった。東京の治安の悪さは、正月五日に参与の横井小楠《しょうなん》が京都で暗殺された事件と重ねて見ていた。岩倉宛て書翰では、「今般唯厳重之刑に処せられ候計《ばかり》に而は心得違見込違の徒弥《いよいよ》服し申間敷」、「彼罪人等へ今日世界形勢皇国時勢能く御示諭被成下《なしくだされ》」と、殺害犯に対して厳罰の処置をするだけでは事件の再発は妨げられないため、まずは世界の大勢を含めた時勢の変化を理解させることが必要だと述べている。そして「今日之勢斯なくてはすまぬぞと被諭《さとされ》候上、被加刑戮《けいりく》罪各掲示」（『岩倉具視関係文書』四）と、ただではすまないことを諭し、その上で刑罰を加え、罪を掲示すべきだという。

正親町三条は横井が暗殺されたのは、「私情」からではなく「憂国之情」から起こった可能性があると見ていた。だが、右の文脈からは犯罪者の罪を軽減しようとはしていない。「憂国之情」が誤っていることを諭し、そのことを広く周知させた上で厳罰にすべきだという。正親町三条は、東京の現状を「固陋之僻習」と見ているが、「万国御交際」のような「四通八達」で「広大便利」の地であるから、「狭少之眼も少しは開け」るだろうと期待する。そのためにも、天皇再幸の早期実施が望まれるという（『岩倉具視関係文書』四）。この後に天皇再幸とともに三条が東京に到着するが政府内の混乱は治まらず、遅れて岩倉と大久保が到着して、五月に官吏の公選がおこなわれたことはⅠの二「維新政府の宰相」で述べた。

刑法官知事の拝命

明治二年五月十三日、正親町三条は官吏の公選により刑法官知事に任命された。彼に刑法官知事が妥当だろうと投票者が感じたのは、右に見たように横井小楠の暗殺事件や、東京の治安の悪さを是正すべきだと言及していたからではなかったか。実際、前任者の刑法官知事である大原重徳は横井事件の犯罪者に同情して減刑を求めていたから、厳罰処分を支持する正親町三条への交代は、彼がいう「固陋之僻習」をなくす上で意味があったといえる。

刑法官知事の正親町三条に求められた仕事は、横井小楠暗殺事件と、京都に集まった「浮浪徒」を処理することであった。六月十二日には、三条から両事件の処理をおこなうため、近いうちに京都への出張命令が出ることが伝えられた。これを聞いた正親町三条は、体の具合が良くないため、京都まで旅行など「甚迷惑之儀」（『嵯峨実愛日記』三）と断った。だが、翌十三日に三条から再び説得されると、正親町三条も断りきれず、京都に向かって事件を処理することを承諾した。

正親町三条は岩倉と相談しているが、両者の間では事件処理の方針をめぐって議論となっている。正親町三条の方針は岩倉だけでなく、刑法官副知事の佐佐木高行《たかゆき》や他の刑法官からも支持されなかった。その具体的な方針や争点についてはわからない。正親町三条は、厳罰をおこなうだけでは意味がなく、その前に時勢が大きく変化していることを示さない限り、横井暗殺のような事件は後を絶たないと主張していた。このことに鑑みると、岩倉や佐佐木とは即時に厳罰処分をおこなうか否かが争点になったと考えられる。孤立した正親町三条は、「慨歎之至也」（『嵯峨実愛日記』三）と嘆きを記している。

この翌日の六月十七日、前日から気の晴れない思いで太政官から刑法官に向かう正親町三条に悲劇が起きた。正親町三条の乗っている馬が鍜治橋付近まできたとき突如暴れ、彼は落馬してしまう。その際に背中を強打し、顔にも怪我を負った。再び馬に乗って刑法官を目指すが、かなりの激痛であったため、途中で人を呼び輿に乗って帰宅している。この負傷を理由に予定していた二十一日の京都への出発は中止となり、刑法官への欠勤も余儀なくされた。

「職員令」の公布

明治二年七月八日に古代律令官制にもとづく官職名を採用した職員令《しきいんりょう》が公布されると、刑法官知事は刑部卿、刑法官副知事は刑部大輔《たいふ》と変更した。正親町三条は、時勢の変化を理解し、政府の方針に前向きな姿勢を示してきたが、近世から継承してきた宮中の諸制度を全面的に変えてしまうことは不本意であった。刑部卿の辞令の形式が江戸時代までの書式と異なり、大幅に簡略化されたことに不満を持っている。誰がこのような書式を考案したのか、また職員令という古代に戻る官制を採用したにもかかわらず、なぜ書式は古の慣例を参考にしていないのか、合点がいかなかったのだろう。

職員令の官職名は公家華族たちの目を欺くカムフラージュにすぎず、実際には新しい時代の官制に適応させるための改革であった。したがって、律令官制にもとづく「百官」や「受領《ずりょう》」が廃止されている。従来の研究のなかには、職員令を「保守派」の勢力を抑止できなかったことによると評価するものもある。だが、仮に新政府の発足時に政治方針として標榜した「王政復古」を目的に職員令を位置づけるのであれば、「百官」や「受領」を廃止するはずがない。この改革は、両者の廃止を意図する参与の大久保利通らが巧妙に考え出した官制改革であったと位置づけるべきである。

管見の限り正親町三条は「百官」や「受領」の廃止に反対していないが、神祇伯の中山忠能は両者の廃止に猛反対していた。先述した「大坂遷都」から大阪親征行幸への名目変更と重ね合わせて見ると、大久保らが職員令というカムフラージュを用意せざるを得なかった状況が理解できるだろう。公家華族たちが新たな改革に抵抗および不満を抱くのは、彼らが生まれながらにして先例を重んじる教育を受けてきたことによる。

彼らの先例を重視する知識や経験は、複雑な位階制度の考案で発揮された。八月十五日から正親町三条は、中山、宮内卿の万里小路博房と「女房位階以下之事件取調」（『嵯峨実愛日記』三）をおこなっている。これは宮中の女官たちの官職にともなう位階を調査するものであった。また新しい改革に否定的な中山と、必ずしも改革に否定ではなく前向きな姿勢を示す正親町三条が組んでいるところは、絶妙なバランスを保とうとしていることがうかがえる。

国家の服制考案

新政府の構成員は、公家と諸侯に加えて各藩士と寄り合いであった。そのため礼服も公家の衣冠、諸侯の直垂《ひたたれ》、藩士の裃《かみしも》と差異が生じた。構成員の服装を統一するには、国家の新しい服制を制定しなければならなかった。そこで明治二年から正親町三条と中山に加え、鳥取藩主の池田慶徳が国家の新しい服制考案に従事していた。彼らは三条実美に服制確定を要望した。正親町三条が落馬した翌日の六月十八日には、三条から「服制之儀は、御取調中に付、追て御確定可相成《あいなるべく》」（『贈従一位池田慶徳公御伝記』五）との回答書が寄せられた。

この取調中というのは、制度取調掛に任命された蜷川式胤《にながわのりたね》の服制調査であると思われる。前議定の池田が鳥取藩に帰藩すると、彼に代わるように蜷川が正親町三条らの服制考案に加わっている。八月二日に蜷川と正親町三条は「上古服制之儀」を相談し、七日には中山を同伴して蜷川を訪れた。九月七日に正親町三条は岩倉具視と「衣服制度之事」を相談し、二十八日には「服制以下礼節之事其他雑々取調評議」（『嵯峨実愛日記』三）をおこなった。そして十月一日に三条らが集まる会議では二十八日の評議が再びおこなわれ、三日と五日に正親町三条は服制考案作業を進めている。そして十日に草案が仕上がると、三条と岩倉に提出した。二十一日には宮中に岩倉、正親町三条、中山、蜷川が集まり、十日の草案を潤色して清書する。この流れから察すると、服制案の最終決定者は三条であるが、その取り纏め役を岩倉が任され、考案作業は正親町三条と蜷川が分担していたと考えられる。

正親町三条が考案した服制案は、十一月二日に集議院の公議人に回覧された。位階に応じて色や紋で区別する服制案は、公卿・堂上《とうしょう》・地下《じげ》という公家の身分秩序にもとづくものであった。そのため礼服・朝服・常服のいずれも公家の礼服である衣冠を基準としていた。八日の公議人たちの奉答は、大納言の徳大寺実則と参議の大久保利通が出席するなかでおこなわれたが、賛成する者はあまりいなかった。多くは煩雑不便、高額な調製費用がかかる、時勢に適していないなどを理由に反対した。

このような状況から正親町三条の服制案は棚上げにされてしまう。翌三年には蜷川が再修正し、正親町三条も服制再修正案の評議で意見を出したが、結局は採用されていない。この服制問題からは、正親町三条が示す前向きな姿勢よりも、藩士出身の政府構成員が求める時勢の速度のほうが早かったことがうかがえる。やがて正親町三条は、その限界を痛感するようになる。

「新律綱領」の編纂

女官の位階制度の考案や、国家の服制考案は、刑部卿としての正親町三条の職責ではない。刑部卿として彼に求められたのは、先述した横井小楠暗殺事件の処理である。参与という要職を務める横井を暗殺した犯罪者は「梟首《きょうしゅ》」となるのが適当であった。ところが、横井事件の犯罪者の処罰をめぐっては、正親町三条の前任者である刑法官知事の大原重徳が厳罰論に反対するなど、犯罪者の逮捕直後から寛大な処置を取るべきと主張する者が少なからず存在した。

そして明治二年五月に設けられた弾正台《だんじょうたい》が犯罪者の減刑を求めてきたことにより簡単にはいかなくなる。慶応四年閏四月二十一日の「政体書」によると、司法権は行政権および立法権と並立するかたちになっている。だが実際の運用面では、死刑は勅裁を経なくてはならず、裁判権も地方官がもつなど、刑法官の権限は極めて限定された。この欠点は刑部省へと改称されてからも変化しなかった。

また常に起こる犯罪事件に対応するため、新政府に相応しい法律の制定も急がれた。新しい法律考案は刑部省の管轄であり、正親町三条はそれを担当することとなる。明治二年九月五日に刑部大輔の佐佐木高行は、弾正台に対して「要路ノ人ヲ暗殺セル者ヲ助命トハ何事カ」と嘆いている（『保古飛呂比』四）。この段階では正親町三条も同じであり、大原とは感覚的に違いがあった。だが、この考案は位階や服制とは異なり、公家の先例だけで決められるものではない。あまつさえ幕末まで法律など携わったことのない不慣れな仕事である。それにもかかわらず正親町三条は、無責任に刑部卿としての職責を投げ出すことをしなかった点を見逃してはならない。

行政権のもとに司法権が置かれている実態に加え、刑部省と弾正台の権限が明確に分離されていないことも問題であった。それゆえ、十一月十四日、刑部省が「刑法官ニテ典刑ヲ枉《ま》ゲ候事ハ不相成《あいならず》」との方針を示すと、弾正台は「耶蘇教相唱へ候ニ付、国賊也、殺害セル尤」と反論した。弾正台の官員たちには攘夷主義者がおり、キリスト教を崇拝していたという噂のある横井を快く思っていない。弾正台は横井が「廃帝論」（『嵯峨実愛日記』三）を主張していたことを取り上げ、彼を暗殺した者は国家を憂慮しての犯行であるから、厳罰処分にするのは不当だという。このような流れにより、処分の執行は大幅に延期することとなる。

課題となった新法律の考案は、明治三年二月から本格的に進められている。二月五日に「新律之儀ニ付編輯昨日来甚《はなはだ》当惑之旨大輔以下談有之」と、佐佐木たちに編纂が難しいことを語ったのをはじめとして、編纂会議が開かれるようになる。正親町三条は編纂会議に出席しているが、編纂の実務を担当したのは佐佐木であった。その証左となるのが、佐佐木が参議に転出する話が出た際、「新律制定取調ハ初メヨリ主任ナレバ、成功迄半途ニテ他人替リテハ不都合」、「刑律取調ノ義成功候迄、当官ヲ以従前ノ通被仰付《おおせつけられ》候事」（『嵯峨実愛日記』三）という結果になっていることである。

二月二十四日に新律綱領の草本が完成し、翌二十五日には「賊盗律之分」の校訂がおわり、五月二日からは「新律」の再校に着手している。このように正親町三条は、刑部省で日々「新律」の編纂に従事した。この月末から編纂作業の記述が少なくなるが、それは作業が完成に向かっていたからだと判断される。その一方では七月十五日に当時問題となっていた贋悪貨幣の問題を佐佐木と相談し、二十日には阿波で起こった稲田騒動について岩倉と話し合うなど、日々起こる事件への対応に迫られている。

「新律」の編纂作業に佐佐木が重要な役割を担っていたことは事実であるが、だからといって正親町三条が飾り物のようにいたわけではない。彼は誠実に職責を果たすため、日々の事件に対応し、「新律」の編纂作業にも従事していたのである。八月二十八日、岩倉は正親町三条に弾正台が延引してきた逮捕者の刑罰執行を指示した。だが、正親町三条は、京都で捕縛されている者を断罪にするのではなく、東京に護送させ「罪因連類」の者と突き合わせて処分をすべきであるという慎重な姿勢を示した。この方針には刑部省の丞や判事たちにも異論はなく、彼が状況を的確に判断していたことがうかがえる。

十月九日、明治天皇の前で新律綱領が読み上げられ、翌日に横井小楠暗殺事件の罪人に対する処刑が決定した。罪人首謀者は、新律綱領に明記された「梟示」となった。横井事件の解決と新律の編纂は、正親町三条が刑法官知事に就任してからの宿題であった。彼は在任中にその職責を放棄せず、無事に務めたのである。この三日後の十二日、重責から解放された正親町三条は刑部卿を辞めると、大納言に任命されている。

正親町三条から嵯峨へ改姓

年も押し迫った明治三年十二月二十三日に嵯峨は大胆な行動に出た。この日、岩倉邸を訪ねた嵯峨は、従来の正親町三条を嵯峨と改称することを願い出たのである。これはすぐに許可され、嵯峨は大納言の徳大寺実則と少弁の五辻安仲《いつつじやすなか》から、太政官の「改称嵯峨願之通被聞食《きこしめされ》候事」（『嵯峨実愛日記』三）という書面を拝受している。改称の理由は、公家の称号を熟知していない地方在住の華族から、三条家や正親町家と間違えられるのを避けるためであった。

嵯峨野の二尊院の住職とは昵懇の間柄にあり、そこに正親町三条はよく通った。ちなみ二尊院は三条家の菩提寺であり、同寺内には三条家の他に正親町三条家と三条西家の墓が置かれている。正親町三条は、風光明媚な嵯峨野を気に入っていたのであろう。したがって「同号無之卓絶之美称尤可欽慕、今度如願被許《ねがいのごとくこれゆるされ》之大幸欣悦《きんえつ》之到也」（『嵯峨実愛日記』三）と、正親町三条は美称への改称許可に大喜びしている。だが昔から名称変更は人生をも変えるといわれるが、まさしく嵯峨の政治家としての運命は、翌明治四年を迎えると大きく変わることとなる。

大納言の職責

三条および岩倉と、木戸および大久保との間では政府内の強化が課題となり、明治三年十二月に勅使の岩倉が薩長両藩に向けて差遣された。勅使派遣については、三条と岩倉に加え、大納言の嵯峨と徳大寺実則の議論を経て上奏裁可となっている。その結果、薩長土三藩の協力が約束され、二月に御親兵の設置に至ることは先述したが、ここで嵯峨が積極的に動いた形跡は見られない。

薩長土三藩の協力によって政府を強化するとなると、三藩出身者が中心となって動くのが当然である。また職員令以後に諸省の政策実務は、薩長土肥出身の士族たちが担っており、次第に長官には実務を担当できる者の就任が望まれるようになっていた。刑部省では卿の嵯峨が新律綱領の作成など実務を担っていたが、大輔の佐佐木の存在が不可欠であったのも事実である。佐佐木が卿に就任すれば、彼が負担している輔佐的役割は少なくともいらなくなる。

実際、明治三年六月に諸省長次官を務める皇族と華族は、兵部卿の有栖《ありす》川宮熾仁《がわのみやたるひと》親王、宮内卿の万里小路通《みち》房《ふさ》、宮内大輔の烏丸光徳《からすまるみつえ》、外務卿の沢宣嘉《さわのぶよし》、大蔵卿の伊達宗城《むねなり》、神祇伯の中山忠能、弾正尹の九条道孝がいた。だが、政府内には三条と岩倉の下に木戸や大久保などの士族がおり、彼らが諸省の大隈重信や伊藤博文などの士族と連携を図りながら政策を進めるような状況になると、大臣と参議の中間にある大納言の役割が微妙となっても不思議ではない。嵯峨と徳大寺は自分たちの存在感の希薄なことと、また負担の大きさを感じていた。

麝香間祗候―「国事諮詢」という天皇の相談役―

大久保利通、西郷隆盛、木戸孝允らの間では、官制改革に向けた相談が進められた。六月二十四日に嵯峨は、岩倉邸で岩倉および徳大寺実則と官制改革について協議すると、翌朝には大久保と対面して内容を相談している。四者で大臣と大納言はそのままとし、参議および各省卿や大輔などは外務省を除いてすべて人選をあらためる方針が確認された。

だが、嵯峨は官制改革の実情を知るとともに、大納言の職責を重く感じるようになったようである。七月十日に嵯峨は、弁官宛てに大納言の辞表を提出した。〈新政府発足から、議定、刑部卿、大納言などの要職を拝命してきたが、菲才《ひさい》な自分には務まらない。どうか苦しい胸中を察していただき、優秀な人物と代えてもらえないか。そうでないと維新政府の基礎はできず、諸外国と対峙していくこともできないだろう〉（『嵯峨実愛日記』三）と述べている。

廃藩置県が断行された七月十四日、そのことを知らない嵯峨は衣冠を着用して参内した。そして嵯峨は、天皇の面前で三条から大納言辞職を聴許することが告げられた。また同時に麝香間祗候《じゃこうのましこう》に任命することを伝えられた。麝香間は、京都御所の部屋名であり、王政復古の政変で三職が設けられると、議定の控室として用いられた。麝香間祗候の濫觴《らんしょう》は、明治二年五月の官吏の公選で漏れた諸侯が任命されたときである。任命された旧議定職であった諸侯たちは、宮中参内した際に議定職が詰める麝香間に祗候することができた。この特別措置は、要職から漏れた彼らの不満を解消させることが狙いであった。官吏の公選で残った中山忠能、大原重徳、松平慶永、伊達宗城なども、廃藩置県までには麝香間祗候となっている。

麝香間祗候の役割は、「国事諮詢」という天皇から国事の相談を受けるというものであった。天機伺いのため参内することができたが、それは形式的な儀礼に過ぎず、内奏のような政治的内容を含むものではなかった。つまり麝香間祗候は、公家と武家からなる華族のなかから選ばれた有力者たちに与えられた名誉的官職であり、それ以上でも以下でもなかった。現実的に天皇が彼らを集めて「国事諮詢」をおこなったという記録は、管見の限り見当たらない。

文明開化に対する不安

嵯峨は、明治五年三月から教部卿を務めるが、それを十月二十五日に免官になると、再び麝香間祇候に戻っている。政界の第一線から退いた嵯峨は、余生を悠悠自適に過ごすかに見えた。だが、嵯峨はこの頃から政府が推進する文明開化政策に対して不安を抱きはじめる。不安の素因となったのが、十一月十二日に制定された洋式大礼服である。政府は、国家の儀礼において文官が着用する文官大礼服と、位階を持ちながら政府官職に就いていない者が着用する非役有位大礼服を制定した。また略礼服として小礼服（燕尾服）を設け、従来の衣冠・狩衣《かりぎぬ》・直垂などの礼服は祭服として残すこととなった（詳しくは、刑部芳則『洋服・散髪・脱刀—服制の明治維新—』、同『明治国家の服制と華族』を参照されたい）。

嵯峨は、洋式大礼服が制定された日に「礼服筒袖細袴全洋服也」、「唯慨嘆之至也、如此重事追々軽易有改革、一向御諮詢之義無之」（「嵯峨実愛日記」明治五年十一月十二日条）と不満を書き残している。明治二年から三年にかけて服制考案に力を注いだ経験から、自分の構想とは対極的な洋服を導入することは許容できなかった。さらに「国事諮詢」という政治の相談役である麝香間祇候を務める立場からは、相談もなく勝手に決められたことに対する不満も加わっただろう。

明治政府は太陽暦を採用し、明治五年十二月三日を明治六年一月一日とすることとした。これにより、従来の太陰暦と諸外国の太陽暦との休日に差異がなくなり、数年ごとに閏月を設けなくてもよく、五節句などの休日もなくして官員の勤務日数を増やすこともできた。だが、太陽暦採用を発表で知った嵯峨は、西洋に倣って閏月を廃止するなど、このような「重大之事件容易改革慨嘆之到也」と、憤りを隠せない。嵯峨によれば〈皇国古来から用いてきたものは、「漢土之制」といえども、数千年を経て現在の風俗制度となっている〉（「嵯峨実愛日記」明治五年十一月十一日条）と述べている。

そのような長い歴史とともに定着してきたものを簡単に捨ててしまってよいのかという不満とともに、政府の急進的な開化政策に不安を感じるようになる。十一月二十一日、嵯峨や中山忠能など十四名の麝香間祗候が集まり、毎月懇親会を開くことについて相談している。その主意は酒宴、茶会、食事会であった。だが、一方では彼らに諮られることもなく進められる開化政策に対する不満解消の場となったと考えられる。少なくとも彼らの結束を強めたことは間違いない。麝香間祗候の官職はともかく、会合として意味を持っていたことは見逃せない。

直垂代用という抵抗

洋式大礼服の制定により、明治六年十月までに麝香間祗候たちは非役有位大礼服を用意しなければならなかった。それ以降は直垂代用を許可しなかったため、非役有位大礼服を着ないと公式儀礼に参加できなくなる。これに抵抗したのが大原重徳であり、同年末に老齢と病気を理由に直垂代用が許可された。その情報は麝香間祗候たちの間で共有され、年が明けると中山忠能にも特別措置として直垂代用が認められた。

そして嵯峨は、三月三十日付で東京府知事大久保忠寛《ただひろ》宛てに「大小礼服着用可仕之処、一昨冬以来手足痲痺《まひ》時々屈伸不自由ニ付而ハ、不着馴衣服別而《べつして》甚難渋仕候、深恐入候願ニ候得共、右病症快和ヲ得候迄、大小礼服可相用節々ハ、何卒蒙御宥許直垂着用之儀、伏而《ふして》奉懇願度存候、此段宜《よろしく》奉希候」（「嵯峨実愛日記」明治七年三月三十日条）などという願書を提出している。要約すれば、〈大礼服および小礼服を着用するところ、二年前から時々手足が麻痺して屈伸が不自由になるため、着慣れていないこともあり難渋である。その症状が治るまでは直垂代用を許可してほしい〉という。この願いは同日付で聴許されている。

この主張が本当であるかどうかは、彼の日記から明らかとなる。明治七年二月十五日の麝香間祗候としての天機伺いは「寒嵐難堪」という理由で不参、三月十五日の天機伺いは「歯痛」で不参。これだけ見ると具合が悪いことがわかる。だが二月十二日には午後から中山忠能邸の集会に参加し、十三日には雪が二寸積り「寒厳」のなか浅草東本願寺まで出向き、同寺を華族の集会場である華族会館として借用するための会議に出席している。嵯峨邸は下谷二長町にあり、皇城に比べて浅草東本願寺は近いとはいえ、手足が麻痺して屈伸がままならない者が積雪のなか出歩くであろうか。

そうはいうものの四月十一日に嵯峨は「歯痛」のため保養しているから、三月の天機伺いは仮病とはいいがたい。だが、それまで理屈をつけて不参してきたにもかかわらず、四月十五日の天機伺いに参内している。この流れからは小礼服の着用を忌避する目的で不参していたことが理解できる。ちなみに嵯峨は直垂代用の願書作成に際して、大原が提出した願書を借りて写している。

天皇が着る黄櫨染《こうろぜん》の束帯をはじめ、公家たちが着用してきた衣冠は、公家の慣習にもとづく宮中儀礼を支える重要な装束であった。それらを洋式に変更することは、儀礼体系はもとより、天皇を中心とする国家体制そのものが支えられなくなるのではないかという危機感を持たせることとなった。彼らにとって政府の急進的な開化政策は脅威であり、その政策に異論を主張する島津久光は魅力的であった。

左大臣島津久光への期待

廃藩置県の断行に不満を持ち、その後の文明開化政策にも批判的な島津久光が、明治五年六月二十八日に十四か条の建言を提出したことはⅠの三「明治六年の政変」で述べた。建言に対する天皇の質問に応じるため、明治六年四月二十三日に久光は上京するが、九月十三日に岩倉具視が使節団から帰国しても質問はなかった。

久光を東京に留まらせるには、政府内の要職に就けることが最適であった。明治六年十月に久光は内閣顧問という彼の処遇問題から新設された官職に就任したが、太政官正院の閣議に関する相談などはなかった。名誉的官職に嫌気がさした久光は、早々と辞職を申し出て鹿児島へと帰郷してしまう。そこで岩倉具視は、翌七年に再び久光を上京させるため、彼を左大臣に据えることを提案する。

ところが、岩倉が「懇願候処貫達不致」というほど、三条は久光を左大臣に任命することに「断然不承知」であった。大久保利通は、公家出身でなく旧藩主でもない久光が大臣に就くのは不都合であり、また岩倉右大臣の上席になるのも道理が合わないと反対していた。そのような反対意見に鑑みると、三条の反論も大差はなかったと考えられる。岩倉は伊達宗城と松平慶永に応援を頼み、伊達は「日ヲ移シ失機会候段難黙止」（「御手帳留」明治七年四月二十三日・二十四日条）と、三条を説得している。その結果、三条は持論を引っ込め、岩倉の要望を承諾する。

最終的に三条は許容したものの、当初は彼の反論により岩倉ではどうすることもできなかった事実を見逃してはならない。三条の政治的な判断により、四月二十七日に久光の左大臣の任命が決定した。久光の左大臣就任に難色を示した三条とは異なり、嵯峨は大いに望んでいた。嵯峨は、〈久光の左大臣就任に向けては、自分が尽力してきたところだが、今日の左大臣宣下は天下の幸福であり、自分たちの宿願がかないとても喜ばしい〉（「嵯峨実愛日記」明治七年四月二十七日条）と、嬉しさを隠せない。

久光の新たな建言と質問

左大臣に就任した久光は、明治七年五月二十三日に三条実美に八か条の建言と二十か条の質問を提出している。いずれも先に出した十四か条の建言と同じく、政府の開化政策を批判する内容であった。八か条の建言では、開化政策を推進する大久保利通と大隈重信を批判した。これに対して三条は留守政府において財政問題を処理した大隈を評価していた。大蔵少輔の吉田清成たちからは、大隈を辞職させれば省内が混乱するとの意見が寄せられた。また久光の建言を知った大久保は参議辞職を申し出たが、三条にとって両者を失うことは避けなければならなかった。

久光は、建言や質問が不採用になるなら左大臣を辞職、また回答が得られるまで政府に出仕しないとの条件をつけた。三条の回答次第で久光か、大久保と大隈を失うこととなる。またぞろ三条は苦渋の選択を強いられたのである。三条が苦慮するなか、左大臣久光に期待を寄せる嵯峨たちは、久光の政府出仕を図るため麝香間祗候を中心に相談を重ねる。三条の想定を超えて事態は拡大していく。

その結果、八月二十四日に彼らの総意として建白書が三条と岩倉両名宛てに提出された。建白書には、嵯峨、中山忠能、大原重徳、大原重実、池田慶徳、松平慶永、伊達宗城、松浦《まつら》詮《あきら》、佐竹義堯《よしたか》（旧出羽久保田藩主）、立花鑑寛《あきとも》（旧筑後柳川藩主）、津軽承叙《つぐみち》（旧陸奥黒石藩主）、松平忠和《ただかず》（旧肥前島原藩主）、松平信正《のぶまさ》（旧丹波亀山藩主）、亀井茲監《これみ》（旧石見津和野藩主）の十四名が連署した。建白の趣旨は、左大臣の久光を重用していないことを指摘するものであった。

この建白書が提出される前日の二十三日、三条は久光、嵯峨、中山、伊達、池田、松浦、立花、大原から建白提出について聞かされていた。その場で三条は彼らと激論を避けようとするものの、久光は「従来之不平論」を

図26　元　老　院

展開し、嵯峨たちからは建言の採否について質問されるなど、極めて困却する思いを味わった。三条は、〈このように白黒決断を迫るような行為に出られると、久光の進退を明確にしなくてはならなくなる。久光の性格をよく知っている伊達はもとより、中山たちにも注意してもらう必要がある〉（『岩倉具視関係文書』六）と嘆いている。

また建白書を受けとった三条は岩倉宛ての書翰で、建白の内容を見て愕然とし、彼らの意向には不服であり、「弁駁《べんばく》」するつもりであることを語った。さらに八月二十七日付の岩倉宛て書翰でも、久光に迫って建白提出をおこなった麝香間祇候たちの事務に疎いことを失望している。建言回答を引き延ばすことで久光の滞京を図る三条にとって、久光の政府出仕を求める嵯峨たちの運動は迷惑でしかなかった。

元老院議長就任問題

朝鮮遣使問題で参議を辞職した板垣は、明治八年一月の大阪会議を経て政府復帰を果たした。大阪会議は、政府強化を図る大久保利通が木戸孝允の参議復帰を目的に開いたものである。そこでは立憲政体の樹立が確認されたが、その方法をめぐっては漸進的な大久保および木戸と、急進的な板垣とで歪みが生まれることとなる。四月十四日の立憲政体樹立の詔によって元老院の設置が決まると、板垣は同院の立法権拡大を要望する。

元老院章程について板垣は、立法化に元老院の審議を経ることを主張した。だが、三条は「陛下と元老院との間権限を掲け候事は」時期尚早であると考えていた。元老院章程に立法権を記載すれば、天皇や太政官の権限を大幅に制限することとなり、憲法のない当時においては元老院の権限が拡大する危険性があった。そのことを憂慮する三条の意向は、大久保と伊藤博文も同じであった。だが、板垣は「掲載無之《これなく》ては立法官を被置《おかれ》、立法の源を広むるとの詔は無益に属し候との激論」（『木戸孝允関係文書』四）を示した。

また板垣は元老院議官についても、皇族、華族、学者などを新規採用させて、増員することを要求する。この意見は議長後藤象二郎とも一致している。彼らは元老院の権限を拡大し、そこに薩長藩閥ではない議官を増やすことで「有司専制」を抑制しようとしていたと考えられる。そして後藤と板垣の両者は、三条から求められた久光の議長就任についても反対意見を出していない。

立憲政体樹立の詔を知った麝香間祇候たちは、その文言に危機を感じた。明治八年五月五日、参内した嵯峨は、中山忠能や松平慶永と「民撰議院」の設立は将来的に「共和政治」をもたらすことになると意見を交わし、翌六日には松浦詮や立花鑑寛などとも危機感を共有している。十日に松平と伊達宗城は「元老院長官兼職多分可整」と密議しているから、彼らは久光が元老院議長を兼任することにより、「共和政治」を防ぐことができると考えていたように思われる。

柳原前光《やなぎわらさきみつ》が伊達宗城に語った話によれば、五月二十日に三条は久光のもとを訪れ、これまでの「違約不都合」について謝罪したため久光との間柄も「氷解」したが、岩倉がいなかったこともあり「人撰黜陟《ちゅっちょく》」は決められなかったという。これは元老院議官の新任人事に違いないが、久光の元老院議長兼任の辞令は七月になっても出されなかった。

久光を議長としたところで後藤や板垣とは合わず、元老院の議事が混乱するのをおそれた。また左大臣という行政権と、元老院議長という立法権を兼ねると、三条太政大臣よりも強権力を久光が持つことになるのではないかという懸念も出てくる。

極度の心労再び

柳原前光は、いつまでも議長就任の御沙汰が出ないと、麝香間祗候など久光に期待する人たちは〈三条を恨む〉だろうと予測した。三条も明治八年七月二十日には必ず久光を議長に任命すると公言していた。十八日付の木戸宛ての書翰で三条は、「左大臣に対し不平も何も無之候得共、実際苦情も有之候由。右様之次第に立至候ては、元老院中之変態を発し候」（『木戸孝允関係文書』四）などと、元老院議官のなかから苦情があるため、久光の議長就任により院内が混乱するのではないかと不安を述べている。

そして二十日付の木戸宛て書翰では「即今御取消に相成而《あいなりて》は、拙者も実に上に対し左府、柳原等に対し候而も面目無之事情」（『木戸孝允関係文書』四）と、今になって久光の議長兼任を取り消すことは、天皇や久光はもとより、動いてくれている柳原にも申し訳が立たないと苦しい立場を示した。同日には旧薩摩藩士で久光の側近である海江田《かいえだ》信義《のぶよし》や内田政風《まさかぜ》から、御沙汰の延引を糾弾された。三条は久光を出仕させる方策とはいえ、成功の見込みの少ない決断を迫られた。極度の心労から三条は、七月二十日に「鶴乱症ニテ御引籠」こととなり、代わりに宮内大輔の万里小路博房が奏上している。これを知った伊達宗城は、「征韓論大破裂ノ覆轍《ふくてつ》」と見なし、この情報が久光に漏れないことを願った。

三条も朝鮮大使派遣問題のときの二の舞を演じることになってしまったと感じていた。翌二十一日付で三条は木戸に「一昨冬之覆轍」と反省し、岩倉から「如此行掛に至候上は無致方《いたしかたなく》、断然前議を不貫しては失体不可謂、頻《しきり》に果断速決」（『木戸孝允関係文書』四）と、失体を逃れるには決断をするしかないと助言を受けたことを明らかにした。そう助言をした岩倉は、「三条之揺動誓言変シ易ヲ歎息憤怒シ、其后ハ書通セラレザル」（「御手帳留」明治八年七月二十九日条）という感想を抱いていた。これは朝鮮大使派遣の際に岩倉および大久保の言説と対立した経験によるものであった。

岩倉の読みは的中する。七月三十一日、天皇は久光に左大臣としての出仕を求め、立憲制が整っていないことを理由として元老院議長兼任を退けた。結局、三条は久光の兼任辞令が出るように動かなかったのである。同日付の木戸宛て書翰で三条は、久光から老齢病気のため兼任しなくて済んだことを感謝されたと伝えているが、「拙者辞表案申出度候間、返却有之度」（『木戸孝允関係文書』四）と、辞表を提出する覚悟であったことがうかがえる。久光を出仕させるため元老院議長兼任の話題が浮上し、一度は内命という運びにまで至ったが、最終的に兼任の辞令が出ることはなかった。

麝香間祇候たちの建白書

明治八年八月二十二日、嵯峨邸に嵯峨実愛、中山忠能、大原重徳、伊達宗城、池田茂政《もちまさ》（旧備前岡山藩主）、池田慶徳、松浦詮、立花鑑寛の麝香間祇候の他に、久光側近の内田政風が集まり、三条に提出する「輸出入之事」と「人心安着之事」について相談している。そこで嵯峨は、他の参加者たちと、国家経済が逼迫し、政策を見直さないと国家は三年ももたないことを共感した。

彼らは、翌二十三日に三条と対面し、久光も同席するなか建白書提出の趣旨を説明している。公家華族たちが天皇制や国家儀礼を喪失させるおそれから文明開化を敵視していたことは先述した。武家華族たちも西洋文物の輸入によって国家経済が疲弊する点では早急な開化政策を危惧していた。そこで彼らは輸入を抑止し、なるべく国産品を用いることを要求したのである。

ところが、三条は、大蔵省の用度不足は「精算表」を見ると憂慮するほどのことはないと回答している。それに対して久光や伊達は、「海関税」を心配しているのであり、大蔵省が安心だといっても、貨幣が流出していけば将来的に国家経済は救うことができなくなるのではないかと意見する。

三条と麝香間祗候たちの意見は平行線のまま、翌二十四日を迎えた。この日、中山、嵯峨、伊達、慶徳の四名が参内し、天皇に建白書を提出した。このとき三条は「如何御取合モ無之故」〈どのように取り扱うもない〉と否定的な発言をしたのに対し、久光は「各憂国ノ念ゟ《より》上申仕候故、不悪被聞召《あしからずきこしめされ》度」〈皆憂国の思いから上申しているため、悪く聞かないでほしい〉と擁護している。

「海外輸出入之事」は、貨幣の海外流出を防ぐため、宮中や官省で西洋文物を節倹することを明記した。「万民安着之事」は、太政大臣は事務多端により決定が遅くなるため、「左右大臣各省ヲ分担シテ担任」させれば事務処理および決定が遅れることなく、「万民」は「安着」するという。太政大臣は「大綱ヲ総轄」するものとし、左大臣および右大臣に各省行政を担当させることを望んでいる。その狙いは、三条太政大臣を後退させ、左大臣久光の権力強化にあった。

建白書は、三大臣が評議して再度上申することになった。これを受けて九月三日、嵯峨たちは池田慶徳邸に集まり上奏案を作成した。当日は、内田と海江田も議論に参加している。「輸出入之事」は先述した趣旨と大差はないが、「万民安着之事」では三条に対する政治批判が顕在化する。

政治批判は大きく二点ある。第一は「朝鮮ノ事件廟議既ニ定ルヤノ後、内閣紛議ヲ生シ俄《にわか》ニ参議数人退職ニ至」と、朝鮮大使派遣問題の失体を取り上げ、それが佐賀の乱や台湾出兵という大事件を招いたという。第二は「元老院長官兼任既ニ御内勅アリテ数日忽然御変革ノ勅詔ニ相成」と、久光の元老院議長兼任が反古になったことを追及している。さらに「枢要ノ建言数旬御採択無之」と、各種建言を「遅緩」させているのも問題であるという（「御手帳留」明治八年九月五日条）。そこに久光の建言や彼らの建白が含まれているのはいうまでもない。

このように政治決定が二転三転したり、政治上の意見に対する処理が遅延していたのでは「万民安着」は難しいという。それは三条に太政大臣の職は重過ぎるといっているのと同じである。三条の回答延引策は、麝香間祗候たちから能力不足や優柔不断と判断された。ここに至り対決を辞さない構えとなった。

開化政策という分水嶺

建白内容を受けた三条の心中は穏やかではない。明治八年九月十一日、三条は事情を聞くため、嵯峨邸を訪ねている。三条は〈建白書は八人のうち誰が首謀者なのか〉と質問すると、嵯峨は〈誰というのではなく、それぞれが集会で憂国の思いを話し合っているうちに、上申することとなった〉と答えた。

また嵯峨は、三条が〈内田政風や有栖川宮熾仁親王を煽動〉しているのではないかと不信に思っている様子を察した。そこで〈上申について今日まで回答がないため、近いうちに催促しようとしている者がいる〉と弁解した。これは久光の元老院議長兼任や建言回答を督促する内田や、後述する嵯峨たちの建言書採用に理解を示す有栖川宮のことを指している。

三条からすれば、彼らが騒ぐことで問題解決は困難となり、麝香間祗候の政治活動は迷惑な存在であった。そこで三条は〈それは大変困るので右のような人たちが催促しないよう〉依頼するが、嵯峨は〈それは聞き入れられない〉と断っている。そして嵯峨が〈三条は一歩退き、久光に委任してほしい〉と申し出ると、三条は〈政策に反対するから委任はできない〉と退ける。ここからは両者の政策に対する思いが完全に違っていることが見て取れる。嵯峨は、三条では開化政策を抑えることができないから、それが可能な久光に権限を委任すべきだとまで考えるようになっていた。

その望みがとおらないのであれば、久光が左大臣でいる必要性はなくなる。したがって、嵯峨は〈それなら久光の鹿児島への療養をかねた帰国願を聴許すべきだ〉と指摘すると、三条は〈久光が滞京していないと動乱が起こるため、辞職帰国は聞き入れられない〉（「御手帳留」明治八年九月十三日条）と真意を語っている。三条と岩倉は三大臣の協和を図ることを望んだが、久光の建言に加え、彼の政府出仕を求める麝香間祗候たちの応援が協和を困難にしていた（刑部芳則「廃藩置県後の島津久光と麝香間祗候」）。嵯峨には、久光をはじめ麝香間祗候や内田などを説諭する仲介役になってもらいたかったに違いない。だが、現実には久光の建言に共鳴し、三条と対決姿勢を見せたのである。

廃藩置県まで三条と岩倉の意向に応えていた嵯峨は、天皇東幸など新しい政策に反対してきた中山や大原と共同歩調を取るようになってしまった。すべては廃藩置県後に政府が進めた文明開化政策に起因していた。国事諮詢の立場として開化政策が誤りであると嵯峨が判断したとき、その政策の責任は太政大臣である三条に求められる。開化政策を必要とするか、不要と見るかが、三条と嵯峨の間に溝を作ったのである。

内閣諸省分離問題

三条の政治問題はさらに山積した。それが内閣（明治十八年十二月からの内閣制度ではなく、太政官正院の閣議）と諸省とを分離する内閣諸省分離問題と呼ばれるものであった。すでに分離は決まっていたが、大久保と木戸の政治意見の対立などから実施が遅れていた。明治八年九月一日に三条から意見を求められた木戸は、板垣の急進的な改革には同意しないが、大蔵省の改革の必要性を説き、参議兼大蔵卿大隈重信と参議兼司法卿大木喬任の罷免には異存がないと答えた。翌二日に三条は大久保と対面するが、そこでは大蔵省の改革は必要なく、大隈と大木は現職のままでよいと、木戸の意見とは対立した。

こうした状況を受けた三条は、内閣と諸省とを分離し、大隈と大木の参議を辞めさせるものの卿の立場は温存させ、大久保の参議専任によって空席となる内務卿に井上馨《かおる》を登用するという、大久保・木戸・板垣の意向を折衷することとした。九月三日付の伊藤博文宛ての書翰では、三者間の意見が合わず困惑していることを伝えながら、「板垣、木戸の際は破れ候ても致方無之候得共、木戸、大久保の間破れ候ては、甚波及する所大なる事に可至」（『伊藤博文伝』上）と述べている。

三条は分裂を避けるため三者の調和に努めているが、木戸と板垣の関係が分裂してもよいと考えている点は見逃せない。ここからは三条にとって薩長藩閥は政治運営に際して重要な存在であり、両者間の対立は極力避けたいと考えていたことがわかる。右の書翰を見た伊藤は、三条から詳しい事情を聞くと、木戸を訪れて折衷案を示した。ところが、木戸の大蔵省と内務省の改革に反対する大久保や、立憲制の確立を急ぐ板垣に対する不満は解消しなかった。

木戸は三条を訪れ、大久保と板垣を参集させて議論することを提案するが、三条は激論になるだけで解決には至らないと反対した。九月五日に木戸が大久保と板垣を訪ねて辞意を表明すると、事態を重く見た大久保は三条と木戸の慰留について協議している。八日に伊藤が木戸に辞意の慰留を求め、さらに三条邸で両者と大久保が懇談したものの、木戸の気分は晴れなかった。

このような状況を病気療養中で引き籠っていた岩倉具視は傍観していない。九月二十八日に伊藤を招き、三者の不調を喜ぶ「守旧派」は三条を斥けて島津久光を太政大臣に擁立しようとし、板垣などの「急進論者」は久光らと結びついて政府の改革を企てているという情報を伝えた。これを聞いた伊藤が木戸に伝えると、木戸も大久保との協調を重視するようになる。

この直前の九月二十日には江華島事件が起こった。軍艦雲揚《うんよう》が朝鮮の江華島砲台より射撃を受け、翌二十一日に日本側が報復措置に出た事件である。三条は、事件の処理を優先すべきであり、内閣と諸省の分離は見送るべきと判断した。分離中止については三条が発表することとなるが、その理由を反対論者から迫られることについて大久保は心配であった。大久保は十月六日付の伊藤宛て書翰で、三条に江華島事件の事情を説明するよう促している。

これを伊藤から伝えられた三条は、分離中止は自ら発表するが、大久保からも趣旨説明をしてほしいと述べている。これに対して伊藤は三条に木戸も同席したほうがよいと申し入れた。ここに大久保と木戸が結束したため、両者の上に立つ三条の言説が変わる余地はなくなった。

板垣退助の上書

十月八日の閣議で三条から内閣と諸省の分離中止が発表された。大久保らと予定していたとおり中止の理由は

図27　板垣退助

江華島事件であり、これを聞いた参議たちも賛成した。ところが、板垣だけは納得しなかった。十二日には三条、岩倉、久光が参内すると、その後で板垣が持論を奏陳したいとあらわれた。天皇が板垣の陪席を許可したため、四者で拝謁することとなった。三条が内閣諸省分離延期の議を奏上すると、それに続いて板垣が三条の政治的責任を弾劾する上書を奏上した。

それは太政官の行政権と、元老院の立法権との分離を明確にすることを望むものであったが、官制の権限を制度的に変更することは簡単ではない。そこで板垣は、参議と卿を兼任していることが問題であると、内閣と諸省の権限分離を提案した。その意図するところは、旧薩摩藩や旧長州藩の出身者が両職を兼務していることを「有司専制」であると見なし、薩長藩閥政権を牽制することにあった。

板垣によれば、三条に繰り返し内閣と諸省の権限分離を提案したという。そして十月四日に天皇が太政官に出御し、江華島事件に対処するため「同心協力」を求めた際には、あらためて権限分離を必要視していた。また天皇臨席の場でも三条は権限分離に賛同した。それが七日になって江華島事件への対応が先決であり、権限分離は政治を混乱させるおそれがあるなどと言説を翻したのだと述べる。久光は八日の閣議では三条の中止説に反論しなかったが、ここに至り板垣の上書を裁可すべきだと奏上した。

この上書に対して三条は、弁明の意見を奏上している。「分離ノ事ハ臣モ亦可トシテ之ニ同意セリ、然レトモ其之ヲ行フニ於テハ時機ノ緩急アリ、倉卒ニ之ヲ為スヘキニ非ス」（『岩倉公実記』下）と、権限分離は認めるものの、慌ててはならないと反対している。

三条を弾劾する久光

十月十九日には天皇から内閣諸省分離は見合わせるとの御沙汰が出されたが、同日付で左大臣の島津久光は三条を弾劾する上書を提出している。久光の建言や質問書などの主張は政治政策に生かされていない。自分の意向とは異なる政策を、少数の参議兼卿たちが推進することは面白くなかった。そこで久光も板垣と同様に内閣と諸省の権限分離を望んだ。

久光は「参議ノ輩ハ各省ノ長官ヲ兼任シ皆自ラ 恣《ほしいまま》ニシテ無用ノ冗費ヲ厭《いと》ハス、不急ノ土木ヲ起シテ国家ノ衰頽ヲ顧ミス」と、参議兼卿らによる開化政策を痛烈に批判する。板垣の意見については、「実美事ヲ左右ニ託シ遷延已《すで》ニ数月ノ久ヲ経テ、遂ニ朝鮮ノ事起ルヲ幸トシテ陛下ノ聡明ヲ眩惑シ奉リ之ヲ拒ム」と、三条のはっきりしない態度を糾弾した。そのなかには自分の建言や質問書が棚上げにされている不満も含まれているだろう。そして久光は「実美ヲ黜《しりぞ》ケ給ハスンハ皇国ハ終ニ西洋各国ノ奴隷タラン」(『岩倉公実記』下)と、三条が太政大臣を務めていては、我国は西洋諸国の植民地になってもおかしくないという。

有栖川宮熾仁親王の批判

三条が久光に弾劾されると、十月十九日に大久保利通と木戸孝允は病床の岩倉具視を訪れ、両大臣間の修復を依頼している。同日には有栖川宮熾仁親王、中山忠能、伊達宗城たちも岩倉邸を訪ねているが、岩倉は病気を理由に面会しなかった。無理に会っても、かえって事態が混乱すると思ったのだろう。二十一日に岩倉は病気を押

図28　有栖川宮熾仁親王　明治６年制の皇族大礼服を着用

して参内するが、その途中に有栖川宮邸に寄っている。

そこで有栖川宮は、江華島事件が起こり「天下ノ危急」の時期であるから、三大臣が協和を図らなければならないことを語っている。また中山たちの「内外輸出入ノ不均、大蔵ノ空乏等ヲ憂慮」した建言や、板垣の権限分離を求める意見などを、なぜ議論しないのかという。それは「三条大臣ニ於テ晏然《あんぜん》之ヲ採決セス、因循《いんじゅん》模稜《もりよう》捨テ今日ニ至リ拾救ス可カラサルノ大事ニ至ラントス」(『岩倉公実記』下)と、三条の政治能力に問題があるからだと判断している。有栖川宮も、久光や麝香間祗候の意見を支持し、三条は批判の対象でしかなかったのである。

明治天皇の信任

久光の弾劾意見を却下するか、三条太政大臣を罷免にするか、二者択一の選択は天皇にしかできない。天皇は、三条は「国家ニ勲功」があり「其罪ノアルヲ見ス」と、久光の弾劾理由を認めなかった。二十二日に天皇は久光に採用できないことを説諭し、三大臣の協和が必要なことから辞職も聴許しないことを告げている。だが、久光は弾劾した対象者と一緒に仕事はできないと回答し、岩倉に辞表を提出する。また同じ日に板垣も参議辞職願を差出した。

その一方で三条は、岩倉に自身の罪の有無を糺《ただ》すことを求める上書を提出している。まず三条は、久光の弾劾意見を天皇が採用しなかったことに感謝する。そして久光のいうとおりならば、自分の罪を糺すべきだという。だが、久光の意見は事実と外れており、「誣告罪《ぶこくざい》」に問われるものだと指摘する。久光の罪を特別に問わないとしても、そのような人物を左大臣にしておくことはできないという。強い文言が見られるところからは、さすがの三条も頭にきたことがうかがえる。真偽のほどを岩倉はじめ、参議の公論に委ねたのである。

久光と板垣の辞職願と、三条の罪状真偽については、十月二十五日の閣議で審議された。岩倉をはじめ、大久保や木戸たちは早急な権限分離を望んでいなかったし、文明開化政策を批判する久光の意見も支持していない。むしろ、自分たちの意向を受けて政策を推進する三条への期待感のほうが強かった。その結果、二十七日に久光と板垣の辞職は勅許され、三条の罪は不問となっている。

三条実美と嵯峨実愛

弾劾状の首謀者が久光とはいえ、その彼を嵯峨が応援しているのだから、三条がショックを受けるのも無理はない。維新政府で三条とともに前向きな姿勢を示していた嵯峨は、廃藩置県後に麝香間祗候となると、人が変わったかのように新たな政策に難色を示すようになってしまう。その変化は「国事諮詢」という麝香間祗候の役割にあり、彼は天皇の国政相談を預かる職責を果たそうとしていた。そして三条とは異なり文明開化政策を誤っていると感じ、天皇に政策の見直しを求める久光に期待したのである。

三条は嵯峨の存在を、幕末に信頼を寄せていた宗族の姉小路公知《あねがこうじきんさと》と重ねて見ていたのかもしれない。だが、三条と嵯峨は明治政府の文明開化政策をめぐって次第に距離が生まれ、皮肉にも一蓮托生とはならなかった。太政官の職制からして教部卿の嵯峨が朝鮮遣使問題に関与し、政治力を発揮することはできない。だが、嵯峨が三条の愚痴や相談に乗り、久光支援で見せたような潜在的な政治協力をおこなうことはできたのではなかろうか。少なくとも三条は気分的に違ったであろう。彼は太政大臣となってから、常にそのような心のゆとりが持てず、責任感という重圧だけを負わせられる。その究極の状況が朝鮮遣使問題での急病になったといえる。

明治六年政変の後、三条の悩みは嵯峨と文明開化政策に対する溝をどのようにして埋めるかにとどまらなかった。その頭痛の種を、菊亭脩季《ゆきすえ》と東三条公恭《きんあや》から明らかにする。

二　菊亭脩季の夢と現実

菊亭脩季

正親町三条は三条実美より年齢が一回り上であるが、幕末期を生きたという意味でいうと、両者ともに維新の第一世代に位置づけられる。彼らに対してここで取り上げる菊亭脩季《ゆきすえ》と、次に述べる東三条公恭《きんあや》は、幕末に生まれながら明治以降に成人を迎えたことから、維新の第二世代といえる。

正親町三条が廃藩置県後に新しい時代と距離を置き、文明開化政策をめぐって三条と対立したことは既述した。それでは新しい時代に対応した若き公家華族である菊亭や東三条は、三条と円満な関係を築くことができたのだろうか。まずは菊亭から述べることとする。

菊亭脩季は、安政四年（一八五七）五月六日に摂家の鷹司輔熙《たかつかさすけひろ》の子として生まれ、のちに権中納言の菊亭実順《さねあや》の嗣子となった。菊亭家は、摂家につぐ清華《せいが》家であり、琵琶を家職とした。三条と菊亭の家格は同じであるが、一族ではないから直接の関係はない。ところが、三条実美の妻治子は鷹司家から嫁いでおり、菊亭は治子の弟であるため、三条家と菊亭家とは親族関係で結ばれることとなった。

図29　菊亭脩季

三条実美の教訓―公家らしさを失うな―

菊亭脩季は、明治二年（一八六九）三月十五日に「東京勤学」のため京都を出発するが、九月に体調を崩して京都に戻る。翌三年五月八日には東京での勉学が命じられ、六月十八日に再び京都を出発した。東京に到着すると、十月五日には「府学校」での勉学を命じるとの通達を受けた。これは菊亭のような若手華族に対する期待に他ならない。だが、またしても体調不良となり、明治四年四月五日には帰京願を東京府宛てに出すことを余儀なくされた。

このように菊亭は京都と東京との往復を繰り返したため、京都御所を中心とした限られた空間で生活する意識を持たなかった。この点は、彼の親の世代に多く見られる京都に固執する公家たち（詳しくは、刑部芳則『京都に残った公家たち―華族の近代―』を参照されたい）と、大きく異なっていた。

三条にとって年若い義弟の菊亭は、すでにイギリスに留学した養嗣子の公恭の姿と重なり、次代を担う華族としての活躍を期待したように思われる。三条は義父の鷹司輔煕に宛て、実子の菊亭に次の教訓を与えるよう求めた。〈菊亭は学校に入学したが、若年の今が一番大事な時期である。多くの書生たちと交際して放蕩にふけり、酒色の慣習を身につけて成長するのはもっての他である〉と注意するように促す。

続けて〈菊亭は怜悧な性格のため、余程教諭を加える人が必要である。現在勉学中の若い堂上公家たちは、少し開けすぎて下品な行状をする者の噂も聞こえ、朝廷の権威を汚すようなこともあり、非常に嘆かわしい〉と指

図30　羽織袴を着る三条実美

摘する。そして〈公家は公家の姿勢を失わず、適度に一般社会に通じていないと、かえって身を辱め、醜態をさらけ出し、心得違いのこととなる〉（「三条実美書状」〈菊亭修季幼時教戒之儀〉）と苦言を呈した。

菊亭が東京で勉学を開始した内容に触れているため、明治二年三月から九月か、同三年十月から四年四月までに書かれたものと思われる。三条は、新しい時代に適した姿勢を示すことは必要だが、公家らしさを失ってはならないという。これは三条自身が気をつけている点に他ならない。

慶應義塾に学ぶ

明治五年三月八日、菊亭は、京都から東京へと貫族替え《かんぞく》（本籍地の変更）を希望した。九月四日から漢学を福《ふく》羽《ば》美静《よししず》に学び、十一月二十日から洋学を福沢諭吉の慶應義塾で学んでいる。慶應義塾大学には「入社帳」という入学者名簿が残されている。それを見ると明治三年から十年までの間に約六十名の華族がおり、そのうち公家華族は六名いたことが確認できる（『慶應義塾入社帳』一〜二）。

当時は明治十年十月に開校する学習院は存在せず、慶應義塾を除くと同年四月に設立された東京大学の前身にあたる大学東校と大学南校くらいしか高等教育機関はなかった。最新の高等教育を学ぶには、海外の大学に留学することが望ましかったが、多額な費用と語学能力を含めた高度な知識を必要とした（この問題は次章で詳述する）。そのような意味で考えると、慶應義塾は海外留学者の準備段階の場であるとともに、留学ができない者がそれに代えて学ぶことができる国内の高等教育機関であったといえる。

さらに菊亭は、明治八年十月十四日から鈴木道隆、翌九年十月九日から水谷忠誠に、それぞれ算術を学ぶなど、積極的に勉学意欲を見せた。

福沢諭吉の華族論

慶應義塾で菊亭を教えた福沢諭吉は、華族たちにどのような役割を求めていたのだろうか。彼が華族に求めた役割については、数年後の明治十二年二月七日付で岩倉具視に送った「華族ヲ武辺ニ導ク之論」という書類から明らかとなる。そこで福沢は、華族は兵卒に採用せず、陸軍士官学校および海軍兵学校に入れ、将校とすべきだという。政府の官職に就かず、華族としての役割を見失う者も少なくなかった。そのような現状に鑑みた福沢は、華族はなるべく軍人にさせるべきだと説いたのである。

これを受けた岩倉は、華族会館で福沢の華族論に対する意見を集めた。六月十八日に集められた回答は、同意は公家華族四名、武家華族九名、新華族一名、不同意は公家華族十一名、武家華族四十二名、公論に任せるは公家華族一名、見込みなしは武家華族五名、新華族一名である。新華族とは維新の功労によって華族に列せられた者だが、この段階では木戸孝允と大久保利通の嗣子に限られる。圧倒的に反対意見の多いことが見て取れる。

反対意見の多くは、①華族の役割は軍人に限られるものではない、②自身の資質としては軍人よりも文官のほうが適している、③武家華族が軍務に従事するのは徴兵令の趣旨に背く、というものであった。恩師である福沢の提案に対しては、五月三十一日付で菊亭も華族会館に回答を提出している。菊亭は、華族のなかで「目的ノ確立セサル者」に軍務を推奨することや、皇族や華族に兵権を握らせることには賛成だが、「人生強弱アリ、人ニ見込差異アリ」との理由から、「強テ従事セシムノ不可」（「福沢諭吉建言ニ付華族答議」）を主張した。

つまり菊亭も、反対意見の①と②の理由から、福沢の華族論には賛同しなかったのである。なぜ菊亭は福沢に師事したにもかかわらず、軍人になることに反対したのだろうか。そこには彼の苦い経験が影響していた。

西南戦争への従軍を希望

明治十年二月、元参議の西郷隆盛が上京するため軍勢を率いて鹿児島を出発すると、十九日に政府は有栖《ありす》川《がわの》宮熾仁《みやたるひと》親王を征討総督、陸軍中将の山県有朋および海軍中将の川村純義《すみよし》を参軍に任命した。いわゆる西南戦争と呼ばれる不平士族の最大規模の反乱である。西南戦争が起こると、菊亭は陸軍軍人として従軍を希望した。だが、徴兵令による軍役の経験はおろか、陸軍士官学校での専門的な教育を受けていない菊亭が指揮官になるのは難しかった。当然、願い出は「只今陸軍へ出仕ハ難出来」と却下されている。

菊亭は東伏見宮嘉彰《よしあき》親王（のちに小松宮彰仁《あきひと》と改称）にも斡旋を依頼した。その効が奏して七月十九日に警部心得が内定する。この段階になると、西郷軍の熊本城包囲網が政府軍に破られ、次第に敗色が見えはじめた。華族たちは戦死しないよう特別扱いがなされていたと考えられる。菊亭の場合は、そのような配慮とは別の事情が加わって、東京から出発することができなくなる。

その原因は、警部心得が内定した翌日、宮内省の外局である部長局第二部長の松浦《まつら》詮《あきら》に、『かなよみ新聞』に掲載された菊亭の不品行に関する情報が寄せられたことによる。ここにでてくる部長局は、明治八年十月七日に華族会館内に十二部の特撰幹事を設け、それを翌九年三月十一日に六部に縮小させたのを前身とする。そして同年五月二十三日に宮内省の外局として設けられ、督部長岩倉具視のもとに六部を置き、各部長が華族を監督するものである。

菊亭は、松浦に寄せられた情報に対して「全ク不存旨」と身の潔白を主張した。だが、事実が判然としないため、岩倉から警部心得の任命は「虚実判然候迄御見合」せることが伝えられた。新聞掲載記事の内容は確認できないが、岩倉が「先頃西京滞留中河東ノ妓ヲ携帯脱走ノ趣、頃日新聞記載有之」（「橋本実梁日記」明治十年七月二十日・二十一日条）というから、京都の芸妓との仲が問題視されたのである。

はたして菊亭の主張どおり事実無根のスキャンダルであったのか。火の気のないところに煙は立たないというが、この後の展開を見ていくと、新聞記事は必ずしも誤っていないように思われる。

火消役となる三条と岩倉

菊亭は「遊蕩」を否定しにくい負債問題を抱えていた。負債の用途は、新聞記事で指摘する彼が好みの芸妓を解放させるための資金であった可能性も考えられる。いずれにせよ負債が返済できず、貸主から訴訟を起こされたら、華族の体面にかかわる問題へと発展しかねない。

そこで三条実美は、七月十五日付の岩倉具視宛て書翰で「菊亭脩季負債一件、先頃御懇諭ニ預候処、其節御世話不相願段被申出《もうしいだされ》、其後償却方見込相違致、今日ニ至リ殆困迫当惑之由」、「何卒出格之御憐恕ヲ以テ償却之道御処分被成下《なしくだされ》候様歎願仕度」（松尾正人編『幕末・明治期名家書翰草稿―史料と研究―』）と依頼している。要約すれば、〈菊亭の負債については、先に岩倉から説諭の申し入れを受けたが、そのときには世話を断ったものの、今になって負債償却の見込みが立たなくなり、非常に困惑している。特別な配慮をもって負債償却の道が立つようにしてもらえないか〉と、歎願したのである。

その五日後の七月二十日に新聞記事の醜聞が載ると、三条は重ねて岩倉に菊亭の負債について「頼談」し、華族を統括する督部長である岩倉は「特別ノ考ヲ以宮内省ヘ願試ムヘク」と答えている。さらに同日、三条は菊亭の宗族である橋本実梁《さねやな》を訪れ、岩倉に依頼した書面を見せながら相談し、「追々示談ニ及フヘク」（「橋本実梁日記」明治十年七月十九日〜二十二日条）予定だと伝えた。

実際に菊亭と貸主との間でどのように処理されたのかはわからない。だが、訴訟問題に発展していないことから、三条と岩倉の仲介により示談で済まされたと思われる。明治十年九月十九日、菊亭は「遊惰不行跡」という理由により華族懲戒例の処分を受けるが、譴責程度であった。親族である太政大臣の三条が動き、華族を譴責すべき立場にある督部長の岩倉が特別な配慮をしたことにより、菊亭は大きな問題にならずに済んだ。

西南戦争と三条実美

西南戦争が発生したとき、三条は行幸に随行して京都に来ていた。そもそも西郷が下野したのは明治六年政変である。この政変は三条が内定していた朝鮮大使派遣を上奏していれば起こらなかったわけであり、結果論とはいえ西南戦争の発生に三条は無関係とはいえない。三条は西郷が決起したとの報をどのような思いで聞いたのか。

三条が岩倉と交わした書翰からは、西郷に対する後ろめたい気持ちや、国難に際して動揺する姿は見て取れない。三条は、この国難に際して華族は奮起しなければならないと述べている。二月十日、九州の異変を察知した旧熊本藩知事の細川護久《もりひさ》は、岩倉に熊本県への帰県願を申し出た。これを岩倉から知った三条は、武家華族が反乱の拡大を防ぐため帰県することを歓迎した。

細川に続いて酒井忠邦《ただくに》（旧播磨姫路藩主）、徳川茂承《もちつぐ》（旧紀伊和歌山藩主）、池田茂政《もちまさ》（旧備前岡山藩主）、毛利元敏（旧長門長府藩主）、相良《さがら》頼紹《よりつぐ》（旧肥後人吉藩主家）が願い出て、旧佐賀藩知事の鍋島直大《なおひろ》も帰県している。そして反乱の中心地である鹿児島県の島津久光のもとには、三月十日に勅使の柳原前光《やなぎわらさきみつ》が派遣された。また勅使には久光の親族で旧福岡藩主の黒田長溥《ながひろ》が同行して久光の上京を促した。だが、すべての華族が旧領地に戻って旧臣を説諭できたわけではないし、旧領地を持たない公家華族は出る幕がなかった。

そこで岩倉は三条に華族が負傷兵へ献金および贈物をしてはどうかと提案した。これには三月二十一日付の岩倉宛ての書翰で三条は同意しつつも、〈麝香間祗候と華族とは別々におこなわなければならないか。女子華族が綿撒糸《めんざんし》を調製することに柳原前光は異論がないか〉（「岩倉具視関係文書・川崎本」）などの確認を取っている。華族一同で送るといっても、宮内省から拝借金を得ている貧乏華族たちもいるため、多額な資金および物品を贈ることは難しかった。

その状況に鑑みて三条は、三月二十七日付の岩倉宛て書翰で華族一同に説諭することを提案した。とくに京都公家華族たちについては、「当地之華族ハ実ニ難渋ノ小家ノミニテ木綿ヲ送リ候丈モ届兼候程ニ付、其上出金之処甚困難」と悟った。そこで彼らには華族としての義務をはたすことを説諭し、負傷兵に「若干ノ綿撒糸」を送り、また「将卒ノ全癒」を祈らせることを提案したのである（「岩倉具視関係文書・川崎本」）。

そして六月二十九日には慰問使の武者小路実世《むしゃこうじさねよ》と板倉勝達《かつみち》（旧三河重原藩主家）が現地に向けて出発している。両者も菊亭と同じように従軍を願い出たものの、聞き入れられなかった。彼らの使命は、華族総代として現地の将兵に灘の銘酒五百樽、坊城俊章《としあや》など華族の軍人に葡萄酒十六本を届けることである。西南戦争では、陸軍中尉の難波宗明と、伍長の大久保忠良が戦死しているが、総体的に華族は銃後の後方支援としての役割にとどまった。

華族が軍人としての役割を果たすには、陸軍士官学校および海軍兵学校に入校していなければできない。したがって、三条と岩倉が期待した華族の奮起には限界があった。

そして三条自身は、六月四日付で実弟の河鰭実文《かわばたさねふみ》に送った書翰で西南戦争を受けて感じたことを率直に述べている。そこでは「創業之始に当り、未曾有之改革を為す之際に於ては、艱難《かんなん》を為すは当然之理にて、今日之際、九州之乱ある敢て可驚とは不存申、艱難に陥り始て大事業を為す可有」（徳富蘇峰『三条実万公・三条実美公』）という。つまり〈国家創業の改革を実現させるときに大きな障害はつきものであり、九州の争乱は驚くものではない。大きな障害を経て大事業は実現する〉と、前向きな姿勢を見せている。この三条の強気な発言は、朝鮮大使派遣のときとは異なり、西郷軍を鎮圧することに対して政府内で分裂しなかったことも影響していよう。

開拓使への思い

三条と岩倉が菊亭の問題を消火しているうちに、九月二日に城山で西郷隆盛が自刃し、西南戦争は収束する。一度は警部心得が内定したものの、遂に菊亭はその拝命を受けることはなかった。この挫折により彼は華族の軍人としての役割を諦める。それに代えて北海道での生活を求めるようになる。

菊亭の北海道を実地見物したいという思いは抑えられず、彼の北海道渡航に向けては三条が骨を折っている。明治十一年七月一日、菊亭が「北海道遊歴」に出発すると、三条は開拓使に宛てて到着後の待遇について依頼した。三条の依頼に応じた開拓使権大書記官の時任為基《ときとうためもと》は、菊亭に「各学校、女工場及七重勧業試験場、大野養蚕場」（「橋本実梁日記」明治十一年七月一日、二十四日条）などを案内している。太政大臣三条の依頼がなければ、政府要職に就いていない菊亭が学校や各種工場を見学することはできなかっただろう。

それらの見学でなにに感激したのかはわからないが、九月二十八日に東京へ戻った菊亭は開拓使での勤務を希望する。明治十二年一月十八日、菊亭の希望を知った宗族の橋本実梁は、愛知県士族の福沢重香に菊亭が開拓使で勤務できるよう運動してほしいと依頼した。三月二日に福沢は、開拓使三等出仕の西村貞陽から菊亭の採用に開拓使一同に異議のないことを聞かされている。

このようにして三月二十九日に菊亭は開拓使御用掛の任命を受け、七月二十日に札幌在勤を命じられた。この日に東京を出発した菊亭は、函館でコレラ検査を受け、三十一日に札幌郡白石村番外地の住居に到着した。

北海道への転居を決意

開拓使で勤務する菊亭は、借金をして現地の宅地購入を望むようになる。彼の母である浄光明院は、明治十二年九月十日に橋本を訪れ、菊亭の「札幌住居買得金策之事」（「橋本実梁日記」明治十二年九月十日条）は留守中の節倹を図る方針に矛盾するのではないかと相談している。心配に感じた橋本は菊亭に事情を問い質した。菊亭は橋本に「北海道地所御払下之儀」（同上、同年十二月十六日条）について説明したが、翌十三年一月二十六日に橋本は「北海道ニ於地所御払下之儀、先不相願事」（同上、明治十三年一月二十六日条）と、借金までして北海道の土地を購入する必要はないと反対した。

宗族の橋本では話にならないと察した菊亭は、かつて負債問題を解決してくれた親族の三条実美に期待を寄せる。明治十三年五月八日付の三条宛ての書翰で菊亭は「一時若干ノ負債ヲ起シ候義ニハ候得共、満五ヶ年后ハ悉皆返戻ノ道モ相付、尚若干ノ余財モ相付候」などと述べている。〈一時的に借金はするが、五年もすれば全額返済はもとより、余財を得ることができる〉という。

また「貸付金ノ利子非常ニ騰貴ノ様思召ルヘケレトモ、本地ノ景況ハ他ニ異リ漁業ノ盛ナル物産ノ巨多ナルニ就キ、此利子ナレハ喜テ地所等ヲ低当トシ借込モノハ多ク御座候、現ニ当地在勤或ル書記官ハ四分ノ利子ヲ以テ地券引宛貸付ラル、趣ニ御座候」などと状況を説明する。〈借金の利子は非常に高く思われるかもしれないが、札幌は漁業が盛んな経済状況から、非常に利子が安いため自分の土地を抵当に借金する者は少なからずおり、開拓使の書記官なども四分の利子を地券で借りている〉という。

これは菊亭が現地で聞かされた情報であり、実際に借金をする開拓使の同僚がいたと思われる。北海道での居住を希望する菊亭からすれば、周囲の関係者が借金しているのは利子が安いからであり、ここで借金しないのは損をすると感じたのだろう。そして「東京麴町ノ邸ヲ売却スルモ此目的建之申度」（「三条実美関係文書・書翰の部」）と、所有する宅地を売却して札幌へ移住する決意を示す。この言説を信じた三条は、菊亭が負債することを許可した。三条は菊亭が熱心に主張する好機会を逃させては可哀想だと思ったのかもしれない。

後悔先に立たず

三条から借金の許可を得てから三か月後、早くも菊亭は後悔することとなる。明治十三年八月十二日、菊亭は三条と橋本の両名に宛て「最初二、三万円ヲ借用スルモ到底利高ク、小生恩賜之月給ヲ以テ家計ヲ引去リ、利子ノミ差入ル、モ又々不足ヲ生シ」ると伝えている。〈二万円から三万円を借りたが、金利が高すぎて給料から生活費を差し引くと、利子を返すのにも不足が生じる〉という。

借金の金利に漁業による経済効果は関係なかったのである。借金返済に困った菊亭は、開拓使五等属の高畑利宜から借金して返済に当てようとする。だが、高畑は他人の不幸を面白がるような性格と見えて依頼を断るだけでなく、菊亭が頼りにした野崎兼愛（経歴不明）にも「菊亭家理財ハ前途目的ナシ」（「三条実美関係文書・書翰の部」）と伝えて援助の道を閉ざしている。さらに高畑は開拓使の同僚たちにも菊亭の借金問題を吹聴した。その噂が人づてに貸主たちへと伝わり、菊亭は方々から返済の取立てを受けるようになった。

自業自得と突き放してしまえばそれまでだが、菊亭は経済状況はもとより、人の善し悪しを判断する能力にも欠けていたといわざるを得ない。

北海道開拓への期待

借金返済で苦しむ菊亭は、現状を打開するため北海道開拓に期待するようになる。彼は「土地ヲ墾闢《こんぺき》スレハ不毛ノ地ハ変シテ物産繁殖ノ土地トナリ、小生ノ宿志ヲ達シ負債ヲ償却スル」（「三条実美関係文書・書翰の部」）という。菊亭は不毛地帯を開墾し、そこから生産される物産利益によって負債を償却しようとする。それには土地買収および開墾事業に多額な先行投資が不可欠だが、その資金援助についても考えていた。

これまで資金に困ると三条を頼りにしていた菊亭だが、今回は三条家よりも裕福な親族の蜂須賀家から借用するつもりでいた。当時の当主蜂須賀茂韶の父斉祐《なりひろ》の妻標子《ひでこ》は、鷹司政通の七女であるから、菊亭の叔母にあたる。戦国時代に豊臣秀吉に仕えたことで知られる蜂須賀正勝《まさかつ》（小六）を先祖とする蜂須賀家は、江戸時代に徳島藩二十五万七千九百石の大名となり、明治十七年の華族令では侯爵を受けている。菊亭は三条に、北海道が軍事的に重要な地帯であるため、同地の開拓事業は無駄ではないという。そして三条から縁戚の蜂須賀に事情を説明し、資金を借用できるよう取り計らってほしいと頼んでいる。

結局は自分で蜂須賀と交渉するのではなく、すべて三条任せなのである。太政大臣の三条が、明治二年七月八日に設置された開拓使の役割や、同地が北方の要衝であることなどを知らないはずがなかった。問題は見込みの甘い菊亭の思いつきともいえる発想である。多額な資金を蜂須賀家から借用し、開拓事業を失敗した場合、その全責任を取るのは菊亭ではなく三条になる可能性が高かった。

慎重に行動したほうがよいと判断した三条は、橋本実梁に相談している。明治十三年九月十三日に両者が話し合った結果、菊亭を東京に呼び戻すこととした。彼らは東京で事情を聞き、借金返済に向けた相談をするつもりであった。菊亭が開拓使に奉職し、東京に戻りたくないことはいうまでもない。開拓使長官の黒田清隆や開拓使三等出仕の西村貞陽が便宜を図り、菊亭は札幌から室蘭へと配置転換がなされ、東京に戻ることは避けられた。

さて問題の菊亭の負債額であるが、九月三十日に西村と面会した橋本が「千円余一時繰替返弁ノコト」(「橋本実梁日記」明治十三年九月三十日条)を相談しているから、少なくとも千円以上の返済に迫られていたことがうかがえる。ちなみに、明治十二年の東京大学の年間授業料が十二円、同十三年の牛肉百グラムが三銭、同十四年の巡査の初任月給が六円である。このような多額の負債を処理できない場合、華族の体面を傷つけたとして華族懲戒例に抵触し、位階返上や平民籍への編入などの処分を受けてもおかしくない。そうした処分を菊亭も覚悟していた。明治十四年一月に負債のため株券分割を余儀なくされると、菊亭は三条に〈位記を返上して引退すること、平民籍へ入ることを希望し、家名をどうするかは宗族の判断に任せる。財産にも固執しない〉との決意を伝えている。

ただし、「願フ所ハ札幌現在ノ地家ヲ与ヘラル、迄」(「三条実美関係文書・書翰の部」)と、札幌の家を与えてほしいと述べており、ここからは華族として東京に戻るよりも、平民になって北海道で暮らすことを希望していたことが理解できる。その希望の先には開拓事業という夢を見ていたのだろう。

札幌から室蘭に移った菊亭であったが、明治十五年二月八日には開拓使が廃止され、三月九日に農商務省御用掛に任命されたため東京在勤となった。四月十九日には農商務省准奏任御用掛へと昇進している。久々に東京に戻ったものの、北海道での開拓事業の夢は捨てられなかった。八月には北海道事業管理局農業事務所副長を拝命しているが、これは彼の転任希望が聴許されたと考えられる。

そして札幌での二年の勤務を経て、明治十七年三月に札幌の主な官員たちと上京を命じられたときには、青森、宮城、福島、栃木各県の「官私農牧ノ景況ヲ視察」（「官私農牧ノ景況視察記」）している。農場および牧場を見ることにより、自分もそのような事業を実践したいという思いが強くなったのではなかろうか。事実、札幌に戻ると菊亭は、三条宛ての書翰で千二百円の土地を購入しようと思っているが、資金が足りないため援助してほしいと依頼している。後述する農場資金に比べると少額なため、試験的に家庭菜園のような規模でおこなうつもりでいたのかもしれない。

北海道開拓と三条実美

三条は開拓費を協力したが、それは菊亭に対する温情だけではなかった。かなり早い段階から三条は北海道開拓の必要性を理解していたのである。それは明治元年九月、関東鎮将府鎮将を務めていたときに記した意見書のなかで明言している。当時、戊辰戦争の功労を遂げた藩や、新政府に帰順した諸藩に対して、「領地安堵」や「金穀」の授与が考えられていた。三条は、そのような論功行賞のありかたを見直すべきだと主張する。

彼は北海道を開拓しないと、ロシアが接近してきて問題であるという。具体的には〈北海道は広大であるから、政府が協力しておこなわないと開拓は容易ではない〉、〈諸侯への論功行賞にあたり、海岸地を五里から十里与え、開拓を命じるのがよい〉と指摘する。そして北海道の構想についても〈エトロフ、クナシリを合わせて北海道とし、国郡を十四か十五に分け、枢要の地に府を開き、県を設ける〉（『岩倉具視関係史料』下）と述べている。

北海道のなかに国と郡、さらに府や県が併存するという構想であり、廃藩置県に向けて出された郡県論などと重なる部分も見えて興味深い。このときの三条の意見は実現しなかったが、早々と北海道開拓に理解を示していたことが重要である。後述するように、菊亭の希望を受け入れ、雨竜《うりゅう》の華族組合農場へ参加することとなる背景には、三条自身がその必要性を自覚していた点を見逃してはならない。

開拓に夢見る本心

それでは、なぜ菊亭は多額の負債をしてまで北海道開拓に固執するのだろうか。明治十八年と推定される三条宛ての書翰からは、彼の本根が読み取れる。「貴族ニ列するもの財アレハ、家馬之一頭位ハ所持シ、朝拝其他自然外国人等ト同席之場合ニ於ては、相応之体裁無之《これなくて》而ハ不相成《あいならず》」、「有爵ナル全章ヲ肩ニシ乍《なが》ラ途上破レ、人力車ヲ雇債スル等ハ独リ自己ノ恥ノミニアラス」。華族は馬の一頭くらいは所持しているものであり、外国人と同席して恥をかかないようにしなければならない。有爵者大礼服姿で人力車を雇うようなことは避けるべきだという。外出する際には、馬車でなければならないと考えていたようである。

大礼服よりも馬車は高価なため、華族といえども誰しもが所有していたわけではない。ましてや貧乏な公家華族たちには、先立つものがなかった。「従来公家華族ハ資産薄弱」、「数年之不心得より祖先之遺産ハ過半消費」し、維持していくことが難しいと訴える。そこで菊亭は、三万円を借り入れ、その利子を二十年間蓄積することで、元金を得ようとした。巨額を貸してくれる相手を探すのは簡単ではないため、加賀の前田家、徳川宗家、水戸徳川家など「巨産アル人」に「同類相救」よう依頼してくれないかという（「三条実美関係文書・書翰の部」）。

この依頼に三条が動いた形跡はない。他家に迷惑をかけることをおそれたのではなかったか。だが、菊亭の言い分にも一理はある。侯爵でも公家と武家とでは経済格差が著しかった。菊亭侯爵家は、明治十六年七月から翌十七年六月までの収入額が三千八百四十九円、支出額が二千二百四十九円、差額で千六百円が残る。一方で蜂須賀侯爵家は、明治十八年七月から翌十九年六月の収入額が十一万四千八百円、支出額が九万八千九百八十一円、差額で一万五千八百十九円が残る。

菊亭と蜂須賀は親戚であったが、両者の年間残高額には約十倍の差が存在した。菊亭はその経済格差を埋めようとしたのである。三条を頼って巨額の財産を有する華族からの借り入れが進捗しないとなれば、残された手段は開拓事業で成功するしかない。北海道開拓に夢見る真意は、旧大藩の武家華族と同じような生活力を得ようとしていたといえる。

札幌白石村桑園での試験的事業

明治十八年十二月の太政官制から内閣制への官制改革は、菊亭の立場にも大きな影響を与えた。これにより北海道庁の人事刷新がおこなわれ、菊亭は非職となる。収入源を絶たれてしまっては、札幌で生活していくことはできない。よって菊亭は、明治十九年一月に三条宛ての書翰で「宮内省中君側等ニ奉仕ハ相成間敷哉」と、宮内省で奉職できないかと頼んでいる。これは三条が太政大臣から内大臣へ転任したことを受け、三条の縁故による採用を期待したといえる。

また後文では「新聞ヲ閲スレハ閣下三月中ニ欧州へ御漫遊可被遊哉之コトヲ記載セリ」、「何卒御随従ハ相成間敷哉」などと、新聞で三条が渡欧するとの情報を知り、同行させてもらえないかともいう。青年期には国内での勉学にとどまり、海外留学を経験していなかったため、欧州に渡り気分転換でも図りたかったのかもしれない。いずれにせよ、官職を失って必死だったことに変わりはなく、「犬馬之労素より決して辞セサル処ニ御座候」(「三条実美関係文書・書翰の部」)などと、やる気を見せている。

ところが、菊亭が宮内省で採用されることはなく、また三条が渡欧するという噂話も実現しなかった。非役有位の菊亭は、政府官職への奉職が難しくなると、再び北海道での開拓事業を志す。書翰は現存しないものの、明治十九年には三条に何度となく北海道で農業に従事すること、それに要する資金援助をしてほしいという内容の依頼をしていたようである。

そのことは、明治二十年三月三日に非職後から請願していたという札幌白石村桑園の借用が許可されたことから裏づけられる。桑園の経営について菊亭は、とりあえず三年間の収支の平均額を算出し、その後に事業を継続するか、撤退するかを決めたいと述べている。また安定した経営を図るため、大倉組札幌支店との間で「条約書」を取り交わし、毎年八月と九月に桑園で栽培した葎花を、ビール醸造のために販売するという。契約内容によれば、上等品一斤につき三十銭で二千五百斤以上を取引すると記されているから、生産が軌道に乗れば年商七百五十円以上が約束されていたのである。

どのような事業でも先行投資は避けられない。その手段を明治六年三月十日に宮内省へ奉還した「伝家稀無之琵琶」に求めた。明治二十年十一月、菊亭は三条宛ての書翰で宮内省に琵琶を買い取ってもらい「金弐千円計も御手当下賜」(「三条実美関係文書・書翰の部」)するようにしてほしいと頼んでいる。二千円の用途は、負債返済に五百円、報謝料に五百円、札幌事業費に千円であった。この虫のいい話が実現したとは思えないが、菊亭にとって旧家職であった琵琶は無用の品物となっていた。

さらなる欲望

札幌白石村で桑園事業をはじめた菊亭は、さらに広大な土地を買収して事業を拡大しようとする。明治十九年六月公布の「北海道土地払下規則」により、同地での個人的な大土地所有が認められたため、ある意味で開拓事業は一攫千金の機会であった。もっとも、菊亭だけで大事業を展開することは不可能なため、彼は華族組合農場を計画する。

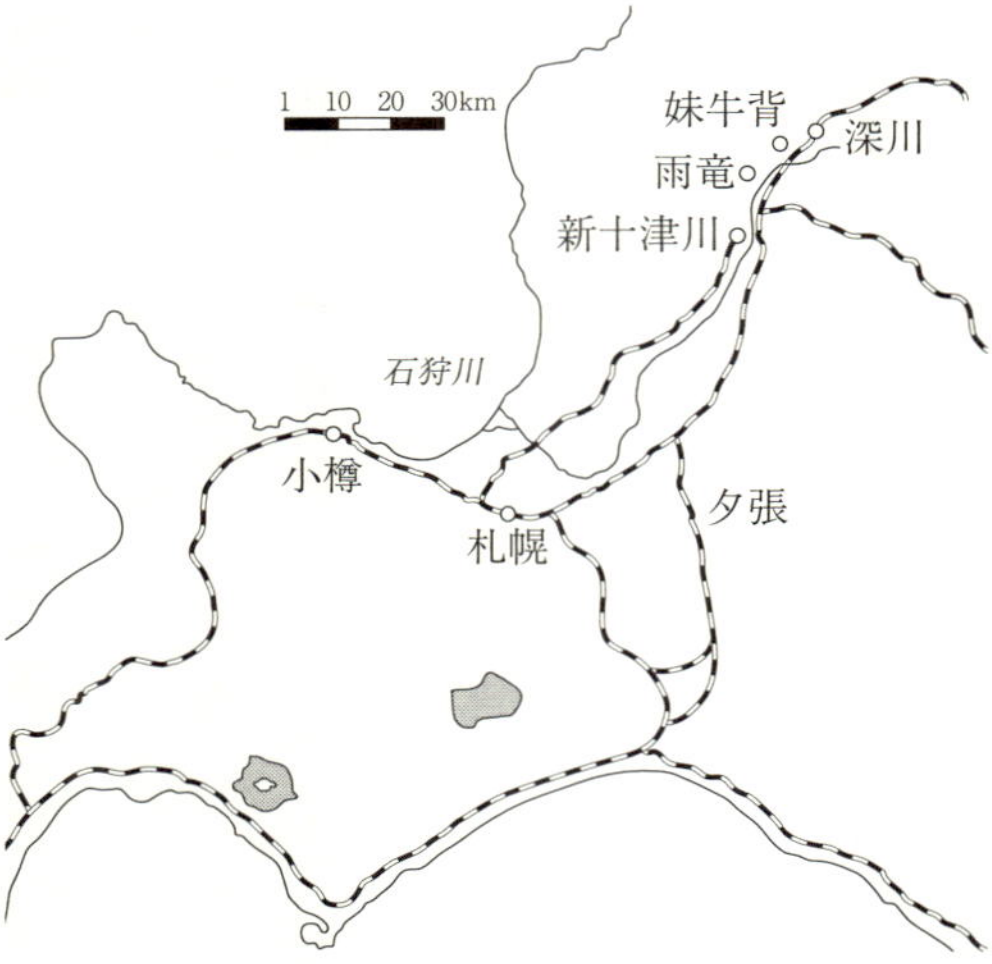

図31　札幌と雨竜周辺略図

組合農場の場所は札幌から北に約七十キロの地にある雨竜を予定し、農場計画の人事についても菊亭が説いて回った。明治二十二年七月には農学士の町村金弥を雨竜農場事業部長に内定させ、十月には事業監督長に北海道庁長官の永山武四郎、事業監督に同庁第二部長の浅羽靖に兼任を依頼している。

同時期に菊亭は、三条を介して蜂須賀にも華族組合農場への参加を求めたようである。彼が三条の親族である蜂須賀から開拓資金を借りようとしたことは先述した。そのときは実現しなかったが、今回は三条と蜂須賀も資産拡大を狙って計画に便乗する。菊亭脩季、三条実美、蜂須賀茂韶は、ヨーロッパの農法にしたがって農業経営することを主張し、永山武四郎宛てに一万五千坪の貸し付けを願い出ている。

また菊亭らは、北海道庁に対して雨竜の開墾方法と設計を同庁が実施すること、十年間は同庁から管理者を派遣すること、開墾予定地の道路や排水などの開削は同庁の公共事業としておこなうことなどを要望した。私的な組合事業とはいうものの、北海道庁の支援と保護下での計画を構想し、失敗した場合の損害を最小限度に抑えようとしていたことが察せられる。

雨竜農場地の確保

北海道の雨竜の開墾には、奈良県吉野郡十津川《とつかわ》村の農民たちも期待を持っていた。同村は明治二十二年八月の大洪水で壊滅的な被害を受けた。農民たちのなかには新たな天地として雨竜への移住を希望する者が少なくなかった。この動きを知った菊亭は、後手に回って雨竜での華族組合農場の計画が頓挫することをおそれ、政治的人脈を駆使して雨竜農場地を確保しようとする。

外務大臣の大隈重信に送った明治二十二年十月八日付の書翰では、「一日も早く小生等の望み成立候様御工夫」（『大隈重信関係文書』四）し、この件に関して大蔵大臣の松方正義と相談してほしいと懇願している。また大隈へ現状を伝える書翰内容からは、三条が北海道庁長官の永山武四郎に十津川農民への貸付を停止するよう依頼し、枢密院議長の伊藤博文にも協力を仰いでいたことがうかがえる。

これだけ政府要職者に根回しされれば、そのような要路を持たない十津川農民に勝ち目はなかっただろう。明治二十二年十二月十八日、雨竜の一億五千万坪（先に菊亭が出願した一万倍の広さ）が華族組合農場の土地として貸し付けられた。「北海道土地払下規則」では、一人十万坪までを貸付上限と定めていたから、その意味でも例外的な特別措置が取られたのである。おそらく三条を含めた華族たちの大農場計画の興廃は北海道の発展にも関係していたため、大幅な貸し付けが認められたと考えられる。

これより四か月前に書かれたと推定される永山が三条に宛てた書翰では、「同所〔著者註：雨竜〕ハ広漠肥沃全道中屈指ノ一大良地ニ有之、果シテ目的ヲ達セラル、ニ於テハ、全道ノ農業是より一層ノ進歩ヲ顕シ、殖民事業ニ益ヲ得ル実ニ尠少ナラス」（「三条実美関係文書・書翰の部」）と述べている。ここからは永山が雨竜での華族組合農場の成果に期待し、殖産事業として大きな利益を生むと判断していたことが見て取れる。彼は十津川農民を移住させるよりも、大規模な華族組合農場地として貸し付けるほうが効果的と判断したのである。

雨竜華族組合農場

雨竜華族組合農場には、蜂須賀茂韶（出資金＝二万六千七百九十一円）、戸田康泰《やすひろ》（五千八百円）、大谷光瑩《こうえい》（四千八百円）、三条実美（二千四百円）、秋元興朝《おきとも》（千六百円）、菊亭脩季（千五百円）が参加した。

このうち旧松本藩主家である戸田康泰は、正親町三条家を宗家とし、三条の宗族にあたる。この戸田家の分家には旧宇都宮の戸田子爵家があり、さらに同子爵家から分家した旧下野高徳の戸田子爵家が存在する。旧下野高徳藩主の戸田忠至《ただゆき》は幕末に山陵修補に尽力したことで知られるが、彼の次男である興朝《おきとも》は旧上野《こうずけ》館林藩主の秋本子爵家の養子となった。

真宗本願寺門跡である大谷家と三条家との直接の関係は見出せない。三条の死後に彼の四女章子が光瑩の跡を継いだ光演《こうえん》と結婚しているが、それはのちの話である。光瑩の先々代の妻は近衛家から、先代の妻は伏見宮家から嫁いできており、そうした関係から旧公家華族との交流が少なからずあったものと思われる。三条とも個人的に親しかったため、雨竜華族組合農場の計画に賛同したのではなかろうか。

いずれにせよ、菊亭が企画した雨竜華族組合農場に参加する華族は、三条の宗族や親族など彼に関係した人物であった。

困難な資金繰り

菊亭の希望どおり雨竜での農場事業は実現した。だが、彼には事業に投資する資金がなかった。またぞろ菊亭は三条を頼り、政府から十万円、それが無理なら七万円でも借用させてもらえないかと依頼した。菊亭は、翌年に帝国議会が開設されると、政府の費用を簡単に動かすことができなくなると予想しており、その前に借り入れようとしたのである。だが、これまでの負債問題に加え、金額が多額なこともあって三条も慎重になったと思われる。

政府からの借金が上手くいかないと、菊亭は帝室費から七万円か五万円、そのうち即時に二万円から一万五千円を貸してほしいと頼むが、これも許可されなかった。試験的事業であった札幌白石村桑園の運営は好結果が得られず、開墾費用の負債だけが増加していた。この菊亭の事業経過は、北海道庁理事官の湯地定基などから、雨竜での華族組合農場計画に反対する理由として取り上げられた。

そのため、明治二十三年に菊亭は当初の十万円から七万円という事業計画を見直し、三万六千円から三万円に削減させている。乳牛などは購入しないと、北海道庁に対しても農場で従事する人たちにも面白くないと論じ、そのため三万六千円程度の出費はやむを得ないという。また明治十七年に設置された樺戸《かばと》集治監《しゅうじかん》の囚徒を農作業に従事させれば、小作人を使用するよりも費用が抑えられるから、約三万円程度で済むかもしれないと予想している。樺戸集治監の囚徒の利用については、浅羽靖が内務大臣の西郷従道《じゅうどう》と永山武四郎に要請した。これは許可され、雨竜農場は一年間で百二十五町歩を開墾することができた。

蜂須賀茂韶との確執

菊亭の都合もあって、当初の予算額どおりに計画することができなかった。そのため予算額を削減し、樺戸集治監の囚徒の利用などを考えた。この予定変更について菊亭は、三条宛てに「蜂須賀侯へハ御内々」、「蜂須賀家へ御送付前一応小生迄御廻付奉願上度」(「三条実美関係文書・書翰の部」)と依頼している。蜂須賀に内情を伏せようとしたことがうかがえる。蜂須賀が菊亭の事情によって予算額が削減されたことを知れば、そのことに難色を示すことが予想された。蜂須賀家から資金援助を企てる菊亭にとっては、予算額が明確になる前に内情を知らせることは不都合であったのだろう。

図32　蜂須賀茂韶

蜂須賀家から借金を受ける条件については、明治二十四年一月十七日に菊亭と浅羽が検討している。甲案は第十五国立銀行株を抵当に一万二千円、乙案は四ツ谷信濃町約百坪の邸宅を抵当に一万円、丙案は札幌月寒《つきさつぷ》村の地所約十万坪と白石村の地所約六万坪を抵当に八万円とし、いずれの案も一年六か月を借用するものであった。二月十三日には、菊亭、浅羽、蜂須賀が予算案を含めて事業に関する会議を開いている。

だが、この会議は菊亭の期待に反する結果となる。そこで蜂須賀は予算案について「組合へ協議スル迄ニも不及」と主張し、浅羽は「一応組合員御協議後ナレハ兎ニ角、御自分ノミ組合ニ協議スル迄モ無クト被仰《おおせられ》候共、御請申修正ハ難相成《あいなりがたし》」と反論している。蜂須賀は他の組合華族たちと協議する必要はないと論じたが、浅羽は組合華族たちを無視して独断で予算案を修正することはできないという。

この席上での菊亭の発言は史料上で確認できないが、蜂須賀からの資金借用が実現した様子は見られない。会議の後、菊亭は三条宛てに「不相変蜂須賀侯ニハ不遜之言辞有之候趣ニ而《て》、此際ハ是非程能《ほどよく》取計、同氏ニ凌カル、ノ愁ヲ将来ニ絶チ度」(「三条実美関係文書・書翰の部」)と、蜂須賀の独断的な発言に対する不満を述べている。菊亭の本音は、蜂須賀を除いて農場経営をおこないたかったのだろう。だが、彼に資金借用を期待すると難しかった。

雨竜華族組合農場の解散

雨竜華族組合農場は、参加華族の予想に反して十分な利益を上げることができなかった。それは近代農業史において西洋式大農場計画の失敗と位置づけられるものである(旗手勲「北海道における小作制大農場の研究―華族組合農場と蜂須賀農場―」一・二)。だが、その点に加えて運営方針をめぐり蜂須賀と菊亭たちの間で確執が生じたことを見逃してはいけない。技術面と運営面の双方から無理が出てくると、明治二十四年には三条公美《きみよし》と秋元興朝が組合農場から離脱した。

三条の離脱理由としては、同年二月に実美が死去したことが大きいだろう。実際、蜂須賀と菊亭との調停者がいなくなると、雨竜華族組合農場の解散に向けた動きは加速した。明治二十六年三月には、墾成地を除く「雨竜農場拝借地返上及許可書」が受理され、雨竜華族組合農場は解散した。蜂須賀・戸田・菊亭は、解散後も新たに別々の土地貸付を願い出て個別に農場経営をおこなった。

菊亭は、明治二十六年三月三十日に雨竜郡深川村芽生《めむ》から妹背牛《もせうし》にかけての土地貸付が許可された。その土地を菊亭農場と称し、開墾には十津川村から移住した新十津川村の農民があたった。百五十万坪の広大な原野を開墾する予定でいたが、萩の根が地中に張り手鍬での作業は難航した。明治三十一年には石狩川沿岸の洪水により、菊亭農場は壊滅的な被害を受ける。それでも菊亭は諦めず、明治三十四年四月十五日に函館の有力者である柴田長道から千四百円を借りて経営の再建を図る。同年五月段階の成功地は六百十二町であったが、九月には再び洪水による被害を受け、再起不能な状況に追い込まれた。その証左となるのは、明治三十五年に市街地の土地を住居者に売却し、同三十七年には負債償却のため耕作地を小作人たちに売却していることである。

おそらく三条が生きていれば、水害に遭うたびに資金援助を願い出ただろうが、その人はもういなかった。武家華族と同じような生活を夢見て資産拡大を図ったが、最終的には借金返済によって全てを失った。三条は菊亭に目をかけ、彼の夢を買ってやった。それも生活の安定を願ってのことに他ならない。だが、現実的に農業は軌道に乗らず、菊亭からは心配ばかりをかけさせられたのであった。

三　東三条公恭の栄光と挫折

東三条公恭

ここで紹介する東三条公恭《きんあや》（東三条は、のちに三条家の分家を改姓したものである）は、嘉永六年（一八五三）十二月十八日に三条公睦の二男として生まれた。公睦の父は三条実万《さねつむ》である。実万の子供には、文政八年（一八二五）七月十一日生まれの公熙がいたが、翌年に満一歳を迎えた直後に亡くなってしまう。その後、文政十一年五月七日に公睦、天保八年（一八三七）二月八日に実美、弘化二年（一八四五）四月五日に実文《さねふみ》（河鰭《かわばた》家〈羽林《うりん》家・子爵〉を継ぐ）という子宝に恵まれた。

あまり知られていないが、本節の主役である公恭の実父公睦は実美の兄にあたり、実万の死後に三条家を継ぐ立場にあった。ところが、公睦は嘉永七年（一八五四）二月十一日に二十五歳という若さで死去してしまう。三条家の家督は十七歳の実美が継ぎ、当時十歳という元服前の公恭は実美の継養子となる。文久三年（一八六三）八月十八日の政変で実美が京都から脱走し、一族から義絶されると、公恭は三条家の家督を受ける。だが、王政復古の政変を経て慶応三年（一八六七）十二月に実美が京都に戻ると、再び家督は実美へ譲られている。

つまり、亡き兄が存命であれば実美は他家へ養子に出るか、三条家の厄介者として一生を過ごす立場にあった。その兄の子である公恭に対する思い入れは少なくない。実美は自分の死後、三条家を公恭に継がせるつもりでいた。そのことは後述する実美の実子を分家独立させていることからも明らかである。

実美と公恭の親子関係を見ていくと、公恭を排斥することなく、彼の意向にできるだけ応えようとする実美の誠実な人柄がよくわかる。それは公恭に大きな期待を寄せていたからであるが、皮肉にもその存在に悩むようになっていく。ここでは従来ほとんど知られていない公恭の動向を紹介し、彼が実美にとってどのような存在であったのかを考える。

公家海外留学の先駆者

新政府の発足後に菊亭脩季が京都から東京へと移って勉学に励んだことは先に述べたが、公恭の場合はそれよりも進んでいた。かつて尊攘派から期待された実美は、政府が国家の政治方針として開国和親を標榜するようになると、海外の技術や知識を進んで取り入れる必要性を痛感するようになった。よって三条は、「かわいい子には旅をさせろ」という言葉どおり、大事な公恭を遠く離れたイギリスに留学させた。

当時の国内では欧米諸国の学術研究を習得することは難しかった。イギリスで最新の知識を得て帰国すれば、行政官僚に就ける可能性が高くなる。三条がそのような将来性を見込んでいたことは想像に難くない。慶応四年三月に公恭はイギリスへと渡る。このとき留学者には中御門経隆《つねたか》と毛利平六郎がおり、また三条家の家来である尾崎三良《さぶろう》が随行した。現地での必要経費として、公恭・中御門・毛利の三者には一か月三百ポンド、尾崎には半額の百五十ポンドが支給された。

ロンドンに到着した公恭は、尾崎とともにモリソン宅に寄寓した。尾崎によれば、現地では英語の「イロハ」もわからず、生活に不自由したという。最初のうちは言葉が通じないため、日本人同士で集まり引き籠りがちであった。それでは英会話が上達しないため、しばらくすると各自分かれて住んだという。これは尾崎に限らず、公恭も同じであっただろう。

イギリスでのカルチャーショック

イギリスに到着して公恭が驚いたのは、日本とは大きく異なる国風であった。彼の言説によれば、「決而《けっして》学べカラザル者ハ其国体ナリ、彼其国ハ神州トハ実ニ陰陽氷炭ノ如ク」（「三条実美関係文書・書翰の部」以下同じ）という。日本とは光と影、氷と炭ぐらい違いがあるが、その「国体」は絶対に学んではならないと警告する。この書き出しではじまる長文の手紙を、公恭は実美に送っている。書かれた年月日は記されていないが、慶応四年に渡航してしばらくして書いたものと思われる。この手紙は、彼が現地でどのような点に関心を持ったのかが知られる数少ないものである。

公恭が警戒した国風とは、イギリスには「忠孝ノ道」がないため、その弊害が「君父」におよぶことであった。実際、イギリス政府の官員の給料が安かったので、国王は給料額を上げるため国民から税金を徴収しようとしたところ、それを知った国民たちが蜂起している。国民たちは王の役人に対して一銭も出す必要はないと主張し、結果的に国王は税金の徴収を諦めた。

欧州各国の国民は、自分たちに少しでも不利益だと感じると、その非を鳴らして君主を攻撃することがたびたびあるという。フランスの国王は国民が蜂起したためイギリスに亡命し、スペインの女王も同じく国を追われている。イギリス、アメリカ、フランスは経済発展によって「富強」だが、その反面で「忠孝」という思想が薄弱であった。

日本を出発するまでイギリスの長所である「富強」だけを聞かされていたが、現地に到着して短所である国風の「大害」を知った公恭は、欧米諸国の制度や思想をなんでもかんでも取り入れていくと、日本の美徳といえる「忠孝」が失われ、天皇を倒そうとするような国民性が生まれてしまうことになりかねないと感じた。公恭は実美に「恐ルヘキ国風」が「神州ニ浸入致候テハ実ニ大変ノ至、能々慎ムヘキ事」と警告している。

道徳の相違は、王と国民という問題だけでなく、父母と子供という家族の関係性にも見られた。なかでも公恭が難色を示したのが結婚観であった。当時の日本は、家父長制のため、子供の結婚相手は親が決めるものという観念が存在したが、イギリスの結婚はまったく違った。仮に両親が息子のつれてきた結婚相手を許可しなかった場合でも、教会で神前に誓って結婚してしまう。

そして驚くべきは結婚後に父親が力を持っているときは問題ないが、母親だけしかいない場合は、母親を親類の家に追いやるか、嫁が実権を持ち母を「下婢《かひ》」のごとくこき使うというのである。日本であれば結婚を許さない親から勘当された息子が、彼女と駆け落ちするという悲恋話になるところ、イギリスでは結婚を認めない親を家から追い出すという。

ここからは親を思いやる「忠孝ノ道」が欠けていることが理解できる。公恭は、子が父母を重んじる気持ちがないから、国民の父母である王室を攻撃するような姿勢が生まれると感じたのである。彼は現地で学ぶ法律のなかでも民法に関心を持つが、その背景には国風の違いによるカルチャーショックが少なからず影響したように思われる。

公恭の一時帰国

公恭は大臣の息子であったため、留学先の王室や政府から厚遇を受けた。そのことは、明治三年（一八七〇）七月に実美がイギリス公使のハーリー・パークスに宛てた礼状案からうかがえる。ミットフォードの厚意により公恭がイギリス政府の招待を受け、宮殿でヴィクトリア女王と懇話できたことに感謝の意を示している。現地の留学生は誰しも苦学を強いられたが、公恭のように女王と直接会話できるような機会を得た者は少なかっただろう。その意味において公恭は、他の留学生より恵まれていたといえる。

公恭は語学力を身につけると、尾崎三良とともにユニヴァーシティ・カレッジ（ロンドン大学）に入学している。同校の在籍期間は明治三年から四年と短く、また詳しい勉学状況についてもわからない。彼が現地で勉学を続けるなか、先述した岩倉使節団が明治四年十一月十二日に日本を出発する。その直前の十一月十日付の書翰で三条は、公恭に「今度使節被差出《さしいだされ》候ニ付而者《ついては》、留学生之義も指揮可有之候間、留学之事ニ付志願之義も有之候ハ、岩公へ依頼有之候様可被致《いたさるべく》候、小生ニも岩公ニハ格別懇意ニ相交 頗《すこぶる》輔導も相受申候間、其心得ニて接遇可有之」（『三条実美関係文書・書翰の部』）と述べている。欧州の留学生については岩倉使節団に一任しているから、留学の件は岩倉に相談しなさいという。

そして岩倉とは懇意にしており、補導も受けているから、そのつもりで接するようにとの一文は見逃せない。この点は、先述の戊辰戦争中に岩倉の二人の息子が江戸に滞在した際、三条を父だと思って指導を受けるようにと書翰で述べていた点と重なっている。三条にも「四奸二嬪排斥」のときのような岩倉に対する敵意は消え、むしろ信頼を寄せる存在となっていたことがうかがえる。だが、公恭は体調を崩して現地滞在が難しくなり、明治五年十一月に日本への帰国を余儀なくされた。

滞在費の工面

病気が全快すると、公恭は志半ばで帰国したことを後悔し、再びイギリス留学を望むようになる。この思いを汲み取った三条は、明治七年九月二十日に東京府へ私費留学を請願している。この願いは九月二十五日に聴許され、明治八年一月から同十三年一月まで五年間イギリスに留学することとなった。留学許可を得た公恭は、十月に再びイギリスを目指して出発している。

三条の援助により、公恭の望みは五体満足に叶えられたように見える。ところが、現実は少し違っていた。公恭の学費は前回渡航した際と同額の年間三百ポンドが三条家から送金されていたが、それでは資金不足が生じるようになったのである。資金不足の理由が、ロンドンの物価が高騰したためか事情はわからない。

家令の丹羽純一は、明治八年十二月二十五日付の三条実美宛ての書翰で年間四百ポンドに増額してはどうかと提案している。また公恭がイギリス人マニアクから借金した返済額二百ポンド、インナー・テンプル法律科入学費百五十ポンドが必要であるから、総計七百五十ポンドを送金したほうがよいと指示する。ちなみに、公恭の返済額二百ポンドというのは氷山の一角で、実際には再渡航から約一年の間に三千三百六十ポンドの負債を重ねていた。この点については、もう少し後の項目で詳しく述べる。

公恭の依頼に加え、家令の助言があれば、それに三条が応じるのは当然である。しかし、三条が公恭に宛てた電信には、七百五十ポンドを送金するというのではなく、「家内緊要ノ事アリ汝ニ面晤《めんご》セント欲ス、至急帰国可致之事」（「三条実美関係文書・書翰の部」）と、帰国命令が記されていた。三条家に重大なことが起こり、それについて公恭に面会して語らなければならないという。一体なにが起こったというのか。

三条家の危機

その頃、三条実美のお膝元では、とんでもない金銭問題が発生していた。横浜の外国人商人が経営する英一商館からの借金問題である。三条家の家政は、前述の丹羽純一と、家令の森寺常徳が任されていた。両者は、三条に無断で明治七年の暮れから同八年の春にかけて、英一商館から一割五分の金利で六万円を借用した。その資金で品川にガラス工場を建設し、外国人技師を雇い入れて操業する予定でいた。

相談を受けていない三条はこの借金を知らなかったが、木戸孝允や伊藤博文はどこからとなく噂を耳にした。両者は、太政大臣である三条の体面を傷つけかねない外国人とのトラブルをおそれた。そこで両者から噂話を聞かされた尾崎三良は三条に確認するが、三条は丹羽と森寺を信頼して疑わなかった。

丹羽と森寺は、三条の尋問に対して、ガラス工場は三条家の資産増加が目的であり、その利益の配当で生活も潤うと考えてのことだという。そして明治八年三月に三条家の公印で契約したが、五月には契約解除となるため、三条の体面を傷つけるような事態にはならないと弁明する。三条は、丹羽と森寺を信頼し、「今之を荒立てては成ることも却つて破れる訳であるから、両人の言ふ通り僅か二ケ月の間であるから猶予してやらう」（『尾崎三良自叙略伝』上）と寛容な姿勢を示した。

図33　尾崎三良

だが、尾崎は両者を信用していなかった。二等法制官の尾崎は、各華族の家政を擁護するため、「従来華族の輩、金穀貸借証文及び其他の契約書に家令、家扶の名を用ゐ、又は何家何局等の印を捺せし習慣有之候処、自今都《すべ》て本人の名印を用ゆべし。若し本人の名印なきものは其効無之儀と可相心得《あいこころうべく》」(『尾崎三良自叙略伝』上)という布告に尽力した。この布告により、家令や家扶が公印を押しても、当主である本人の捺印がないと、その契約は無効にするというものであった。

尾崎は、契約期限がきた場合、先方との証文書き換えの際に丹羽と森寺の両名の名義とし、三条家の公印を削除することを考えていた。その思いとは裏腹に最悪な事態へと向かっていく。七月から八月にかけて丹羽と森寺は、三条に工場建設完成がもう少しであるからと説明し、引き続き契約を懇願した。両者に猜疑心を抱かない三条は、借用証書に署名捺印してしまう。この時点で金利により負債額は六万円から九万円へ増加しており、法的に三条は負債から逃れられなくなる。

これを三条から聞いた尾崎は驚愕する。自身の進言よりも丹羽や森寺のほうを信じたことに憤りを感じたようだ。骨折り損におわったのだから当然であろう。尾崎は今後家政に口出しはしないと、公私の区別をつけて三条に接することを告げている。

家令に裏切られる

年が明けて明治九年を迎えると、尾崎の危惧したことが顕在化する。二月のある日、三条は二頭立ての馬車に乗り、尾崎邸を訪れている。このとき対面した尾崎によれば、「三条公は容易に喜怒を色に顕はさざるの風あり、之を以て朝野の間に敬虔《けいけん》せらる」が、「今日の風貌尋常にあらじ」、「顔色少し平常に変り怒愁の色あり」(『尾崎三良自叙略伝』上)であったという。三条は喜怒を表情に出さないところが魅力であったが、当日はいつもと違って怒りが滲み出ていた。

わざわざ家来の家を訪ねてくるくらいである。尾崎は直感で容易なことではないと察した。三条によれば、森寺が旧熊本藩主の親族である細川家を欺き、三条家の名義で一万円を借り、その金を森寺と丹羽が自分たちの借金返済に流用したという。

三条家は家禄と賞典禄を合わせて千八百石、当時の米相場一石を六円で換算すると約一万円となる。だが、年明け一月の支給であったため、森寺が三条に年末の家政に差支えが生じると進言した。そこで三条は親族の細川家から一時的に一万円借用することを決めるが、その直後に年明けの支給を待っても家政上に差支えのないことが判明する。すぐに三条は森寺に細川家から借金する必要がなくなったことを伝えるが、その指示に森寺はしたがわなかった。

貸主の細川家からすれば、借りるときには懇願しておきながら、貸した後にはお礼に来ないのだから、不快に感じるのは当然である。その不快感が三条に伝えられたことにより事件が発覚した。森寺と丹羽から裏切られた三条のショックは少なくない。同時に飼い犬に手を噛まれた怒りも湧いてくる。さすがの三条の顔にも「怒愁の色」は隠せなかった。三条は尾崎にこれまでの非を詫び、事後策についての協力を仰ぐ。そして森寺を「是まで信用したることの全然自分の誤りなり」（『尾崎三良自叙略伝』上）と語っている。

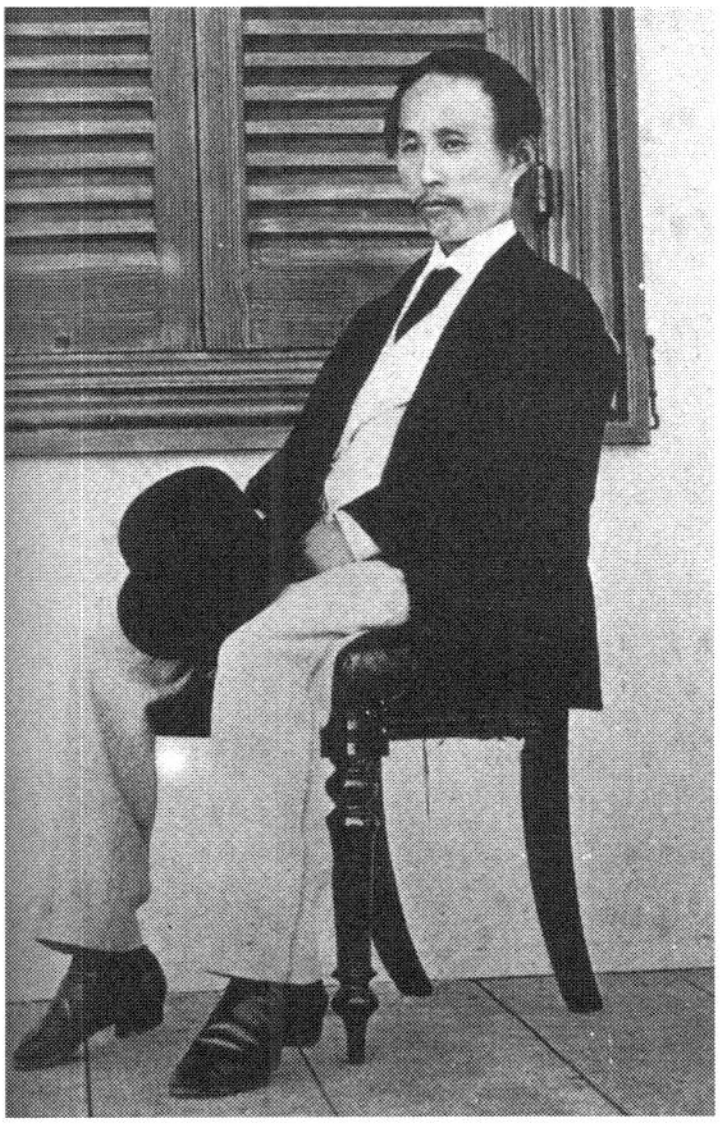

図34　洋装姿の三条実美

一度は徒労におわった尾崎だが、三条に対する恩顧は忘れられなかった。彼は再び三条のために奮起する。

尾崎は細川家の家臣で侍従番長を務める米田虎雄《こめだとらお》に相談し、無利息三十年賦、毎年三百三十三円を返済するように取り計らった。社会的な問題とならずにすんだのは、尾崎の尽力に加え、貸主が三条の親族であったからだろう。

英一商館の借金返済

森寺と丹羽の悪業がはっきりしたため、尾崎は両者を三条家から追放する。さらに家扶会計方の三宅直中、高橋久道、村井三四之助を罷免にするなど、三条家の家政を刷新した。しかし、大問題が残されていた。森寺と丹羽が三条名義で英一商館から借りた六万円の返済である。金利によって負債額は約十万円に増加していた。相手はイギリス人であり、細川家のような融通はきかない。場合によっては、国内外のスキャンダルとして太政大臣三条実美の威信が失墜することもありえた。さすがの尾崎も手を余し、彼は木戸孝允と伊藤博文に相談して協力を求めている。

伊藤は工部卿を務めていた関係から、品川に建設中のガラス工場を工部省に四万円で買収させた。また宮内省御手元金三万円を下賜することについては、宮内省御用掛であった木戸が動いた可能性が高い。残りの三万円のうち一万五千円は、三条家が所有する品川の一万坪の土地を、親族の山内家（旧高知藩主）に購入してもらった。そして丹羽と紀州徳川家が共同経営する鉱山があったが、その丹羽が有する採掘権を一万円で徳川家に譲渡するということで合計九万五千円を用意し、あとの五千円もどうにか工面した。

三条家の危機は、尾崎を中心に木戸と伊藤という旧長州藩出身者によって回避された。文久年間から三条と長州藩の関係性は強固だが、それは廃藩置県によって長州藩が喪失してからも変わらなかった。太政大臣という地位にいる三条は、長州藩出身者にとって、自分たちの政治政策を推進する上で欠かせない存在であったと見ることができる。他者が太政大臣に就いては、不利益が生じると考えた可能性は少なくない。だからこそ、英知を結集して三条を窮地から救ったのである。

イギリスでの借金

三条は家令の裏切り行為により、公恭の望みに応える余裕がなかった。一方で帰国命令を受けた公恭も帰国費用すら用意できないでいた。そこで公恭は、明治九年一月十日付の特命全権公使上野景範《かげのり》宛ての書翰で資金援助を依頼している。具体的な金額は帰国費用の百五十ポンド、出発前に天野某に返済する六百ポンドである。これに上野は応じて公恭に七百五十ポンドの借用を認めた。

ところが、実際に資金を受け取ると公恭の気持ちは変わる。一月二十一日付の上野宛ての書翰で公恭は、イギリスに滞在させてほしいと願い出ている。かつてイギリスで勉学していたところ病気で帰国を余儀なくされたから、再び志半ばで留学を諦めることはしたくないと訴える。帰国を理由に資金を借りたことに反するが、二年間勉学を続けたいという。そして帰国費用の百五十ポンドは大使館で預かってもらうが、天野に返済する六百ポンドは借用させてもらいたいと、なんとも都合のよいことを述べている。

最初から公恭に帰国する意思はなく、上野から天野への返済資金を得る口実として三条の帰国命令を持ち出したのかもしれない。ここに登場する天野がどのような人物なのかはわからないが、公恭が明治七年十二月から翌八年十二月までマニヤクからの借金を立て替えていたと思われる。外国人からの借金は、非常にリスクが高かった。公恭が貸主の外国人から訴えられれば、父である三条に非難がおよぶ。それにもかかわらず公恭は、明治九年二月にファーニベル、五月にはライアルスから、それぞれ百ポンドを借りている。そして驚くことに公恭の借金総額は三千三百六十ポンドであり、これまで出てきた六百ポンドは氷山の一角にすぎない。

なぜこのように資金が必要なのか理解に苦しむが、実は公恭の借金の背景には丹羽と森寺の存在が影響していた。明治九年一月二十八日付の三条宛ての書翰で丹羽は、公恭に帰国命令をおこなう理由がわからないと反論し、二年間のイギリス留学を許可すべきであるという。ここだけ見ると、丹羽は公恭のよき理解者といえるかもしれない。だが、公恭の借金のうち、丹羽へ七百十四ポンド、森寺へ五十ポンドが又貸しされていた。丹羽にとって公恭の借金は、自分の交際費や遊興費を得る手段の一つとなっていた可能性が高い。そうであれば、なるべくイギリスに滞在してほしいのである。

丹羽と森寺にとって、三条家は自分たちの私利私欲を満たすものでしかない。主人はおろか、次期当主の将来性をも無視していることが見て取れる。あらためて三条の家令がいかにとんでもない人物であったかが理解できる。

帰国か滞在か

三条は信頼する家令に裏切られた衝撃から、滞在資金を求める公恭にも懐疑的となった。なぜ勉学に励む公恭がそんなに多額な費用を必要とするのか、実は遊興に溺れているのではないかとの疑問である。その真偽を確かめない限り、イギリス留学を認めるわけにはいかなかった。よって三条は、公恭の帰国か滞在かの判断を井上馨に委ねる。経済調査のため井上は妻子を同伴してイギリスへの渡航を予定していた。

これは井上の渡英と単に時期が重なっただけでなく、やはり彼が旧長州藩出身者であったことも影響しているだろう。三条にとって旧長州藩出身者は頼りになる心強い存在であった。井上に託された具体的な事項は、①公恭に将来改心の見込みがあれば三年間の留学を認める。②その見込みがなければ公恭が帰国するよう処置してほしい。③留学が認められた場合は、学資を年間五百円と定めて不足が起きないか。という三点である。

三条に公恭の動向を伝える旧長州藩出身者がもう一人いた。それがドイツ特命全権公使の青木周蔵である。青木は明治九年二月十日付の三条宛ての書翰で、公恭はロンドンで「種々世評」もあるが、実際には「御遣責」になるような振る舞いはなく、再渡英後の勉学を成就するため、滞英を許可すべきだと伝えている。公恭は、五月十六日にインナー・テンプルに入学し、専門的な法律の勉強をはじめていた。八月二十七日付で三条が公恭に宛てた書翰では、法律学科の試験によって昇級したことを嬉しく感じ、井上からの指摘を受けて一年に千五百円を送ることにしたと伝えている。

イギリスに渡航した井上は、明治九年十月三日に公恭と対面した。そこで井上が三条からの委任状を示しながら公恭の不行跡の真偽を問い質すと、公恭は言い訳もせず涙を流している。十月九日付の三条宛て書翰で井上は、公恭を強制的に帰国させるのではなく、現地での交際費および生活費などを抑えることを提案した。井上と青木からの助言により公恭は帰国せずに済んだ。また両者からの意見を受けて三条の不安は消え、公恭も期待に応えるべく法学の勉強に励んだのである。

バリスターの取得

インナー・テンプルにおける公恭の学生生活がうかがえる史料は残されていない。だが、学業を疎かにして遊興に耽るようなことはなかったようである。そのように断言できるのは、六月十九日付の実美宛て書翰で法学士試験の三学課のうち、「エクイテー」および「リアルプロパテー」を習得したことを伝えているからである。ただし、もう一つの「コモンロー」は得ることができず、再試験に合格しないと卒業ができないことも述べている。再試験に向けて滞在期間が延長され、それにともなう経費がかかることを考えると、さぞかし伝えにくかっただろう。

公恭は残された学課を克服するため勉強を続けた。十一月十九日付の実美宛て書翰では、「バリスタア」の学位を得たことと、十二月八日出発の船で日本へ帰国することを伝えている。インナー・テンプルの在籍期間が明治十三年十一月十七日までとなっているから、十七日にバリスターの学位を得たものと考えられる。この吉報を受けた三条の心情を示す史料は残されていないが、安堵と歓喜がこみ上げたことだろう。長年にわたって三条に心配をかけさせた公恭も同じ気持ちであったと思われる。

だが、現地を出発するときにも公恭の借金は完済していなかった。そのため、十二月三十一日付の三条宛て書翰でイギリス駐劄の特命全権公使森有礼は、東洋銀行から借りて返済額を立て替えておいたことを知らせている。金銭感覚に希薄なところが、公恭の欠点であったといえる。

帰国後の公恭

当時の日本で学位を持つ者はほとんどいなかったため、公恭のような海外留学によって法学士を得た者は一目置かれた。実際、明治十四年二月五日に帰国した公恭は、三月二十九日に司法権少書記官に任命され、十二月五日には司法少書記官へと昇進する。三条が就職の斡旋をした可能性もあるが、その任官先が司法省というのは、公恭の法律家としての実力が見込まれたからに違いない。

公恭は帰国したときに二十七歳であり、結婚の適齢期を迎えていた。十月一日、公恭は柳生俊順《としむね》（旧大和柳生藩主）の長女で木下俊程《としのり》（旧豊後日出藩主）の養女となった綏子《やすこ》と、紅葉館で結婚式を挙げた。帰国から八か月後という短さからは、当時の華族としては珍しくない家の間で決めたものと推測される。三条は、養嗣子の公恭が妻を娶ったため、将来的に三条家は両者に任せ、実子の公美《きみよし》を分家独立させることを決意する。明治十五年一月二十五日、公美は分家の三条家の当主となり、華族に列せられた。このような措置を三条が選択したのも、彼の期待に公恭が応えてくれたと感じたからだろう。

三条公恭と金曜会

明治七年六月に設立された華族会館についてはⅢ「明治政府と華族の調停者」で後述するが、会館に加入する華族の嗣子は少なかった。三条家も実美が会員であったため、公恭が加入したのは明治十六年四月九日であり、帰国から二年余りが経過していた。華族会館の会員となった公恭は、明治十五年四月十八日に組織された中堅華族の研究会である金曜会にも参加した。明治十六年八月十七日に公恭は、金曜会の華族八名と、会館に各国憲法の調査と研究をする各国憲法講究会の設置を求めた。これは九月十七日、毎月第一水曜日に開催することとなった。また金曜会は、「華族ノ文弱ニ流ル、ヲ患ヘ少壮輩ヲシテ専ラ陸海軍ニ従事セシメン」（『華族会館誌』上）と、華族たちを陸海軍に従事させることを望んだ。十月二十六日には、陸軍士官学校の特別コースである予備生徒隊に関する「予備士官学校専務取調委員」に、金曜会の武者小路実世《むしゃこうじさねよ》ら六名が命じられている。

さらに十一月二十日、公恭は会館に、金曜会の武者小路ら四名とともに議員選挙法の改正を建議した。当時の会館の会議には、華族の議員が百九十三名もいながら、出席者は三十名程度であり、三分の一以上の出席者数を満たさないと会議が開くことができないという「議事条例」に抵触する弊害が見られた。そこで公恭たちは、議員数を五十名に限り、任期を二年とし、欠席の多い議員は退任させるという項目を含む「議員選挙法改正案」の採用を求めたのである。「議員選挙法改正案」は、翌十七年四月十日に決定された。

このように金曜会の華族たちは、立憲制の施行に向けて貴族院議員を務められるよう、憲法に関係する知識を身につけることと、会館会議の運用を重視していた。またそれに該当しない華族には、陸海軍の軍人になることを奨励した。公恭たちは、議員か軍人になることが華族の果たすべき役割だと考えたのである。

浪費ぐせの顕在化

公恭は、明治十六年四月十三日に判事を拝命し、七月五日には広島控訴裁判所詰を命じられ、同十八年五月七日に第二期広島重罪裁判陪席を務める。同年六月十一日付の実美宛て書翰では、「控訴庁ニ於テモ変事無之、即今第二期重罪公判開廷中ニテ、小児モ陪席之任ヲ辱シ日々勤務仕居候」（「三条実美関係文書・書翰の部」）などと伝えており、日々裁判実務をこなしていたことがうかがえる。

第二期広島重罪裁判陪席の職責を果たしているという便りなら、三条も安心して喜んだに違いない。だが、便りの後半部分の内容からは、三条を心配させる事態を起こしていたことが見て取れる。公恭は「小児ニ於テモ生涯ヲ放逸ニ果タス主義ニ無之」、「小児一身上品行等ニ付テ世間之風説今後如何相成候哉」と、浪費をするつもりはないが、自身の品行上について世間の噂などはどうなるのかなどと、不安に満ちた文面を記している。

そして「御諭書ヲ蒙リ感激不啻《ただならず》」などと述べている点から察すると、なんらかの事情で公恭は浪費を重ね、その支払いに困って三条に泣きついた可能性が高い。それに対して三条は、再びこのような不祥事を起こさないよう「御諭書」を送ったと思われる。この推論は、後述する内容から十分実証されるものである。

右の書面から二週間後の明治十八年六月二十五日付の三条宛て書翰では、広島に赴任していた広島控訴裁判所判事長の松岡康毅が東京に帰京したら、彼から「金円之事」について詳しい内容を聞いてほしいと伝えている。両者の対面が実現したのかはわからないが、七月一日付の書翰で公恭は「過日書面ヲ以テ奉歎願候恩貸金之義直ニ御許容相成リ、御送下本日慥《たしか》ニ落掌幾重ニモ奉拝謝候、尚ホ小児今後之行状ニ付テハ前書中上候通之義ニ有之候」（「三条実美関係文書・書翰の部」）などと書き送っている。三条は「諭書」を厳守することを条件に公恭へ「貸金」を出したと判断できる。

転任の希望

三条からの「貸金」は月末まで待っても到着しなかった。そこで公恭は、七月三十日付の書翰で「本状奉願上候御送金之義ハ固ヨリ、即今何時転任之命ヲ蒙リ候哉」と、送金はどうなったのか、また転任の命はいつになったら決まるのかなどと問いかけている。公恭が「世間之風説今後如何相成候哉」（「三条実美関係文書・書翰の部」）などと心配しているのに鑑みると、彼の不品行の噂が広島という狭い空間で広まるのは時間の問題だったのではなかろうか。そうなれば、法を掌る役職によく就いていられるとの批判の声が出てくることも予想される。

公恭にとっては、広島にいるよりも東京在勤のほうが好都合であったと考えられる。東京在勤で公恭が希望した官職は参事院であった。参事院は政府の法案起草および審議をおこなう機関である。この希望も三条の尽力により実現し、公恭は七月三十日に奏任官六等官相当の参事院議官補に任命されている。同日付の書翰で公恭は、「今般者《は》御蔭ヲ以テ参事院ニ転任被仰付《おおせつけられ》、今朝其辞令書拝受謹テ御請申上候」（「三条実美関係文書・書翰の部」）などと、三条の尽力により参事院への転任を命じる辞令を拝受できたことを伝えた。

地方で不祥事を起こしたにもかかわらず、転任先は左遷ではなく栄転といえるものであった。このような好待遇を受けられたのは、公恭が単なる公家華族ではなく、三条の息子という立場にいたからであることはいうまでもない。

ところが公恭によれば、転任が決まったものの、広島から東京に戻る資金すらないという。三条に転任決定の謝辞を述べたあとで帰京の「仕度金」を送付してほしいと伝え、さらに「仕度金」は絶対に「浪費」することはないと弁明している。三条は再び「仕度金」を用意しなければならなかった。

不品行の再発

東京へ戻った公恭は、明治十八年八月二十五日に司法部勤務を命じられている。ところが、東京でも彼の不品行はおさまらなかった。九月二十日付の書翰で公恭は、「今般之請願閣下之高意ニ反シ候様拝承、実ニ恐悚《きょうしょう》大嘆息ニ堪ヘス」と、三条の意向に反して再び請願を申し出るのは恐縮に堪えないと前置きをしながら、なにやら依頼をしている。その文面には「小児将来之栄誉浮沈ニ関シ、万止ムヲ得サル義ト決断仕候事故」、「御許容之場合ニ立至リ候様万死ヲ侵シテモ再願仕度」とある。要約すれば、〈自身の将来の栄誉に関係し、やむを得ないと決断したので、三条から許していただけるのであれば死を覚悟して再び願い出る〉（「三条実美関係文書・書翰の部」）という。

そうはいうものの、文面をいくら精読しても核心の依頼内容はわからない。とりあえず書翰で請願を依頼し、具体的な内容は面談したのだろうか。ただ「高意ニ反シ」というところからは、先述の「御諭書」に背いていたことがうかがえる。それにともなう再びの請願となれば、三条からの「御諭書」に違反し、またぞろ浪費をしてしまい、その費用をなんとかしてほしいという再請願であったと考えられる。

謝罪と保身

再請願に際して公恭は、三条に「眼目録」と称する誓約書を提出していた。これを受理した三条は、再び公恭に改心の機会を与える。十月二十四日付の実美宛ての書翰で公恭はながながと反省の意を示している。その主要な部分は次のとおりである。

今般御特典ヲ以テ御勘当御懲罰等ノ儀御宥免被下《くだされ》、最終ノ改心盛業ノ機会御恵与被下候ハヽ、今後ハ屹度《きつと》行状相改メ精神ヲ尽シテ為邦家勉励可仕候（中略）猶此誓言ヲ水泡ニ帰セシメ候トキハ、其節ハ最早小児依然三条家ノ相続人タルノ任ヲ担フノ栄ヲ辱スルニ堪ヘサルノミナラス、実ニ一家ノ恥辱ヲ醸シ候儀ニ可有之候間、其節ハ断然甘ンシテ御勘当御懲罰等ヲ蒙リ候決心ナルノミナラス、他ノ御教戒等ノ儀ハ一々其益ナカルヘクト恐歎仕候（中略）小児ノ此言ヲ御採用ノ有無ハ固《もと》ヨリ閣下ノ御英断ニ可被為在《あらせらるべき》候儀故、他人ニ御関係不被為在、閣下ノ独裁ヲ以テ御一答御下書ヲ蒙リ候ハヽ、小児ノ幸此上無之ト奉存候（「三条実美関係文書・書翰の部」）

まず前半部分を要約すれば、〈三条の特別な配慮により、勘当および懲罰になることを免じられ、最後の改心の機会を与えていただき、今度は行状をあらため国家に尽くすよう励む。この誓言を破るときは、三条家の相続人としてふさわしくないだけでなく、家名に傷をつけることにもなり、勘当および懲罰を受けるつもりである〉という。三条への謝罪と改心することを誓約し、今度破った場合は三条家の相続人としての資格を失っても仕方がないとまで明言する。

だが、後半部分では自身の保身を図る文面が記されている。続けて要約すれば、〈おそれながら他者からの教戒などは益がないと思っており、公恭の誓約の採用は三条の独断で決めていただけたら、非常に嬉しく思う〉という。これは三条が他者に相談することをおそれたからに他ならない。

これまでの流れに鑑みると、三条の相談相手としては旧家来の尾崎三良や、旧長州藩関係者を思い浮かべることができる。だが、華族の相続人の問題となると、その相談相手は三条家の一族である宗族、同じく親戚である親族であった可能性が高い。実際、明治九年に宗族制度が創設されると、華族の相続、結婚、離婚、廃嫡、負債などについては、宗親族の会議によって決めることとなっていた。

そのような会議によっては、公恭が誓約を申し出たところで改心の見込みはないと判断し、廃嫡などの手続きが処理される可能性が出てくる。公恭は、宗親族に三条が意見を求めることをおそれたのである。したがって公恭は、平身低頭するような文面に続けて、絶対に他者に相談しないでほしいと付言している。三条は、問題が大きくなるのを避け、宗親族など他者に諮ることをせず、独断で公恭に改心の機会を与えた。それは公恭に対する愛情と期待からに他ならない。

借金の実態

そもそも三条に資金を求めた公恭の借金はなにが原因だったのか。明治十八年十二月二日付で三条に宛てた書翰からは、彼の借金事情がよくわかる。その書翰では反省の甲斐もなく、またぞろ「借金支払及ヒ小児ノ一般入費支払ノ儀」（「三条実美関係文書・書翰の部」）について依頼している。さらに公恭は、三条家の家政を担う富田藤太からの反対をおそれ、三条に会計支出を命じるようにしてほしいと頼む。

借金の用途は、①東京始審裁判所在勤中に懇意の友人から借り受けた七十円、②「遊輿料」という遊興に投じた費用二百二十円、③妻綏子の洋服および附属品の費用百六十三円五十五銭、④天長節など公式儀礼に用いる大礼服の調製費百三十円であった。合計金額六百円のうち、すでに三条から借りている③の費用は返済無用とし、残金四百六十三円四十五銭の援助を希望する。

このうち③と④は、当時の宮内省が制定した服制と関係している。宮中儀礼の場へ出席する女性の礼服には、袿袴《けいこ》と呼ばれる装束が用いられていたが、明治十七年九月に勅任官婦人、十一月に奏任官婦人の洋服着用が許可された。前年十六年十一月二十八日に社交場である鹿鳴館が開館すると、翌年十一月三日の天長節の夜会などでローブ・デ・コルテ（中礼服）を着用する者もいた。だが、女性の洋式礼服は、コルセットで腰を絞める着心地の悪さと、多額な調製費用がかかるため、舞踏に参加する女性皇族や大臣夫人を除くと、女子華族でもほとんど着る者はいなかった（刑部芳則「鹿鳴館時代の女子華族と洋装化」）。

太政大臣公爵という父を持つ公恭からすれば、自分の妻に洋式礼服を着せないわけにはいかなかったのだろう。公爵家としての見栄である。それは自身が着る大礼服についても例外ではない。宮内省は、明治十八年一月の新年参賀から華族に大礼服を着ることを義務づけた。前年十七年十月二十五日には有爵者大礼服が制定され、襟と袖の色によって公爵（紫）・侯爵（緋）・伯爵（桃）・子爵（浅黄）・男爵（萌黄）を区別したが、この服は有爵者である華族の当主に限られた（刑部芳則『洋服・散髪・脱刀―服制の明治維新―』、同『明治国家の服制と華族』）。したがって、公恭は三条家を継ぐまで着ることができない。

非役であれば非役有位大礼服を着るのだが、公恭は奏任官の参事院議官補に奉職していたため、奏任文官大礼服を着た。だが、高価なために調製を見合わせて小礼服（燕尾服）を代用する者が多かった。公恭はそのような手段を好んでいない。彼は奏任官六等であるから月俸百円を得ており、なにも三条から資金援助を受けずとも妻の洋服と自身の大礼服は調製できたはずである。それにもかかわらず、資金援助を受けなければならなかった要因は、それらの費用よりも高額な②の「遊奥料」にあったと思われる。

広島での浪費、東京に転任する際の「仕度金」、東京での誓言違犯行為は、場所に違いはあれども「遊奥料」であった可能性が高い。そのように見ると、不品行の噂や、三条と誓言を取り交わしたことも頷ける。公恭は法曹界で実務をこなす長所に対し、花柳界の色香に迷ってしまう短所を持っていたといえる。

悪化する行状

明治十八年十二月の太政官制から内閣制への官制改革にともない、同月二十二日に参事院は廃止された。これにより公恭は前官非職心得となり、従来のような奏任官の月俸収入を得られなくなる。三条は、十二月二日付で公恭が要求する四百六十三円四十五銭を援助することを決めたが、それに加え明治十九年一月から毎月五十円支給することとした。これも無収入になったことに対する温情であった。だが、公恭は五十円では足りないから百二十円くらいは支給してほしいと、親の心子知らずとしか思えない身勝手な要求をしている。

もはや公恭は花柳界通いを抑えることができなくなっていたと推測できる。一月に最低でも百円以上ないと「遊奥料」を工面することが難しかったのだろう。余程馴染みの女性がいたのであろうか。それから四か月後に公恭はまたぞろ不品行を起こす。五月十七日付の書翰で三条に「是迄一身上之御処分御延期被下《くだされ》候処、今般終ニ其御処分ヲ仰カサルヲ得サル場合ニ立至リ候ニ付、今更悔悟涕泣臍《ほぞ》ヲ噬《か》ムトモ及ハス、謹慎退蟄シテ罪ヲ奉待」（「三条実美関係・書翰の部」）と書き送っている。

要約すれば、〈これまで自身の処分について延期してもらったが、今回はついに処分を受けなければならない状況となり、今となっては後悔して泣くこともできず、謹慎して処分を待っている〉という。これで誓言を破るのは二度目であり、さすがの三条もなにがしかの処分を考えないわけにはいかなくなった。

廃嫡処分

そこで三条は、明治十九年六月四日に家扶の富田藤太を使いに出し、尾崎三良と処分内容を相談させている。富田は尾崎に〈公恭は身持ちが悪く、三条家を継ぐことはできないため、親族が協議して廃嫡にしたいと思っている〉という三条の意向を伝えた。廃嫡といっても三条は公恭を平民として放逐することは考えていなかった。三条は、実子である男爵の三条公美を継養子に迎え、廃嫡にした公恭の息子実敏《さねとし》を三条男爵家の当主にしようとしていた。

ところが、この提案を聞いた尾崎は公恭の廃嫡には同意したものの、不品行を犯して廃嫡になった者に男爵家を継がせることには難色を示した。尾崎の論理は、〈男爵家といえども同じ華族の家であり、公爵家を継ぐ資格がなく廃嫡する人物を、男爵家なら継承することは妨げないというのは道理がとおらない〉という点にある。そして尾崎は〈この論点は第二段階であり、まずは公恭を廃嫡にするのかを議論し、その次に平民籍とするか、終身三条家の厄介者とするか、男爵家を継承させるか〉(『尾崎三良日記』中)について議論すべきではないかと論じる。

実に筋道のとおった意見であり、富田も納得したのではなかったか。尾崎は、親族はもとより、部外者からの意見も聞くべきだとの助言もした。これを富田から聞いた三条は、旧対馬藩主家の伯爵宗重正《そうしげまさ》に意見を求めたところ、宗も公恭の廃嫡には反対していない。また宗族の嵯峨実愛も廃嫡に異論はなかった。そこで六月十六日、三条邸で嵯峨が公恭に廃嫡を申しつけている。三条の意向どおり公恭が平民籍になることは避けられ、三条公美と実敏とを交換する案が採用された。同月二十五日付で公恭は廃嫡となった。

三条公美と実敏との交換に先立ち、八月三十日に分家の三条家は東三条と改称した。そもそも東三条という公家は江戸時代にはいない。だが、古くは東三条という家が存在したようである。明治二十年代に各藩史編纂の情報交流の場となる史談会で活躍した市来四郎《いちきしろう》の調査によれば、三条家を転法輪三条と称し、転法輪の西側に邸宅を構えた三条家を西三条または三条西と呼び、同じく東側の三条家を東三条と呼んで区別したという（「市来四郎関係文書」）。

この調査は、嵯峨実愛の言説とも重なっている。三条は嵯峨に分家の名称を相談したところ、北三条よりも東三条のほうが相応しいのではないかと答えている。こうして東三条と改称した公美は十月十六日に三条実美の継嗣となり、十一月五日に東三条家を実敏が継承すると、公恭は綏子とともに同家の厄介となった。

華族にとって重要な位階

三条は明治十九年と推定される六月八日付の宮内卿伊藤博文宛て書翰で「扨《さて》愚息廃嫡願差出候節位階返上は普通之例に可有之存候得共《これあるべくぞんじそうらえども》、御内諭之通無間別戸相続相願候事故、位階之処は其儘致置候事相成間敷哉」（『伊藤博文関係文書』五）と依頼している。要約すれば〈愚息の廃嫡手続きにあたり位階返上するのが通例ではあるが、別戸相続願いをしているのため、位階はそのままにしてもらえないか〉となる。

これに対する伊藤の回答は見出せないが、おそらく正規の手続きどおり、位階返上は避けられないと返答したと思われる。その証左をなるのが、年月日の記載はないものの、三条が伊藤宛てに「公恭位階之処は一応返上仕《つかまつり》、他日別家相続之上拝叙可仕歟《つかまつるべきか》」（『伊藤博文関係文書』五）と、一度位階を返上するが、別家相続の際に再び拝受させようとしていることである。位階がなくなることには公恭も心配だったようであり、六月十二日付の三条宛て書翰で平民籍に編入になっても三条姓を名乗れるのか、位階は返上しなくてもよいかを確認している。

なぜそうまでして位階保持にこだわるのか。贈位を除いて位階制度が存在しない現代の我々には理解しにくいだろう。無理もないことだが、華族にとって位階は栄典制度として重要な存在であった。明治二十年五月四日の叙位《じょい》条例により、公爵は正一位、侯爵は正二位、伯爵は従二位、子爵は正従三位、男爵は正従四位と定められた。華族は爵に応じて位階が昇級するようになっている。つまり有爵者は、政府官職に就かずとも位階を得ることができた。このことからも華族にとって位階が不可欠な存在であったことが理解できる。明治八年に勲章制度が創設され、同十七年の華族令で爵が設けられるまで、位階は天皇との距離を測る唯一の栄典制度であった（刑部芳則「栄典制度の形成過程―官僚と華族の身分再編を中心に―」）。

政府官職に就かず、有爵者でもない華族は、有位者か有勲者にならないと、新年朝拝《ちょうはい》をはじめとする紀元節や天長節などの参内ができなくなってしまう。それゆえ三条は、叙勲していない公恭の正四位を保持させようとしたのである。

法学士としての足跡

公恭が再び政府官職に就くことは難しかった。彼が第二の人生として選んだのが、教育機関で法律や英語を教示することであった。明治十八年七月に創設された英吉利《イギリス》法律学校（現在の中央大学）では、明治十九年に第二学年の「擬律擬判」、同二十年には第二学年の「擬律擬判」、第三学年の「擬律擬判」、「羅馬法《ローマ》」、「英羅両法異同弁」を担当している。

それらの講義録は中央大学図書館に残されているが、細かい法律の内容は本書の課題からそれるため、立ち入ることはしない。ただ要点だけ記せば、単に原書を翻訳するのではなく、公恭なりの事例を用いながら示していることである。その解釈の背景には、長年留学していたイギリスでの経験が生かされているような気がする。英吉利法律学校に公恭が招聘されたのは、彼が現地でバリスターの学位を得たという実力が認められていたからに他ならない。

その一方で公恭は、明治二十一年に跡見《あとみ》女学校で英語を教えた。明治八年に同校を創設させた跡見花蹊《かけい》は、多くの公家華族の子女を教えており、そのなかには三条の娘である智恵子、妹の富子が含まれていた。公恭が同校に招聘された背景には、彼の英語能力が秀でていただけではなく、それ以前からの三条と跡見の良好な関係が作用しているように思われる。

腐っても法学士である。実際、公恭の法律家としての能力と、英語力は、当時の日本国内では上位に位置していたといってよいだろう。それだけに転落人生となったことが悔やまれる。そうした思いを一番痛感したのは、三条であったに違いない。

守れない「誓言書」

三条の不安は、公恭が東三条家の厄介となってからも消えなかった。公恭が再び不品行を起こした場合、今度こそ東三条家から除籍され平民籍への編入が避けられないからである。よって三条は、明治二十年三月二十七日付で公恭に「誓言書」を差出させている。「品行改良之方法書」と題する「誓言書」は、「一、交際上正当ニ有益且要用ナル場合ヲ除クノ外ハ、独飲独歩等総テ飲酒遊歩ヲ禁スルコト、但自宅ニ於テ養酒ヲ用ルハ此限ニ非ス」と、「一、外出ヲ為ス時ハ往返総テ自宅ニ於テ命シタル車ニ乗ル事」(「三条実美関係文書・書翰の部」)の二か条である。

最初の箇条は〈交際上で有益な場合を除いて一人で出歩いたり、飲酒を禁止する。ただし自宅で滋養のための飲酒はかまわない〉、次の箇条は〈外出に用いる人力車は東三条家で用意したものに乗車すること〉という。要点は、必ず公恭の外出先を監視できるようにしてあり、芸娼妓がいるような店へ出入りさせないようにすることであった。

この「誓言書」も十分な効果をあげることはできなかった。実際、自宅と英吉利法律学校や跡見女学校の往復を、従者たちが逐一監視するような体制にはなっていなかったのだろう。月日が経つにつれ、公恭は再び花柳界へ出入りしていたようである。明治二十三年七月十五日、公恭は東三条家からの別戸籍を余儀なくされ、綏子と次男実敬とともに平民籍に編入することとなった。

三条の期待は完膚なきまでに裏切られた。期待どおりならば、公恭は公爵家の時期当主となり、最新の法学知識を生かし、政治行政に活躍したことであろう。それゆえに三条は、多額な資金を費やして公恭をイギリスに留学させ、帰国後に何度も不品行を起こしながらも改心の機会を与えた。三条家を継ぐ立場になかった三条にとって、公恭は亡き兄が残した大切な存在であった。だが、公恭はその立場に甘んじ、三条を困らせる存在へと変化していった。

Ⅲ

明治政府と華族の調停者

一　三条家と宗族制度

通款社と三条実美

三条が明治六年政変後も病状が十分に回復せず、なかなか太政大臣として政府に復帰しようとしなかったことは先述した。三条が病気療養を続けるなか、彼の実弟である河鰭実文《かわばたさねふみ》や元家来の尾崎三良《さぶろう》などは、通款社《つうかん》と称する中堅華族の研究会を組織していた。通款社の結成を提唱したのは、明治五年（一八七二）正月からイギリスに留学した河鰭であった。残念ながら、管見の限り史料がないため彼の留学事情はわからない。だが、留学によって尾崎と同じように法律や議会に関心を示したことは、通款社の設立趣意から見て取れる。華族は将来的に議会が開かれたときに議員を務める義務があり、そのために必要な知識や技能を身につける必要がある。そこで華族の結束を図り、お互いに研究および勉学に励もうではないかという。

この趣旨に共鳴したのが、公家華族では正親町公董《おおぎまちきんただ》、五条為栄《ためしげ》、平松時厚《ときあつ》、壬生基修《みぶもとおさ》、武家華族では秋月種樹《たねたつ》、山内豊誠《やまうちとよしげ》、そして尾崎であった。彼らは、武家華族の毛利元徳《もとのり》をはじめ、多くの華族に参加を呼びかけるが、自分たちの行動だけでは十分な成果は得られないと判断するようになる。そこで三条と岩倉の両大臣に協力を求めた。壬生は七卿落ちの同志であり、実弟の河鰭、元家来の尾崎となれば、三条への期待は大きかったと思われる。

明治七年一月十八日に五条、平松、秋月が総代となって三条邸を訪れた。だが、三条は体調が優れなかったようであり、趣意書は受け取ったものの面会はしなかった。二十日に三名は岩倉邸を訪ねた。岩倉は一月十日に赤坂食違い坂で暴漢に襲撃され、そのとき受けた傷により寝込んでいた。だが、彼は三条のように断ることをせず、病床に三名を招いて話を聞くと、麝香間祗候《じゃこうのましこう》たちの会合と合流してはどうかと指示した。この会合は、岩倉の主唱によって公家華族の嵯峨実愛《さがさねなる》、中山忠能《ただやす》、大原重徳《しげとみ》、武家華族の伊達宗城《むねなり》、松平慶永《よしなが》が結成したものであり、将来の議会開設に関して相談する場であった。

麝香間祗候たちに積極的に会合を呼びかけ、負傷しながらも五条たちと面会した岩倉に対し、三条は病状が災いして十分な対応がとれなかった。華族会館設立に向けた準備段階における両者の役割を比較すると、三条の分が悪い。岩倉の指示を受けた三名は、岩倉邸を出ると嵯峨のもとを訪れ、これまでの経緯を説明した。すると嵯峨は「神妙の至り感服致し居」と称賛し、「何卒相合併し協和尽力致度」（『岩倉具視関係文書』五）と、通款社と麝香間祗候の会合を合併することを望んだ。

図35　河鰭実文

これにより一月二十六日に通款社と麝香間祗候の華族たちが初会合を開き、両者の合併が決まり、その後には全華族たちへ参加を呼びかけた。華族会館の設立趣意書や規則、場所の選定などの会合が重ねられ、六月一日に華族会館が設立された。この会館は、三条と岩倉を含め、華族の集会場として重要な存在となるが、次に述べるように当初は必ずしも華族の結束を図ることに成功しなかった。

華族会館の混乱

華族会館の設立発起人たちは、将来の議会開設を視野に入れ、その試験的施設の意味も込めて会館設立に臨んだ。だが、参加を呼びかけられた華族たちが、必ずしも議員になることを望んでいるとは限らない。華族の役割には国民の模範となることが求められたものの、具体的な職業については示していなかった。そのため、それぞれ将来の目標には違いがあった。法律家、軍人、文化人などを目指す華族にとって、議事の練習などは必要ない。私立の施設であることに加え、華族たちの目的意識の差が、会館への参加を難しくさせていたのである（刑部芳則『明治国家の服制と華族』）。

そのようなか華族の結束を図るため、明治八年六月二十六日に華族会館で「歓宴」が開かれた。百一名の華族が参加し、太政大臣の三条実美、宮内卿の徳大寺実則《さねつね》、特命全権公使の柳原前光《やなぎわらさきみつ》など、政府要職に就く華族たちも招待されている。そこで三条は、「官務多忙諸君ト与《とも》ニ孜々《しし》従事スル能《あた》ハス」と、公務多忙なことから会館運営に従事することができないことを述べながら、「華族ノ義務ヲ尽シ、会館ノ事業ヲ恢弘《かいこう》スルハ、協同戮力ヲ以テ主トナス」（『華族会館誌』上）と、各自が華族の義務を尽くすため、会館事業に理解を示して参加することを促す演説をおこなった。

当日は晴れの席上であったため、三条も主張を抑えたようである。だが、七月十一日に三条は、会館の振起を求める書面を会館に寄せている。そこでは、〈華族に与えられた勅諭の義務を果たすため、華族会館を設立したことは嬉しく思うが、その後会館の目的が立たないのは、会館から離脱する者や、参加しても傍観する者など、会館の盛衰興廃に関心のない者がいる〉（『華族会館誌』上）からだと指摘する。そして「館事振起ノ方略」の意見を出してほしいと要望した。

この求めに有力な華族たちは応じている。七月十八日に武家華族の松平信正《のぶまさ》は、天皇が会館に行幸して勅諭を賜うことを希望した。また八月二日には公家華族の万里小路通房《までのこうじみちふさ》、壬生基修、武者小路実世《むしゃこうじさねよ》、武家華族の秋月種樹、竹腰《たけのこし》正美、山内豊誠が、〈華族会館は私立であるため華族を管轄する権利がなく、会館から離脱したり、会館に加入しない華族が出る〉、そこで〈華族が協力して奮起することを奨励する勅諭を下賜してほしい〉(「三条実美関係文書・書類の部」)と述べている。

国家の機関ではない私立の集会場に参加する意義がどこにあるのか。私立である華族会館は、将来の目標が定まっている者と、無気力な者の双方から、十分な支持を得ることができなかった。その欠点の解消を天皇の勅諭に求めたのである。ところが、右の回答を受けた三条は、Ⅱの一「正親町三条実愛の努力と限界」で先述したとおり、左大臣島津久光の建言問題の対応に追われ、会館の運営調整にまで手を回す余裕がなかった。

そこで九月十五日、三条は柳原前光に三大臣の代理として会館改革をおこなうことを依頼した。行幸および勅諭については、十月二日に岩倉邸に柳原、徳大寺実則、東久世通禧《ひがしくぜみちとみ》と、華族会館の設立発起人である通款社と麝香間祗候たちが集まり、最終的な段取りが決められた。ここでも三条は欠席し、岩倉や柳原に任せている。そして十月七日、天皇が華族会館に行幸し、「華族一般嗣後此館ニ従事シ、協同勉励学術ヲ研精」(『華族会館誌』上)することを望むという勅諭が与えられた。

この勅諭に対して三条は「聖意ヲ遵奉シ益以テ協同勉励、皇室ニ尽ス所アラントス」(『華族会館誌』上)と奉答の文章を読み上げている。つまり、天皇は華族たちに会館に参入して勉励することを望み、華族を代表して三条はその意向に応えることを約束したのである。華族会館は単なる私立機関ではなく、奉勅の館と位置づけられた。これにより会館運営をめぐる紛糾は治まる。折しも久光の建言問題に終止符が打たれた時期と重なる。三条は頭痛の種であった両問題から解放されたのである。

宗族制度の創出―一族から宗族へ―

本書の冒頭でも説明したが、明治九年八月の『華族類別録』の仮編纂により華族の一族は宗族へと名称を変化させた。これは単なる名称変更ではなく、従来の公家の一族と、武家の一族とを結合し、公武間の相互協力を意図した制度化であった。

宗族制度の創出の原因としては、明治九年八月公布の金禄公債証書発行条例により、従来の家禄が廃止されたことが考えられる。実際、明治十年七月段階で全華族の負債額は二百十五万円に達しており、それを解消するため宮内省が資金を貸し付ける救済措置を取った。つまり、経済的に困窮する公家華族や武家華族たちを、経済力のある華族と結びつけることで保護しようとしたのである。

だが、三条実美や岩倉具視が宗族制度を想起した理由は、他の華族たちが経済的に困窮する状況を見捨てておけないという思いだけだったのかという疑問が湧く。彼らにとって華族の存在を重視していたことは当然だが、正義心だけで積極的に動いたとは思えない。明治八年二月に岩倉の一族である久我《こが》家、九月には六条家の借金問題が浮上し、また久世家の生活も苦しく所有財産の処分を余儀なくされていた（刑部芳則「京都公家華族の負債問題」）。このように岩倉にとっては、村上源氏の一族が危機的状況を迎えたことが宗族制度を想起させる素因になったと考えられる。

それでは三条はどうであったかというと、Ⅱの三「東三条公恭《きんあや》の栄光と挫折」で述べたとおり、宗族制度の直前に三条家は家令の資金運用から存亡の危機に追い込まれた。尾崎三良や伊藤博文たちの協力によって三条家は危機一髪から救われたが、この経験は三条に華族の経済的困窮の怖さを感じさせた。つまり、三条や岩倉にとっても他人事ではなかったため、自分たちの一族を含む全華族の同族的結合を必要としたのである。

こうした分析視角を見失って宗族という制度内容だけを検討しては、華族の本質に迫ることはできないだろう。明治九年三月の三条家宗族の「宗族結約書」では、宗族長および幹事を選び、毎年春秋二回の「集会」、その他にも「懇話」を目的とした「集会」を開催するとしている。ここからは、従来疎遠であった公家と武家の懇親を深める底意が読み取れる。この「集会」と称する宗族会議では、華族各家の安泰を図ることを前提とし、家政の存亡にかかわる家督・隠居・結婚・離婚・養子・廃嫡・借金について協議した。また「宗族予備貯蓄金仮条約」では、各家銀行利子の五分の一、または十分の一を貯蓄し、非常時に備えさせた。

宗族の類別を示す『華族類別録』は、明治十一年十月に刊行されている。全華族を先祖別で七十四類に分け、各類に公家と武家を配置した。三条家は第五十三類「神別」の「藤原朝臣」と位置づけられた。従来の三条家庶流の十二家に、武家華族である戸田家の六家と、維新後に還俗《げんぞく》して堂上《とうしょう》格になった奈良華族の二家が加わった。さらに明治十五年に三条家の分家（明治十九年に東三条と改姓）が追加された。

その宗族の顔ぶれは、序章で紹介したとおりである。すでに宗族の嵯峨実愛、後継者から宗族に転じた東三条公恭について述べたが、この後では、それ以外の宗族と三条の関係に触れる。

力を持て余す尊攘派公家―滋野井実在・公寿・実輝―

華族としての方向性を見失う者は、三条の宗族にもいた。それが滋野井《しげのい》公寿《きんひさ》である。宗族でありながら家来に姉小路《あねがこうじ》公知《きんさと》を殺させた容疑者として名前があがったことを覚えているだろうか。幕末には尊攘派公家として個

図36　滋野井公寿

性的な行動を起こすが、そうした力は開国後の明治時代には空回りしてしまったようである。

　滋野井の父実在は、文政九年（一八二六）七月二十七日に阿野実典の三男として生まれ、滋野井為国の養嗣となった。実在は天保十一年（一八四〇）三月二十八日に侍従、嘉永二年（一八四九）閏四月九日に左権少将、安政四年（一八五七）五月十五日に左権中将と昇進し、文久三年（一八六三）二月十四日には国事寄人に任じられ、八月十八日の政変では差扣《さしひかえ》となっている。明治三年十二月二十二日に宮中勤番、同四年十一月二十九日に宮内省九等出仕になるが、同五年七月二十五日に九等出仕を免じられると、同九年十二月二十六日に淑子《すみこ》内親王家祇候を命じられるまで官職に就いていない。そして明治十一年四月三十日には隠居し、八月十一日に死去する。

　右で見ても明治政府の要職を経験した形跡は見られない。彼の跡を継ぐ天保十四年六月四日生まれの公寿は、慶応四年（一八六八）正月に相楽総三《さがらそうぞう》を隊長とする赤報隊《せきほうたい》が組織されると、綾小路《あやのこうじ》俊実（のちに大原家の継養子となり大原重実《しげみ》と改名）とともに同隊の盟主に任命されている。おそらく滋野井の血気盛んな性質が買われたと思われる。その後、滋野井は、慶応四年四月二十四日に佐渡裁判所総督、十月二十八日に甲斐府知事を歴任するが、明治三年十月十七日に知事を辞任し、同月三十日に宮中勤番に転職するも、十一月十日の勤番制度の廃止によって職を失う。明治十年四月七日に淑子内親王家祇候、翌十一年五月二十八日に宮中祇候に奉職するが、いずれも常職を持てない華族の救済措置として設置された官職であった。明治十一年四月三十日に家督を相続し、六月六日に京都府から東京府へ貫族替えをおこなったが、同十六年十月二十五日に宮中祗候を辞職してからは官職に就いた形跡はない。

そして問題となる実輝は滋野井家の家系図や履歴にも記載されていないため、彼の経歴はわからない。史料上では実在の孫実輝とはあるものの、公寿の子とは記されていないため、公寿の兄弟の子供かもしれない。実輝は不行跡を起こし、明治十年十一月二十六日に華族懲戒例の処分を受けている。不祥事発覚後に公寿が東京に移って家督を継いでいるのも、実輝の事件によるものと思われる。

さっそく三条の宗族たちは協議している。河鰭実文や三条西季知《すえとも》は、三条に滋野井家の処分案に依存がないことを伝えた。その内容は高松保実《やすざね》と実村《さねむら》の父子からの書翰によって確認できる。明治十年三月十四日付の書翰で高松保実は、まず実在を処分し、次に実輝を処分しなければ条理が立たないと主張する。また実村は、三条に宛てて実輝の位階返上に依存はないが、後になって返上に不服を申し立てるようなことがないよう注意した。

Ⅱの三「東三条公恭の栄光と挫折」で述べたが、官等や勲等を持っていない公家華族とって位階は唯一の参内資格を示すものであった。その重要である位階を喪失してしまっては、華族の立場を失うのと大差はない。華族懲戒例の処分を受けたことにより、実輝は位階を失い、平民籍へ編入させられたと考えられる。実際、『平成新修華族家系大成』の滋野井家系図を見ても、実輝の名前は確認できない。

それでは実輝はなにをしたのか。七月一日付で奈良華族の中川興長が三条に宛てた書翰には「滋野井様御家族御救助金弐拾壱円正ニ領収致」(「三条実美関係文書・書翰の部」)とある。公家華族によく見られる借金返済に困っての事件に違いない。滋野井実在は、明治九年に宮内省から千七十二円を拝借していたが、それとは別に実輝が他方から借金したのだろう。滋野井実在と公寿の父子は、幕末の政局では尊攘派公家として行動していたものの、明治政府では要職に就くことができず、孫の実輝は不行跡を起こしてしまった。現存する史料からは、三条は滋野井から迷惑をかけられても、助けられることはほとんどなかったように見える。

公家華族の就職斡旋―高松保実・実村・公村―

滋野井の処分について発言していた高松保実と実村の父子であったが、実村の息子公村も明治十年九月十九日に「遊惰不行跡」という理由により華族懲戒例の処分を受けていた。自分のことは棚に上げてだが、高松家は苦しい生活を強いられた。文化十四年（一八一七）十二月一日に生まれた高松保実は、公家だから年齢に応じて位階は昇進するが、幕末に就いた官職は嘉永六年三月二十五日に任命された大膳権大夫だけである。そして明治以降は勤番制度に就くこともなく、明治九年十月十八日に隠居し、同十一年九月二十四日に死去した。

天保十三年五月二十七日に生まれた実村は、元治元年（一八六四）六月八日に刑部大輔《たいふ》、慶応元年正月二十五日に左兵衛権佑を務めた。そして新政府が発足すると、慶応四年正月十七日から甲信地方に草莽隊である高松隊として出撃した。正月二十六日には帰京命令が出るが、それを無視して進軍したことが問題視され、三月六日に帰京すると謹慎処分を受ける。明治元年十一月二十三日には皇太后宮少進として復帰し、廃藩置県後の明治五年十一月二十三日には若松県出仕を命じられた。

図37　高松実村

若松県では庶務課や地券掛といった行政事務にかかわり、明治七年九月二十七日には若松県十三等出仕から内務省十四等出仕に転任した。東京に戻った実村は、明治八年十月二十三日に図書寮《ずしょりょう》十四等出仕、翌九年四月六日に図書権少属、十七日に内務権少録と転々としながら、十月十八日に家督を相続する。父の保実は無職であったから、高松家の家計は実村が担っていたといえる。だが、明治十年一月十一日には図書局事務取扱が廃官となり、無職を余儀なくされる。

そのような折に起きたのが公村《きんむら》の「遊惰不行跡」であった。安政二年六月八日に生まれた公村は、明治二年正月二十日に皇太后宮権大進となり、翌三年五月四日から東京勤学を命じられ、明治十二年一月十四日に宮内省十七等出仕、十二月二十五日に宮内九等属となっている。宮内省への奉職は、華族懲戒例の処分を受けた直後であるため、下級職の属官とはいえ公村は恵まれていたといえる。だが、特別措置とも見える公村の登用には、三条の斡旋があったのではないかと推測される。

推測する根拠は高松実村が三条宛てに自身の就職斡旋を依頼していたからである。明治十五年四月二日付書翰で大蔵九等属の高松実村は、「過日来小生モ所労大ニ入費相嵩ミ」、「当節費用計相増シ自然ト節倹モ行届不申《もうさず》甚困難罷在《まかりあり》」（「三条実美関係文書・書翰の部」）と、体調が悪く費用が嵩む状況を説明し、三条に資金援助を申し入れている。すでに高松は大蔵九等属に再就職していたが、三条は彼の生活安定を考えて農商務省で勤務できるように動く。

図38　高松公村

三条の動きに対して高松は、四月六日付の書翰で「御用掛ト申名義ニ被仰付《おおせつけられ》度」（「三条実美関係文書・書翰の部」）と、注文をつけている。御用掛は奏任官であったから、下級職員である判任官にはなりたくないというのである。高松のわがままはとおらず、大蔵属から農商務省へ転じることはできなかった。この流れに鑑みると、これまで高松が就任してきた属官も、三条の斡旋によって得られたものと考えられる。

滋野井および高松との関係からは、明治十年代になると宗族の欠点が顕在化し、それを三条が処理するようになっているのがわかる。三条にとって宗族は、いざというときの恃《たの》みとはならず、常に擁護しなければならない存在であったといえる。

惜しまれる早世―武者小路実世―

華族会館の研究会である金曜会に所属する華族たちは会館の改革を求めた。三条実美との関係でいえば、金曜会には息子の東三条公恭の他に、宗族の武者小路実世が所属していた。華族会館の運営に尽力した武者小路は、嘉永四年十二月二十一日に実建《さねたけ》の二男として生まれた。明治三年六月十日に東京での勉学が命じられた。そして、翌四年から七年までドイツへ留学している。

図39　武者小路実世

帰国後の明治九年九月十二日に兄の公香《きんか》が死去すると家督を相続している。翌年の西南戦争では華族総代に選ばれ、征討総督本営および参軍将校慰問のため、九州の戦地へ派遣されたことは先述した。その後、明治十二年八月二十三日に司法省御用掛、同十四年六月二十三日に判事、同十六年二月一日に参事院御用掛、同十七年五月二十二日に参事院議官補と、司法官僚の道を歩んでいる。このような海外留学後の経歴は東三条公恭と同じであり、武者小路が公家華族のなかでも優秀であったことが知られる。

もっとも武者小路は東三条のように身持ちを崩すことはなかった。同家の史料は大正十二年（一九二三）九月一日の関東大震災で焼失しており、彼の奉職ぶりを具体的に見て取ることはできない。明治十八年十二月二十二日に参事院が廃止されると、ここで彼の官僚人生はおわっている。おそらく体調不良が転任を妨げたのだと思われる。武者小路は、明治二十年十月二十七日に三十五歳の若さでこの世を去った。

彼の後継者は昭和期に外交官として活躍した武者小路公共《きんとも》だが、一般的には公共の弟で文豪の武者小路実篤《さねあつ》のほうがよく知られている。仮に早世しなければ、その後も実世は地道に行政官僚として活躍したであろうが、彼の最大の功績は公共と実篤という優秀な息子を遺したことではなかろうか。

外国での活躍―姉小路公義―

三条家の宗族で海外留学後に活躍した華族には、武者小路の他に姉小路公義《きんとも》が挙げられる。彼は万里小路博房《ひろふさ》の子として安政六年四月四日に生まれ、三条の片腕的存在であった姉小路公知の養嗣となった。姉小路公義も明治三年九月二十八日に東京での勉学を命じられ、同五年五月四日に宮内省九等出仕の任命を経て、九月十四日にドイツへ出発する。残念ながら現地での生活は確認できないが、彼の海外留学は十年以上もの長期間にわたった。

明治初期には公費留学が可能であったが、その後に東京大学や学習院などが開校されると、公費留学は高等教育機関の優等生でないと受けにくくなった。それ以外の手段は私費留学であるが、その学費が家政において大きな負担になることはすでに述べた。当然、長期にわたる姉小路の学費は、公費から私費への切り替えが余儀なくされる。

姉小路は明治十八年二月二十日に外務書記生としてドイツ公使館在勤を命じられ、同二十年一月十三日には小松宮彰仁《あきひと》親王とドイツ皇帝との謁見および陪食に随従し、翌二十一年二月二十八日に帰国する。この流れに鑑みると、私費を避けるためドイツ公使館勤務にしたことがうかがえる。三条の手元には公義のドイツ留学費に関して知らせる書翰が残されているため、三条が公義の現地在勤を斡旋した可能性が少なくない。

帰国後に姉小路は外務大臣秘書官に任命されるが、再びドイツ公使館書記官としてベルリン、イタリア、アメリカなどで在勤し、明治三十八年一月七日に四十五歳で死去する。公義は長い海外生活で修得した語学能力を生かし、公家華族では数少ない外交官としての一生を送った。公義は有能であったが、海外留学や在勤が長かったため、父公知のように三条の片腕となって彼を支える存在とはなり得なかった。

尊攘派公家の嘆き―押小路実潔―

幕末に尊攘派公家の一人であった押小路《おしこうじ》実潔《さねきよ》は、文政九年十一月二十一日に公連の二男として生まれた。彼の過激な論調は三条宛ての書翰で「大樹公上洛列藩参集国是御一決膺懲之廟算被為立《たたせらる》儀と恐察仕《つかまつり》候《そうら》得《え》共《ども》、万ニ一も期限御遷延ニ相成候者《そうらわば》掃攘之機会も被為在《あらせらる》間敷《まじく》」（「三条実美関係文書・書翰の部」）という主張からうかがえる。書翰には年月日が書かれていないが、内容から文久三年の将軍家茂の上洛直前であると思われる。押小路は攘夷実現の機会が失われないよう期限の確定を求めている。このような周囲から攘夷実行を期待する声が集まり、それに三条が応えているのがあらためて理解できる。

明治時代を迎えてからも押小路の尊王思想は変わらず、彼は「華族者国家之標準是非然祖宗以来積徳之故にて万民之模範ニ奉存候」（「三条実美関係文書・書翰の部」）などと、皇室の藩屛として国民の模範となることを望んだ。だが、押小路の履歴からは政府官職についた形跡は見られない。三条宛ての書翰からは、彼が長期的に病気療養している様子が見て取れる。体調を崩して自分が望むような仕事ができなかったと思われる。

病床の押小路は、新聞記事や知人からの伝聞を得ると、その情報を三条に知らせている。年月日は不明だが、「新聞上ニモ尊君之御事も相見へ候由承及候得とも、何レも御評判宜敷趣ニ伝聞　仕《つかまつり》　大幸此事ニ候、何レ借用書抜入御覧度」（「三条実美関係文書・書翰の部」）という。他者から新聞に三条を褒める記事が出ていたことを聞き嬉しく感じ、新聞記事を借りて抜き書きしたら見せることを伝えた。その一方では明治二十一年六月六日の『改進新聞』に掲載された官吏の腐敗を非難する記事を見ると、「新聞抜書一葉入尊覧候、記者之悪口トハ乍《もうしながら》　申右様之事を見受候てハ実ニ歎息」（「三条実美関係文書・書翰の部」）であると愚痴りながら、記事の抜き書きを送付している。

このように世情の動きに関心を示しているところからは、押小路が元気であれば自ら政治運動に参加したり、新聞報道に対して賛否を唱えたりしたかったのかもしれない。押小路から得られる情報には悪いこともあったから、書翰を受け取る三条の心情は悲喜こもごもではなかったか。押小路の書翰のなかには「小生義も大借ヲ引受遂ニ昨今之姿ニ相成、尊君へ御心配計相掛居候テ、公恭君之義ヲ申上居てハ実ニ不都合」（「三条実美関係文書・書翰の部」）と、恐縮しながら東三条公恭の負債問題を心配するものもあった。

ここで注目すべきは、前文にある「小生義も大借ヲ引受」とあるように、押小路も公恭のような負債返済に困る経験をし、三条に心配をかけていたことである。押小路は、明治九年に宮内省から千六十七円を拝借していたが、それでも足りなくなり他方から借金して首が回らなくなったのだろう。管見の限り史料がないため具体的な事情はわからないが、明治十四年二月二十五日に押小路は東京裁判所において身代限《しんだいかぎり》（破産宣告）の処分を受けている。そして同年七月五日に隠居しているから、これが「遂ニ昨今之姿ニ相成」という文言を指すのだろう。

負債問題の末に隠居となった押小路は、明治二十一年十一月に無職の息子公亮《きんあき》から「維新前より勤王ト歟何《か》ト歟申ムダ働キヲ致シ終難治ノ身ト相成候ハ、実以テ馬鹿々々敷所業」（「三条実美関係文書・書翰の部」）であるといわれ、「不当ノ申分」と辟易している。尊王攘夷運動が官職に就くこともできない馬鹿げた無駄働きだと決めつけられては、押小路の心中は穏やかではない。押小路は、自分は隠居の身、息子は不孝者であり、押小路家の将来は絶望的だと感じた。十一月三日の書翰で彼は三条に「私家立行候様御勘考願上候」などと、押小路家の行く末を考えてほしいと頼んでいる。

他人の要望に誠実に対応する三条であるが、普通なら自家のことは自分で考えてくれといいたくなるだろう。この押小路の自暴自棄とも見える要望にどのように応えたかはわからない。ただはっきりしているのは、尊攘派公家として政治的発言をしていた押小路は、明治以降に三条の政治的相談役にはならなかったことである。

興福寺と談山神社の保護

ここでは三条の宗族が協力しておこなった興福寺と談山《たんざん》神社の保存事業について述べることとする。明治十三年五月、維新後に還俗して堂上格に列せられた奈良華族の水谷川忠起《みやがわただおき》と松園尚嘉《ひさよし》が、興福寺の保護を願い出た。両興福寺の別当は、一条院と大乗院の院主が交互に務める慣例であり、水谷川は前者、松園は後者に該当した。両者は、明治初年の廃仏毀釈の影響により、興福寺は廃寺同様に荒れ果ててしまっているため、保護資金を集めて永久保存したいという。

有志による寄付金額を総額五万円とし、その資金を基本に政府の保護を受けながら維持する計画である。寄付金の集金方法は、①藤原氏の華族、それ以外の者、②官国幣社および寺院本山、③士族および豪農豪商、④その他の有志であった。まず藤原氏の華族を対象としているのは、次に見る興福寺の創設過程からわかる。

両者の願書によれば、興福寺は藤原鎌足が蘇我入鹿を討つ際に釈迦六像を造り、それを斉明天皇が鎌足の病気平癒を願って宇治に創設された寺に安置したのがはじまりだという。その後、天武天皇の遷都に際して奈良の高市郡に移し、さらに鎌足の子不比等が奈良の添上郡《そえかみ》に移して興福寺と改称した。ここからは興福寺が藤原氏と深い関係があることと、鎌足を祖先とする三条が頼りにされた理由がうかがえる。

三条にとって宗族という微視的に見れば九条家庶流の松園と、近衛家庶流の水谷川は一族ではないが、藤原氏という巨視的に見れば同族に違いはない。この申し出に三条が応じたことは、「三条実美関係文書」のなかに興福寺保存を目的として創設された興福会の「寄付金取集目録」が残っていることから見て取れる。その史料群からは、会長の九条道孝をはじめ、三十家三十一名の華族が確認できる（表4）。

三条の宗族が半数近くを占めていることからも、彼が興福会の設立の求心力となったことがうかがえる。清和源氏の立花種恭《たねゆき》と、桓武平氏の平松時厚を除けば、基本的に藤原氏の同族が参加している。立花は「一時的出金」であったから、正規の会員ではなく、なんらかの付き合いで協力したのだと思われる。九条が会長を務めたのは、大乗院の院主であった松園の主家にあたるからだろう。明治十四年八月二十一日、皇太后と皇后から年に二百円を十年間下賜することが伝えられた。興福会員からは毎年春秋の二回寄付金が回収され、金額の上は三十円、下は一円である。それらを合計して当初の目標額五万円に達したのかはわからないが、集められた資金を使って少しずつ修繕することになった。

表4　興福会の会員華族

三条家の宗族	公武	類別	出　　自
風早公紀	公家	53類	鎌足11第公季6代実行
三条公恭	公家		
三条実美	公家		
三条西公允	公家		
園池公静	公家		
戸田氏共	武家		
戸田氏良	武家		
戸田忠友	武家		
戸田忠行	武家		
戸田光則	武家		
戸田康泰	武家		
花園公季	公家		
武者小路実世	公家		

宗族以外の華族	公武	類別	出　　自
秋元興朝	武家	57類	鎌足12代道兼
井伊直憲	武家	49類	鎌足7代良門
石山基文	公家	58類	鎌足13代頼宗
大村純雄	武家	48類	鎌足7代長良
加藤泰秋	武家	46類	鎌足曽孫魚名4代高房
吉川経健	武家	44類	鎌足孫武智麻呂21代経義
九条道孝（会長）	公家	42類	鎌足17代忠通
四条隆謌	公家	45類	鎌足曽孫魚名
立花種恭	武家	15類	清和天皇皇子貞純親王王子経基8代頼朝
伊達宗徳	武家	46類	鎌足曽孫魚名4代高房
伊達宗定	武家	46類	鎌足曽孫魚名4代高房
徳大寺実則	公家	55類	鎌足11代公季6代実能
中山忠能	公家	60類	鎌足13代師実
平松時厚	公家	10類	桓武天皇皇子葛原親王子高棟
万里小路通房	公家	49類	鎌足7代良門
壬生基修	公家	58類	鎌足13代頼宗
柳原光愛	公家	47類	鎌足6代真夏
鷲尾隆聚	公家	45類	鎌足曽孫魚名

「三条実美関係文書・書類の部」国立国会図書館憲政資料室所蔵（北泉社マイクロフィルム，R58―69―5・6），霞会館諸家資料調査委員会編『華族制度資料集』（吉川弘文館，1985年）から作成．

三条のもとには談山神社からも右の運動とよく似た要望が寄せられた。談山神社は藤原鎌足と中大兄皇子が蘇我氏権力の打倒を談合した場所で、同社内の十三重塔は鎌足の子定恵和尚が建立したものであった。ここも廃仏毀釈の影響により、同社に出張してきた奈良県官員から、「官幣社ニシテ浮屠塔ヲ存置スル不都合ノ儀ナリ」(「三条実美関係文書・書類の部」)との理由で破却を要求された。これには宮司の説得によって難を逃れたが、明治十年には京都の神官たちの間で破却を求める声が起こった。そこで同年八月十六日、談山神社の宮司大矢田秋彦が内務省少書記官の足立正聲《まさな》に宛て十三重塔の保護を求めた。

この要望が足立を介して三条のもとに寄せられたのは、興福寺と同じく談山神社が藤原氏と関係の深い由緒を持っているからだろう。明治二十二年十一月の「談山神社遥拝次第書」には、公家華族や武家華族だけでなく、維新の功労によって華族に列せられた新華族も含めた二百七名の名前が明記されている。興福寺と同様に藤原氏を中心とした華族たちに協力を求めたことがうかがえる。

三条の死後の明治二十八年十一月四日、九条・鷹司・近衛・二条・三条・西園寺・醍醐・蜂須賀の華族たちは、談山神社周辺の景観を護るため「多武峯《とうのみね》公園」の設置を計画する書類を作成している。その文面には「曩《さき》ニ保存会ヲ組織シ旧面目ヲ維持セント努メ候モ容易ニ進捗セス、故ニ藤氏ニ関係ヲ有シ候モノハ痛憂ニ措《お》ク能ハス」とあるから、やはり興福会と同様の保存会が設置されたのである。だが、後文では十分な効果が得られなかったことが見て取れる。その結果はともかく、興福寺および談山神社の保存事業に際して、太政大臣の三条が宗族や藤原氏の華族の結束を図るのに、重要な役割をしていたことを忘れてはならない。

二　華族会館と華族制度

賞勲局総裁

欧州諸国では国家の功労者に賞与する勲章があったが、日本には官職に相当して与えられる位階しかなかった。位階は華族たちにとって重要な存在であったが、世界的に通用するものではない。欧州王室との勲章交換からも、勲章制度の創設は必要視された。そこで明治六年（一八七三）三月、太政官左院《だいじょうかん》の議官細川潤次郎ら五名にメダイル取調御用が命じられ、六月からは賞牌《しょうはい》取調専務に任命された大給恒《おぎゅうゆづる》が中心となって勲章の調査が進められた。

その結果、明治八年四月十日に勲一等から八等までの旭日章が制定された。日本の特色を表現するため、勲一等から六等までの旭日章は日の丸から光線が出たデザインであり、勲七等と八等は天皇から臣下に授与されてきた由緒のある五七の桐葉章であった。明治九年十二月二十七日に旭日章の上に大勲位菊花大授章（以下菊花章と略称）という旭日の縁に菊葉をあしらった勲章が新設された。

勲一等旭日大授章（以下旭一と略称）の授与は、明治八年十二月三十一日に八名の皇族が最初であり、臣下では明治九年二月二十二日の陸軍中将西郷従道《じゅうどう》に続き、十二月二十九日に三条実美と岩倉具視という順番であった。皇族はともかく、西郷が三条と岩倉の両大臣よりも優先して叙勲《じょくん》対象になったのは、彼がフィラデルフィア万国博覧会に出席することになったからである。諸外国からは、高等勲章を有さない代表者は低く見られる。その意味でいうと国家の宰相である三条と岩倉の両大臣が勲一等を有していないのは、外交上でも問題があったことはいうまでもない。

したがって菊花章は、明治十五年四月十一日に三条が臣下で最初に叙勲し、十一月一日に岩倉が受けている。一方で西郷が菊花章を受章するのは、明治三十五年六月三日であるから、皇族に続いて最初の旭一叙勲者には三条が予定されていたと見てよい。勲二等以下の叙勲は、明治十年十一月から西南戦争の勲功によってはじめておこなわれた。叙勲の選考は明治九年に賞勲局に置かれた議定《ぎじょう》官の管轄であり、長官に伊藤博文、副長官に大給が就任し、議定官には有栖川宮《ありすがわのみや》熾仁《たるひと》親王など三名の皇族、鮫島尚信《なおのぶ》、鳥尾小弥太《こやた》、土方《ひじかた》久元《ひさもと》、赤松則良《のりよし》が任命された。

図40　三条実美　明治５年制の服制図とは異なる文官大礼服を着用

この翌十年には議定官に山県《やまがた》有朋《ありとも》、西郷従道、川村純義《すみよし》、同十二年には榎本武揚、山田顕義《あきよし》、大山巌《いわお》が増員されており、薩長藩閥が色濃くなっているのがわかる。その間の明治十一年三月五日に太政大臣の三条は賞勲局総裁を兼任することとなる。これにより副長官の大給は副総裁へと移行したが、それまで長官であった伊藤は議定官に降格している。

当時は叙勲基準が明確でなかったため、陸海軍人のように細かい階級がない文官への叙勲が難しかった。明治十三年六月七日には議定官の選考による勲一等から勲三等の内定表が完成した。これを見た大給は、勲一等と想定していた東《ひがし》久世《くぜ》通禧《みちとみ》が勲二等であったことや、功労が少ないと思われた山内豊範《やまうちとよのり》と佐竹義尭《よしたか》が勲二等になっていたため、三条に再度議論の場を設けることを希望した。さらに九月に大給は三条に勅任奉職八年を勲一等の叙勲基準とすべきであると提案している。

大給は叙勲対象者の功労を十分に調査し、不満が生まれないよう公平性を重視する姿勢を心掛けた。だが、明治十三年十一月二日に予定されていた内定表にもとづく叙勲は、麝香間祗候の中山忠能《ただやす》、嵯峨実愛《さねなる》、中御門経之《なかのみかどつねゆき》に勲一等が授与されたものの、それ以外の麝香間祗候や文官叙勲は見送られた。翌十四年七月十六日に叙勲した東久世が勲二等であったように、大給の意見は採用されていない。

この間の三条の意見は見出せないが、彼は副総裁の意見を却下し、議定官の選考結果を採用したのである。大給の個人的な正論よりも、正規な選考機関を重視すべきであるとの判断に他ならない。正論であっても個人的な意見を採用し、選考結果を無視してしまっては、議定官の存在意義はなくなってしまう。仮に叙勲者から不満が出た場合、総裁と副総裁との独善的な叙勲と思われては弁明することが難しくなる。そのことを三条は理解していたように考えられる。

叙勲基準は、明治十六年一月四日に公布された叙勲条例と叙勲条例附則によって明確になった。この公布を待っていたかのように同年六月二十五日に三条は総裁を辞め、代わって柳原前光《やなぎわらさきみつ》が就任した。人の功労に優劣をつける勲章制度は、下手をすると受章者の不満を生むこととなる。叙勲基準が存在せず、議定官に薩長関係者が少なからずいれば、彼らのお手盛りでおこなわれているとの批判が出るおそれもある。そうした不満を抑止する存在として三条は総裁を兼任していた可能性が高い。その役割は後述する叙爵《じょしゃく》問題から裏づけられ、叙勲基準の明確化とともに総裁を辞めていることからもうかがえる。

明治十四年の政変

明治十四年三月、参議の大隈重信が左大臣有栖川宮熾仁親王に二年後の議会開設を求める意見書を提出した。その内容は六月二十七日に三条から参議の伊藤博文に知らされた。七月一日に伊藤は三条に「根本御確定之廟議無之」（『三条実美関係文書・書翰の部』）と、大隈が閣議での議論も経ずに意見書を提出したことに対する不満とともに辞意を示した。七月四日と五日の会談で、大隈が伊藤に謝罪したため、八日に伊藤は再び政府へ出仕するようになった。

立憲制をめぐる伊藤と大隈の不和は解消したものの、今度は開拓使官有物払下げ事件という新たな問題が浮上する。開拓使長官の黒田清隆は、北海道官有物の払下げを求め、民間で事業の継続を図ろうとした。三条は黒田の進退にも関するため、七月三十日の閣議で払下げを決定したと、病気療養で京都に滞在する岩倉に説明している。

この決定は三条の予想以上に政府批判が起こることとなった。閣議決定から一月後の八月二十九日付の岩倉宛て書翰で三条は、「開拓使一件ハ意想外之物議ニ渉リ、実ニ内閣中ニても痛心罷在《まかりあり》候」などと弱音を見せた。伊藤からは〈世情の物議が起こっているため、無理に払下げを実施するのは得策ではなく、中止したほうがよいのではないか〉（『岩倉公実記』下）との意見を受けた。そこで三条は、山形・秋田・北海道巡幸中の天皇が還幸したら実施か中止かを決定するから、それまでに岩倉に東京へ戻ってほしいと頼んでいる。

自由民権派の『東京横浜毎日新聞』で開拓使官有物払い下げ事件が報じられたことに加え、三条宛てには政府官僚たちの間からも払下げ中止を求める意見が寄せられた。官有物を三十年無利子で分割譲渡するという安価であったことや、払下げの対象者に旧薩摩藩の五代友厚がいたことが、払下げに対する批判の声を拡大させた。在野の民権家たちは払下げ決定を薩長藩閥の有司専制と見なし、早期の国会開設を求める運動を展開した。大隈の背後には、慶應義塾の福沢諭吉などのジャーナリストや、在野の民権運動家との交流があるとの風聞が起こり、次第に大隈を政府内から排除せざるを得ない雰囲気が醸成されていった。

そのような政治状況の背景では、中正党と呼ばれる天皇や宮中に影響力を持つ佐佐木高行《たかゆき》、元田永孚《ながさね》、土方久元たちが払下げ中止を求める運動を起こしていた。彼らは天皇親政を企図し、薩長藩閥の政府を牽制する。また華族たちも建白書によって諫言した。麝香間祗候の中山忠能、嵯峨実愛など大物華族を含む建白書では、勤倹を要望している。前年には政府の財源不足を米納によって補塡しようとする岩倉と、五千万円の外債募集に求める大隈とで対立した。天皇は勤倹の勅旨を出し、両案は勅許されなかった。この流れから中正党や華族たちは、積極財政を支持する大隈を冷やかに見ていた。

三条の手元にも多くの意見が寄せられたが、彼は意外にも目立つ行動をしていない。先述したとおり岩倉も東京を離れていたため、事態の収拾に尽力したのは伊藤博文であった。九月六日付で三条は、岩倉にあらためて帰京を促したが、その書面では伊藤、井上馨《かおる》、山県有朋、山田顕義、西郷従道たちと内談し、天皇の還幸後に決定する方針になったことを明かした。そして大隈が福沢と通じていることについては「一同憤激之模様」であり、大隈と「一和」は整い難く、必ず「内閣破裂之場合ニ切迫」（『岩倉公実記』下）するだろうと語り、その際には岩倉の力が必要であるという。

岩倉が東京に戻るのが十月六日、天皇の還幸が十一日である。この前後に伊藤は、黒田、岩倉を回り、開拓使官有物の払下げ中止、大隈の政府追放に関する説得をおこなった。さらに天皇への事実説明を経て、十二日に九年後の国会開設を約束する勅諭が出された。同時に払下げの中止、大隈の参議辞職も決定した。

三条は開拓使の払下げを決定したものの最終的には中止という、西郷大使派遣と同じ轍を踏んだ。だが、今回は参議が二分することなく大隈の政府追放という方針で結束し、それと引き換えに払下げの中止と、国会開設が約束されたため、三条太政大臣の責任を追及するような批判の声は上がらなかった。薩長藩閥間での対立が見られないこともあり、三条は事態の収拾を伊藤に期待し、岩倉に尽力を求める程度の動きしかしていない。

華族の軍人的役割

立憲制の実施に向けては、華族の役割があらためて問われてくる。明治十五年四月に三条は岩倉に「華族タル者ハ陸海軍人トナリ、軍隊ニ従事スルノ優レルニ若《し》ク者ナシ」と、華族の役割を軍務に求める長文の書面を書いている。とくに武家華族については、「武勲ヲ以テ家ヲ興セシ者ヨリ成リ、況《いわ》ンヤ軍隊ハ天皇陛下ノ直轄ニ属スル者」（『保古飛呂比』一二）と、軍人になることが当然のように述べる。三条の主張の背景には、文中で指摘するプロシアの貴族の多くが軍人であったことが影響している。

三条の宗族問題でも確認したが、華族たちは自分の思うような官職に就くことが難しかった。武家華族たちは、旧自藩はもとより旧他藩の士族たちと、同じ階級や下の階級になることを好ましく思わなかった。旧石高が五万石以上の武家華族は、第十五国立銀行に預金した禄券額の利子だけでも生活ができたため、無職の者が少なくなかった。福沢諭吉が華族の役割を軍務に求めたとき、多くの華族たちから反論が出たことはⅡの二「菊亭脩季《ゆきすえ》の夢と現実」で確認した。そうした意識をあらためようとしたのである。

さらに三条は、東久世通禧宛ての書翰案でも華族の役割について「法律ナリ、学術ナリ、技芸ナリ、之ヲ研究シテ国家ノ用タランコトヲ期スルハ当然ノ事」と前置きをしながら、「余カ冀望《きぼう》スル所ハ陸海軍務ニ従事シテ専国家爪牙干城ノ具《そなえ》タランコト」（「三条実美関係文書・書翰の部」）と述べている。つまり、それぞれの長所に応じた役職に就くことを認めるものの、なるべく陸海軍に従事することを望んだのである。

このような意見を三条が提示したのは、華族たちが「国民中貴重ナ地位」で「四民ノ上ニ立」という義務を必ずしも果たしていないことによる。立憲制の実施に向けては、華族の役割と資質の矛盾が顕在化した。その解決策として華族たちには、議会開設後の議員となるために勉励することと、軍務に就くため積極的に陸軍士官学校および海軍兵学校に進学することを望んだのである。議員と軍人が国民の模範となるものであったことはいうまでもない。

九条建議問題

国会開設が決まると、それに向けて中堅や若手華族の間で金曜会などの研究会が開かれたことはⅡの三「東三条公恭の栄光と挫折」で述べた。その一方では華族会館における議事機関としての役割に幕を引き、文化事業を中心とした懇親の場に限定しようとする動きが出てくる。それがここで述べる九条建議問題である。この問題は、明治十七年一月二十二日、九条道孝《みちたか》、中山忠能、嵯峨実愛、松平慶永《よしなが》、毛利元徳《もとのり》など十四名が連署して学習院の官立化を求める建白を宮内省に提出したことにはじまる。

これを知った三条は、二月二十日付の書翰で伊藤博文に「学習院一条は何卒勘考有之度、実は徴兵忌避之念より官校に転し候者も出来致候ては甚困却」（『伊藤博文関係文書』五）と心配を隠せないでいる。明治十二年の徴兵令改正では私立の学習院の生徒も在学中の徴兵猶予が認められていたが、政府はその猶予を官立に限ろうとした。その改正を察知した九条たちは、先手を打って学習院を官立化しようとしたのである。華族が軍務に就くことを重視していた三条にとって、華族たちの徴兵忌避は困りものであった。
この官立化は学習院学費の捻出方法をめぐって華族会館内で大問題へと発展する。学費を倍加して三万五千円を集める方法と、会館資本金二十万円の利子を充当する方法のいずれを採用するかであった。後者の方法は華族会館の運営の縮小化をもたらすことにもなるため、十一月二十七日の会議で廃案となっている。当時の会館会議は、金曜会の会員や、会館議員を務める中堅若手の華族たちが中心となっていた。彼らは帝国議会の開会が近づくにつれ、多数決で議事を進める会館の会議を重視した。会館から議事の訓練の場となる会議をなくすことはできなかった。

幕末から議事は多数決ではなく、お互いが納得するまで議論を続けるという方法を取ってきたため、九条たちは廃案を承服しなかった。十二月に九条ら二十五名の華族は、三条に「会館改良及学習院拡張ノ趣意書」を提出した。そこでは「共同歓楽ノ地」としては手狭なため会館を移転させることや、会館資本金を会館運営費とし、利子分を学習院学費とすることなどを記している。

図41　九条道孝

九条たちは、華族会館を帝国議会が開かれるまでの疑似機関と見なし、議会開設を機に華族が集会する娯楽施設として再編しようとしていた。この論理は、前節の冒頭で述べた、明治八年十月に天皇が行幸した際の華族の協和を図るという勅諭に適っていた。娯楽施設に目的を限定すれば、従来よりも経費を削減できるため、利子を学習院学費に回しても問題がない。彼らのなかには麝香間祗候が多く含まれており、いわば政局から現役引退を決意していた者の意見であった。

だが、帝国議会で議員を務めようとする大給恒などの会館議員や、武者小路実世などの金曜会会員は、会館会議の議事を議員活動の基本および訓練の場と重視し、それを廃止しようとする九条建議に反対する。この論理は、明治十六年五月十九日に天皇が再び会館に行幸して賜った「議事ノ体裁克《よ》ク整頓セリ、汝等一同勉励ノ効ヲ見ルニ足ル、爾後益《ますます》勉メヨ」（『華族会館誌』上）という勅語に合致した。九条建議問題は、自身の役割を文化事業に置くか、政治活動に求めるかという、二者択一を迫ったことにより騒動が拡大したといえる（刑部芳則『明治国家の服制と華族』）。そして騒動解決に三条は重要な存在となる。

華族令の公布

華族会館で九条建議問題が紛糾するなか、明治十七年七月七日に華族令が公布された。公爵・侯爵・伯爵・子爵・男爵が設けられ、華族間に格差が生まれることとなった。また宮内卿伊藤博文の意向により、維新の功労者や勅任官を長く務めた士族たちを華族に列した。彼らは新華族と呼ばれるが、この士族から華族を選ぶ提案には生前の岩倉具視が反対した。岩倉は華族を三等に分け、その下に士族を五等に分けることに固執していた。だが伊藤は、議会対策として華族の力量に危機感を抱いており、士族を新華族とすることで公家と武家の華族たちに刺激を与え、お互いに切磋琢磨させようとした。

華族令で重要な点は、華族たちにどの爵位を与えるかであ

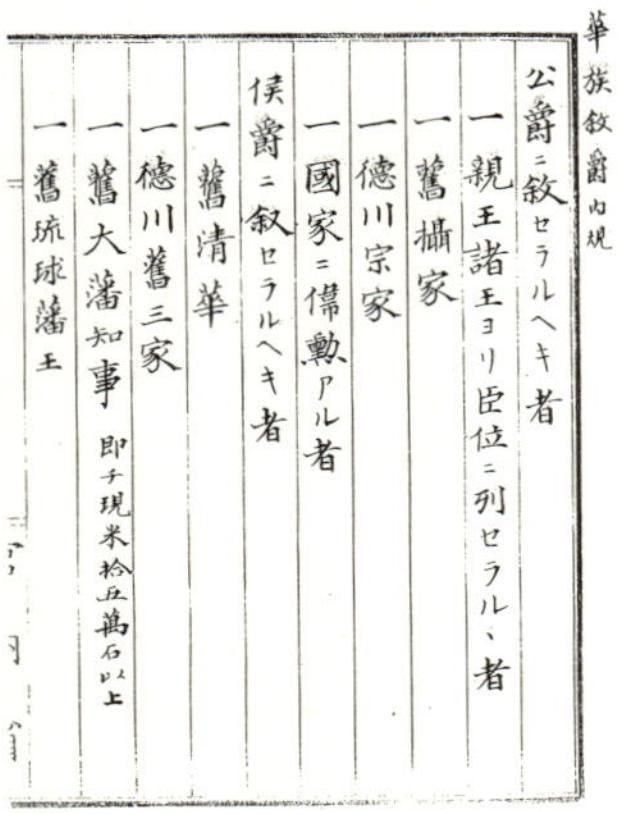
華族叙爵内規
公爵ニ叙セラルヘキ者
一　親王諸王ヨリ臣位ニ列セラルヽ者
一　舊攝家
一　徳川宗家
一　國家ニ偉勲アル者
侯爵ニ叙セラルヘキ者
一　舊清華
一　徳川舊三家
一　舊大藩知事　即チ現米拾五萬石以上
一　舊琉球藩王

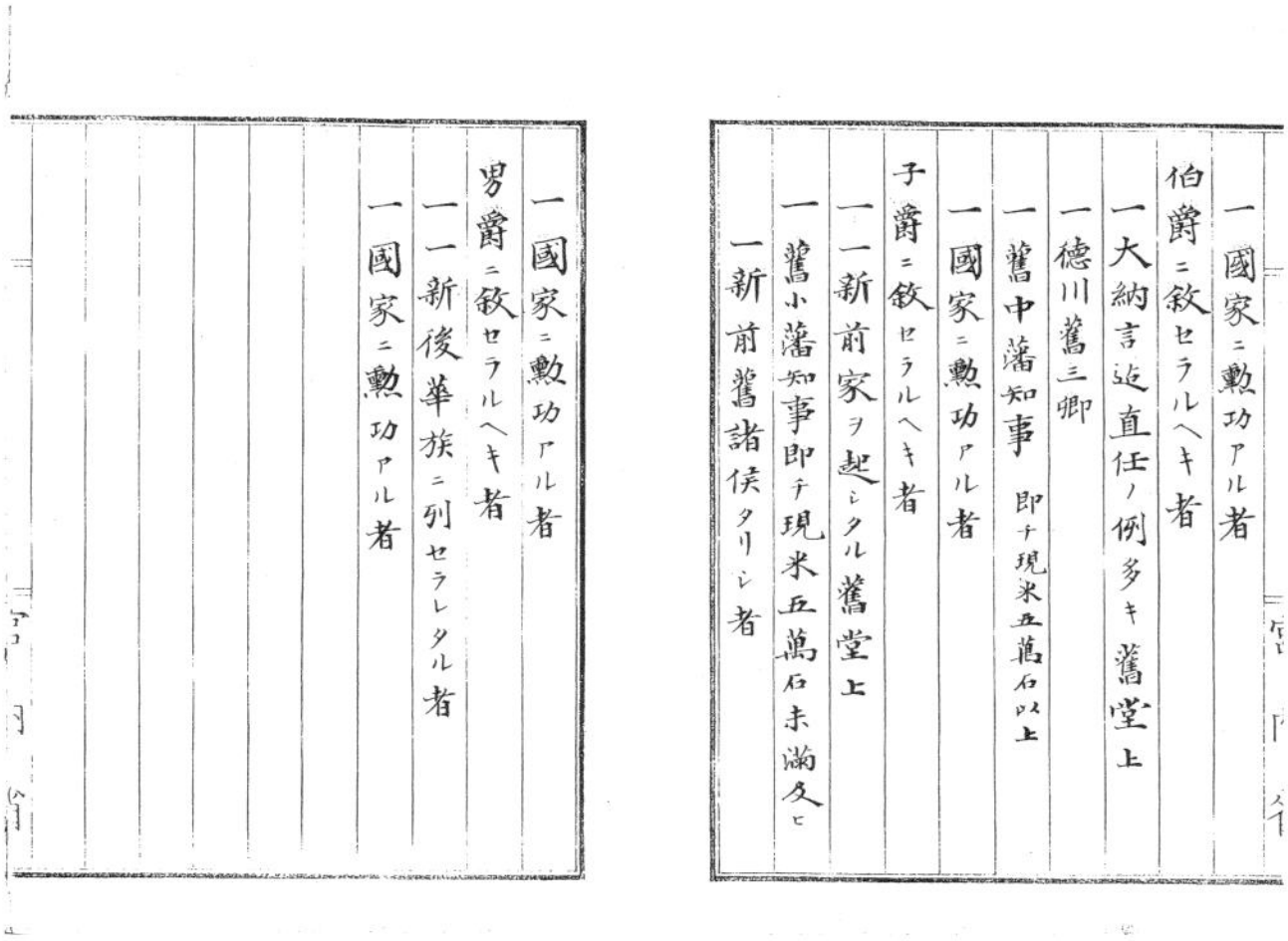
一國家ニ勲功アル者
伯爵ニ敘セラルヘキ者
一大納言迄宣任ノ例多キ舊堂上
一徳川舊三卿
一舊中藩知事 即チ現米五萬石以上
一國家ニ勲功アル者
子爵ニ敘セラルヘキ者
一一新前家ヲ起シタル舊堂上
一舊小藩知事即チ現米五萬石未滿及ヒ
一新前舊諸侯タリシ者

一國家ニ勲功アル者
男爵ニ敘セラルヘキ者
一一新後華族ニ列セラレタル者
一國家ニ勲功アル者

図42　叙爵内規

る。そこで明治十五年十二月に岩倉は内規取調局を設置し、華族制度を含めた諸法規の調査をおこなわせた。その他にも岩倉のもとで憲法草案などを起草した経験を持つ参事院議官の井上毅や、公家華族で元老院議官の柳原前光、武家華族で賞勲局副総裁の大給恒なども、それぞれ華族制度の基準を考案した。そうした考案書類は三条の手元に残されているから、彼が華族制度案について無知であったとは思えない。

とくに重要なのが明治十六年に考案されたと考えられる「叙爵基準」と、明治十七年七月の華族令の基準となった「叙爵内規」の違いである。「叙爵基準」で公家華族は、公爵を旧摂家、侯爵を旧清華家・旧大臣家、伯爵を旧公卿で連綿大納言に昇った家、子爵を旧公卿で中納言に昇った家・三位以上に昇った家格の者、男爵は旧公卿のなかで四位以上の家格の者とした。また武家華族は、公爵を徳川宗家・旧琉球藩王、侯爵を旧徳川三家・旧国主・旧大藩知事、伯爵を旧現高十万石以上の藩主、旧徳川三卿、子爵を旧現高十万石未満藩知事たりし家としている。

この内容は、明治十六年七月二十日に岩倉が病死すると内規取調局が廃止され、翌十七年三月十七日に伊藤が制度取調局を設置し、華族制度の再調査を進める過程で変更された。華族令の爵位選定基準となった「叙爵内規」では、公家華族の公爵は旧摂家、侯爵は旧清華家、伯爵は大納言まで宣任の例が多い旧堂上、子爵は一新前家を起こした旧堂上、武家華族の公爵は徳川宗家、侯爵は旧徳川三家・現米十五万石以上の旧大藩知事・旧琉球藩王、伯爵は旧徳川三卿・現米五万石以上の旧中藩知事、子爵は現米五万石以下の旧小藩知事とした。子爵と男爵の旧堂上の差異がなくなるなど全体的にスリム化が図られ、それにともない公爵の旧琉球藩王が侯爵に降格し、侯爵の旧大臣家や国王が消えている（この流れについては、浅見雅男『華族誕生』が詳しい）。

この「叙爵内規」は、華族たちに公表されていない。明治十七年七月七日に公爵から伯爵まで、八日に子爵と男爵の授爵式が宮中で挙行された。「叙爵内規」によれば清華家の三条は侯爵、羽林《うりん》家の岩倉は子爵となるところ、両家は維新の功労が加味されて公爵を授爵している。また高知の山内豊範と佐賀の鍋島直大《なおひろ》は侯爵を授爵したが、鹿児島の島津忠義《ただよし》、父で分家の久光、山口の毛利元徳には公爵が授与された。三条の宗族では、嵯峨実愛の息子である公勝《きんとう》、三条西公允《きんあえ》、滋野井《しげのい》公寿《きんひさ》、戸田氏共《うじたか》が伯爵、それ以外は子爵を受けている。

「叙爵内規」にはない男爵は、維新後に堂上格となった奈良華族や、神官華族および公侯爵の分家を対象とした。三条の宗族では、鹿園実博《しかぞのさねひろ》と北大路公久がそれに該当する。伊藤が最後まで苦慮したのが、自身を含む新華族の爵位であった。太政官三職である参議経験者の伊藤、井上馨、山県有朋、大山巌、黒田清隆、松方正義などを伯爵とし、それ以外の陸海軍の将官などを子爵とした。だが、参議の福岡孝弟《たかちか》が子爵であった点からは、薩長藩閥に有利な叙爵といわざるを得ない。

三条と伊藤の叙爵選定

右のような手段を採用した伊藤であったが、華族たちから爵位に対する不満の声が上がらないかという心配がなかったわけではない。その証左となるのが、伊藤が三条宛ての書翰で伊地知正治《いじちまさはる》、副島種臣《そえじまたねおみ》、吉井友実《ともざね》を伯爵か子爵かいずれを授与すべきか確認をおこなっていることである。七月三日に左大臣有栖川宮熾仁親王は、三条に「参議文武官」は伯爵、福岡孝弟は子爵とし、伊地知、副島、勝安芳《やすよし》、尚泰《しょうたい》の叙爵は後日となったことを伝えたが、十四日には「副島授爵一条御決定相成候哉」（「三条実美関係文書・書翰の部」）と聞いている。新華族の叙爵に薩長藩閥のお手盛りは否めないが、その決定に三条の判断が欠かせなかったことは見逃せない。

武家華族の爵位選考についても伊藤は三条を頼っている。七月七日付の書翰で現石十五万以下の真田《さなだ》幸教《ゆきのり》、松浦《まつら》詮《あきら》は小藩の部類だが、特別に中藩と見なして伯爵とするか、叙爵内規どおり子爵とするかの意見を求めた。一方同日付の伊藤宛て書翰で三条は、維新の功労によって長岡護美《もりよし》、岩倉具経《ともつね》、吉川《きっかわ》経健《つねたけ》を男爵ではなく、子爵を授与するつもりのようだが、「他の授爵者にも追々波及不致哉と懸念候。猶御勘考有之度」（『伊藤博文関係文書』五）と、再詮議するように指示した。

図43　伊藤博文

その結果、三者は維新後に堂上格となった奈良華族や、神官華族および公侯爵の分家華族たちと同じく、男爵が与えられた。ここからは三条が例外措置をなるべく避け、爵位授与の公平性を重視していたことと、爵位を受けた者から不満が出ないよう慎重に判断していたことが理解できる。そうした三条の性格および動きを伊藤は評価し、華族の選定基準に際しては独断ではなく、必ず意見を求めたのである。

華族は爵位を示す爵記を受けると、華族としての体面を傷つけないことを誓約するため、宮中の賢所《かしこどころ》を参拝することとなっている。八月七日には華族令で叙爵した最初の参拝がおこなわれるが、その際に伊藤は三条から華族の体面を保つよう説諭してもらったほうがよいのではないかと提案した。本来なら華族を管轄する宮内卿伊藤の役割であり、太政大臣の三条に任せるのはおかしな話である。だが新華族の伯爵伊藤の言説よりも、清華家の公爵三条のほうが、華族たちには影響力があると判断したのだろう。

伊藤が三条を頼った背景には、この華族たちに対する彼の影響力があったと考えられる。公家華族や武家華族たちが叙爵に不満を持てば、不本意な選定をした伊藤ら士族出身者に非難が集中する可能性があった。その不満を抑止する存在として、華族に影響力を持つ三条は重視されたといえる。

嵯峨実愛たちの不満

華族令公布の前日である七月六日、三条は宗族の嵯峨実愛を訪れ、華族と新華族を含めた爵位の差別について内談している。翌日の突然の発表ではなく、事前に知らせようとの親切心からであった。だが、その内容を聞いた嵯峨は愕然とした。生前の岩倉と相談してきたときに旧大臣家の嵯峨は侯爵であったのが、伯爵へと降格していたからである。これは前述の「叙爵基準」と「叙爵内規」との差異を見てもらえればわかる。三条が帰ると嵯峨は中山忠能邸に向かい、華族令の内容について不満を語っている。明治天皇の外祖父である中山は当初案と変更なく侯爵であったが、中山の母は嵯峨家から嫁いでいるため、天皇との血縁関係でも見劣りはしない。

当時は公表されていなかったものの、嵯峨は中山および中御門経之とともに「討幕の密勅」にも連署していた。嵯峨は、そのような維新の功労をはじめ、天皇との関係性や家格などを十分に調査もせず、叙爵を決めていると感じたのである。その不満は、翌七日の華族令公布によって全体像が見えることで増大した。嵯峨は、家格に差異のある東久世通禧と同じ伯爵になったこと、彼よりも維新の功労がある中御門が伯爵、大原重徳の跡を継いだ重朝《しげとも》が子爵というのに納得していない。

三条は嵯峨から、なぜ息子公勝が伯爵なのか、侯爵を叙爵するのが当然であるとの要望を受けたが、華族令の公布内容を突然変更することはできなかった。公布によって爵位を知った華族たちからは、嵯峨と同様の不満ともいえる要望が三条に寄せられてくる。松平慶永の後継者で伯爵を叙爵した茂昭《もちあき》の家臣である毛受洪《めんじゅひろし》は、慶永の維新の功労に鑑みて侯爵陞爵《しょうしゃく》を希望した。子爵を叙爵した亀井茲明《これあき》の家臣である多胡真強と清水格亮も同じ理由を挙げ、侯爵陞爵を願い出ている。子爵榊原政敬《まさたか》は、維新前まで十五万石の軍役を務めてきたものの、維新後に五万石に減少してしまった経緯を説明し、現状では千五百石満たないのだが、特別な配慮で伯爵陞爵を認めてほしいという。

新華族の叙爵に神経質になったように、維新の功労を「叙爵内規」にどのように加算するかは手の焼ける作業であった。三条と伊藤は、不満が出ないよう慎重かつ公平におこなったつもりでいた。だが、現実には「叙爵内規」による公平性を重視するあまり、必ずしも功労が評価されているとはいえなくなってしまったのである。これは伊藤らが「叙爵基準」から「叙爵内規」に至るまでの細かい誤差に気がつかなかったことにもよる。三条は、そうした欠点を埋める対応をしていく。

華族会館長としての期待

明治十七年十二月に華族会館内では九条道孝らが提出した「会館改良及学習院拡張ノ趣意書」をめぐり、会館改革を望む九条派と、それに反対する大給恒派とで意見が対立した。十二月二十六日、三条は会館の有力華族五名から意見を求めている。翌十八年一月二十六日の全華族の投票結果、学費倍額提出の賛成者百八十四名、会館資金からの学費充当に賛成する者二百二十四名と、九条建議は賛成多数となった。

だが、この票数に不満を持った大給派は、九条建議を会館会議の議事結果に求めた。その結果、出席議員二十九名のうち、二十六名が反対している。会館加盟華族の総意と、彼らの代議員である会館議員の総意とで賛否は分かれ、収拾がつかなくなった。三条は、中堅若手の華族たちが議事を占めて九条建議を批判し、長老華族たちと軋轢を生んでる状況を快く思わなかった。そこで三条は、伊藤に大給および東久世通禧を説諭するよう依頼している。三月五日に伊達宗城が会館長を辞任すると、後任会館長には四月十日に鍋島直大が就任した。

事態は一時収束したかに見えたが、明治十八年末に九条たちが会館改革を求めたため、再び議論が再熱した。九条派の浅野長勲《ながこと》は、議事で決まっても大給派は承服しないことを予測し、三条から華族たちに建議賛成へと誘導してほしいと頼んだ。三条は、浅野の求めに応じなかった。それは大給派の鍋島直彬《なおよし》（旧肥前鹿島藩主）からも九条派を説諭して建議を取り消してほしいと依頼されていたからである。どちらか一方に三条が加担すれば、華族間の分裂は必至となる。そのことを理解していたため、三条は軽率な動きを避けて静観を守った。明治十九年一月二十日の会館長選挙で、上杉茂憲《もちのり》（旧出羽米沢藩主）の百五十四票に対し、三条は百八十五票を獲得するが、三条は簡単に会館長に就任しなかった。

三条が会館長に就任したのは、二か月後の三月十五日になってからである。その直前の三月十二日付の書翰で浅野は、三条に「会館長御諾否之義其后如何御決心ニ被為在《あらせられ》候哉、何卒速ニ御承諾ニ被成《なられ》」と、選挙結果にもとづいて会館長に就任することを要望した。また鍋島も「此度投票多数ニ因リ華族会館長御担騰被下《くださる》候事ニ為成頗ル御迷惑トハ奉案候得共、小生ニ於テ帝室ノ御為メ、同族ノ為メ欣喜之至」（「三条実美関係文書・書翰の部」）と、投票多数で選ばれたことは迷惑かもしれないが、皇室や華族たちのため喜ばしいことであるという。

三条は九条派と大給派の双方から会館長に就任し、建議問題を解決することを期待されたのである。これは華族間が分裂するような大問題に際しては、旧大藩諸侯である伊達、鍋島、上杉たちでは解決できず、それができる三条は余人をもって代えがたい存在であったことを示している（刑部芳則「華族の期待と三条実美の政治行動」）。三条会館長は、九条建議の文言を若干修正させた。そして会館の機能は限定せず、会議場にも娯楽施設としても使えるものとしたのであった。

三　内大臣の役割

内大臣に就任

明治十八年（一八八五）八月から政府内の伊藤博文や井上馨の間では内閣制度への移行が図られた。三条は内閣制度に反対ではなかったものの、急激すぎると難色を示した。薩長藩閥の均衡に配慮する三条は、左大臣に伊藤、右大臣に黒田清隆を就任させ、その上に自身が太政大臣として統御する立場を望んだ。ところが、右大臣就任に黒田が了承するものの、伊藤は左大臣就任を固辞した。三条は「只壱人黒田を右大臣に挙げ、自分尚困難を受け」（『伊藤博文関係文書』一）ると、左大臣の就任を依頼したが、伊藤は説得に応じなかった。

このような状況から黒田も自分だけを押すことに疑問を感じ、一度は了承した右大臣就任を拒否するようになる。伊藤の左大臣辞退は、三条の構想を行き詰らせ、内閣制度への移行を推進するための作戦であった（佐々木隆「内大臣時代の三条実美」）。代わりに大木喬任《たかとう》を右大臣にする案も浮上するが、それを三条は望まなかった。伊藤と黒田の両大臣策、黒田単独起用が困難になっても、三条は太政官制の維持を諦めていない。十一月二十五日付の書翰で三条は井上に伊藤の単独起用を依頼している。だが、内閣制を望む伊藤が三条の現状維持を承諾することはなかった。

最終的に手詰まりとなった三条は、薩長藩閥による内閣制度の創設を認めざるを得なくなる。また伊藤に反感

図44　三条実美　明治17年制の有爵者大礼服を着用

を持った黒田の入閣が危ぶまれると、その調整役を三条が務めている。伊藤は現実的な政治は大臣ではなく、薩長の参議にあると自負していた。だが、薩長藩閥間に瑕瑾《かきん》が生じた場合、修正する存在として三条は貴重であった。十二月十五日から内閣の人選がはじまるが、三条は伊藤にこれまでの経緯を薩長関係者以外の参議にも説明するよう指示している。

そして十二月二十二日、太政官制が廃止され、代わって内閣制度が創設された。初代内閣総理大臣には、すでに七日に内勅が下っていた伊藤博文が就任した。三条は、十四年間の長きにわたって務めてきた太政大臣を免じられ、新たに設置された内大臣に就任する。内大臣は宮内大臣の上に置かれた官職であり、宮中府中の区別から直接政治には関与しない。内大臣の職制は、御璽《ぎょじ》と国爾《こくじ》を管理し、常時輔弼《ほひつ》することであった。だが、実際には御璽と国爾の管理は侍従であり、天皇の側近として常時輔弼することもなかった（西川誠「明治期の内大臣」）。

尾崎三良たちの心配

太政大臣を退いた三条の周辺には、以前に比べて訪ねてくる人数が減ったようである。そして官邸からも立ち退きを余儀なくされる。明治二十年三月二十四日、尾崎三良《さぶろう》は柳原前光《やなぎわらさきみつ》と「条公此度官邸立退ノ儀」について相談している。尾崎は、〈三条は政治責任から解放されると、各大臣たちから軽く扱われ、このままでは名誉に傷がつくことになる〉という。それを避けるため、尾崎は土方久元《ひじかたひさもと》、東久世通禧《ひがしくぜみちとみ》、清岡公張《ともはる》と、三条の進退について相談を重ねている。

彼らは文久三年（一八六三）八月の政変で三条が長州に追われ、九州太宰府に移転されてからも行動を共にした仲間であった。この時期に三条の立場に危機感を持つことで再び結束力が顕著になる。三月三十日に彼らが三条に対して進言した内容を要約すれば次のとおりである。〈三条は一昨年の官制改革により天皇を輔弼する立場になく、いずれは内大臣も廃止されるのではないか。だが、薩長が対立するときが来るかもしれず、そのときには三条のような調和できる人物が必要であるため、その有事に備えて今は勇退すべきである。「高踏風月」を楽しめば、各大臣たちから尸位素餐《しいそさん》との軽侮を受けることもないだろう〉。

三条の名誉維持を期待しての進言であった。これを受けた三条は感激に堪えないことを告げた上で、「安然奉職」するのは「徒《いたず》ラニ禄位ニ恋々タルニアラズ」、「各大臣ノ愚弄ヲ甘ンジテ居ル訳ニモアラズ」と、現状に満足しているのではないと答えている。三条には「深キ勘《かんが》ヘノアルコト」であったが、「猶篤ト勘考ノ上兎角ノ返答

図45　土方久元

図46　清岡公張

スベシ」と、心意を明確にはしなかった。そのため尾崎らは「アノ口気ニテハ迚《とて》モ決心ハ六ケシ《（ママ）》」と受け取り、三条の優柔不断な性質としか見なかったようである。

　その後も清岡は諦めず四月十一日まで懇切に勧告を続けたが、三条は「言ヲ左右ニ寄セ、諫争ヲ規避」した。尾崎、東久世、土方、清岡は五月二十四日にも再び三条に勇退するよう勧めている。また尾崎は外務大臣井上馨の推進する条約改正交渉が日本にとって不利であり、このままだと国家が危機に直面する場合のあることを主張した。そのため三条は勇退し、そのような事態になった場合に再出馬する余力を持たなければならない。もし勇退しないのであれば、内大臣としての「常時輔導」の任務を果たすべきである。宮内省を改革して数人の人材を精選し、それらが内大臣と「同心協力」して政治の弊をなくすべきだと説く（『尾崎三良日記』中）。

　数人の人材の精選とは、尾崎らを指していたのだろう。三条に政治的実権を持たせ、彼らが縁の下の力となって薩長藩閥政権を牽制しようとしていたと考えられる。この動きが実現すれば、明治十年代初頭に佐佐木高行ら侍補勢力が天皇親政を期待し、参議の伊藤博文らと政治的対立を生んだことが再び起こる可能性がなかったとはいえない。少なくとも三条は、そのような状況になることを望んではいなかった。後述するとおり、彼は薩長藩閥に政治を任せながら、いざ両藩閥間に対立が生まれるようなことがあれば、その調停者になる自信があった。また内閣とは分けられた宮中関係に内大臣として徹する役割を自負していた。そのことを明言しないところが彼の政治戦略であった。その底意を尾崎たちは十分に汲み取れなかったため、三条の態度を優柔不断としか判断しなかったのである。

三条邸での会合

尾崎たちが心配した背景には、当時の外交問題が影響していた。外務大臣の井上馨は、条約改正の実現に向けて、外国人の接待所である鹿鳴館を竣工させ、東京市街に洋風建築の官庁集中を計画するなど、急速な近代化の政策を推進した。また内閣総理大臣の伊藤博文は、宮内卿として女子洋式礼服を宮中に取り入れるなど、憲法制定および議会開設に向けた各種制度の整備をおこなった。

ところが、伊藤と井上の両者を中心とした政策に対して快く思わない者もいた。その不満が爆発する契機となったのが、明治二十年四月二十日に総理大臣官邸で伊藤が主催となって開かれた仮装舞踏会である。民権派の新聞は、この日の深夜に伯爵戸田氏共の妻極子《きわこ》を伊藤が強姦したという醜聞を掲載した。その真意は定かではないが、女性好きの伊藤の欠点をついていた。仮に悪い噂だとしても、三条にとっては宗族の夫人に手を出されたわけだから、面白くはなかっただろう。明治十六年からは井上が主催となって、毎年十一月三日の天長節祝賀夜会を開いていた。そのため右の醜聞は、外国人を招いて盛大な宴会を催す政府の方針に対する批判の的となった。

また招待客の各国外交官との間で井上が進めている条約改正の内容についても注目された。尾崎らは井上の条約改正案の外国人が原告や被告の場合に大審院や控訴院に外国人判事を採用することと、法律施行前に外国人の検査を必要とする内容に反対であった。尾崎、土方、東久世、清岡は、明治二十年六月十一日から毎月十一日に三条邸で会合を開くようになる。彼らは三条を介して憲法案や条約改正に関する情報を得ようとした。七月十一日の会合には柳原前光が加わり、ボアソナードの意見書を輪読した。十五日に尾崎たちは条約改正案、ボアソナード意見書に対する井上の弁駁書、農商務大臣谷干城《たにたてき》の条約改正反対意見書を見せられている。

三条は情報提供を求める尾崎たちの申し出を断っていない。七月二十二日付の伊藤宛て書翰では「条約改正草案内見致度志願之者も有之候。右は内々拙者心得にて密に披見相許候而も不苦哉」（『伊藤博文関係文書』五）と、内々に条約改正草案を見せてもよいか確認を取っている。すでに見せているのだから事後確認にすぎない。外国問題の重要事項が外部に漏れるのを井上は快く思わなかった。伊藤からの問い合わせに対し、井上は見せてはならないと反対している。つまり、三条は両者の意向を無視し、独断で尾崎たちに提供していたのである。

先に述べたとおり、三条は政府のなかでも薩長藩閥の関係を重視し、とくに長州閥との繋がりが深かった。だが、伊藤と井上の両者の政策を世情で批判する声が大きくなり、三条の側近者の間からも同様の意見が出てきた。この状況を受けた三条は、両者を特別に擁護しようとしていない。多数派の反対意見も取り入れながら、公平な視点で政策を再検討していたと考えられる。三条は、その判断材料として信頼を寄せる側近者たちに、国家の重要書類を内見させたのである。

新華族誕生の監視役

内大臣の三条は必要に応じて参内するだけの存在ではなかった。華族令の制定前に三条は意見を求められていたが、その後も叙爵選考に関与し続けた。明治二十年五月九日、大隈重信、板垣退助、勝安芳《やすよし》、後藤象二郎に伯爵、土方久元・田中光顕《みつあき》・清岡公張など十三名に子爵が授与された。これより前の四月十四日付の伊藤博文宛の書翰で三条は、「前日御内談之通御運之事なれは一応人名御内示有之度」（『伊藤博文関係文書』五）と、叙爵対象者の確認を求めた。

このうち民権運動を展開する板垣は叙爵を固辞していた。三条は伊藤に天皇の「御沙汰」を固辞されたのでは皇室の権威にかかわり、また固辞する板垣も「罪人」のような立場になるから、無理に叙爵しないほうがよいと進言した。ところが、帝国議会の開設を視野に入れた伊藤は、板垣を華族として取り込んでおく必要性を感じており、三条の意見を押し切って叙爵させたのである。ここで三条は譲歩を余儀なくされたが、伊藤と叙爵について相談していることには留意を要する。

そして明治二十年四月三十日付の伊藤宛ての書翰で三条は「勝、大久保等之義は敢而《あえて》異見も無之候。唯高知県士にて清岡、田中は土方同様之地に御取計」（『伊藤博文関係文書』五）と、勝と後藤の伯爵には異論がないが、田中と清岡を同爵にするようにと意見した。宮内大臣の土方は、五月九日に同郷の田中が華族に列せられると、「田中等今般華族ニ被列於久元ニモ大慶不啻、偏《ひとえ》ニ閣下之御引立ト奉感佩《かんぱい》」（「三条実美関係文書・書翰の部」）と謝意を述べている。伊藤は三条の意見を無視していないことが理解できる。

右に遅れて五月二十四日には榎本武揚《たけあき》以下十六名に子爵、槇村正直《まさなお》以下十八名に男爵が授与された。これは九日の叙爵の結果、伊藤に叙爵してほしいとの願い出が続出したことによる。もちろん、その全てに応えたわけではない。授与の前日に伊藤は三条宛てに「昨日御談申上置候叙爵人名御入用之趣ニ付」（「三条実美関係文書・書翰の部」）として、上記の人名書上げを送付している。三条の確認を経た上で決定したのである。

新華族の選定基準は、明治二十三年三月二十一日付で司法大臣の山田顕義が土方に宛てた書翰によると、「維新前後功労アリ勅任官タル者、及ヒ勅任官タリシ者」、「維新後功労アリ勅任官タル者、及勅任官タリシ者」、「維新前後功労アル者」、「維新後功労アル者」、「父ノ勲功ニ依ル者」、「神官及ヒ僧侶ノ世襲名家タル者」、「琉球尚家ノ一門」（『山田伯爵家文書』四）が目安となっていた。だが、この基準が外部に知らされることはなったため、右の基準に満たない者が叙爵を希望したり、叙爵をしても爵位が低いなどといって文句をつける者が出たのである。

三条の側近である尾崎三良からも不満が出た。彼は、明治二十年五月二十四日の叙爵を知ると、三条に面談し「今般新ニ華族ヲ制スルノ挙アリ。伊丹重賢《しげかた》等宜ク此恩命ニ預ルベクシテ漏タルハ遺憾、将来ノ度ニハ必ズ加入セラレン事ヲ希望ス」（『尾崎三良日記』中）と要望している。伊丹は久邇宮《くにのみや》（幕末の青蓮院宮《しょうれんいんのみや》、中川宮）の家来であったから、似た経歴で官僚を経験してきた尾崎からすれば、叙爵させたかったのだろう。尾崎が三条に申し入れたのは、叙爵基準が不鮮明であり、内大臣の三条の胸先三寸で決まると思ったからではないか。実際、叙爵選考における三条の役割は少なくなかったのである。

麝香間祗候たちの不満解消

叙爵選考に影響力を持つ三条は、叙爵結果に対する不満の声を聞き流さなかった。三条は伊藤に宛てて、〈松平慶永は、王政復古に際して高知藩・広島藩・名古屋藩とともに尽力した。旧藩石高だけを基準とするのではなく、維新の功労に鑑みて侯爵にしてはどうか〉と提案した。文末尾では、嵯峨実愛、中御門経之、伊達宗城、大原重徳、亀井茲監《これみ》を挙げ、彼らも松平と同様の扱いをすべきであると主張している。三条は、特別に考慮するのは右の者たちに限るというが、「他には波及致候事無之歟」（『伊藤博文関係文書』五）との懸念もあったようである。

他に影響はしないだろうかとの心配もあり、右の提案はすぐには実現していない。だが、明治二十一年一月、嵯峨公勝、中御門経明《つねあき》、松平茂昭が伯爵から侯爵、大原重朝が子爵から伯爵へ陞爵し、同二十四年四月には伊達宗徳《むねえ》が伯爵から侯爵、亀井茲明が子爵から伯爵へと陞爵している。いずれも三条が受けていた華族令の結果に対する嵯峨実愛および松平慶永などからの不満に応えたものといえる。

三条は非華族たちの叙爵願いにも誠実に対応した。明治二十二年七月二日に三条邸を訪れた尾崎三良は、叙爵選考について子爵に河野《こうの》敏鎌《とかま》、西郷寅太郎、男爵に井田譲《ゆずる》、山口尚芳《なおよし》、伊丹重賢、花房義質《はなぶさよしもと》、石田英吉、辻維《い》岳《がく》、それ以外に楠本正隆《せいりゅう》、藤村紫朗《しろう》、山田信道、桂太郎、岩村高俊《たかとし》、北垣国道《きたがきくにみち》、三宮義胤《さんのみやよしたね》、船越衛《まもる》の計十六名の名前が挙がっていることを知らされている。

ここで伊丹の名前が挙がっているのは、三条が尾崎の申し出に応えたものと思われる。右のうち山口を除くと、明治二十二年十一月に井田、同二十三年六月に辻、同二十六年十月に河野、同二十八年八月に桂、同三十五年六月に西郷、それ以外の者は同二十九年六月に叙爵された。井田の叙爵に際して宮内大臣の土方久元が三条宛てに「先般内閣へ差出候処、同人壱人ニ不止候事故議論不纏」とあり、彼一人を特別に叙爵できなかったことがわかる。ところが、井田が危篤となったため、「内閣会議之節壱人丈《だ》ケ叙爵相成候様御評議御座候而《て》ハ如何」（「三条実美関係文書・書翰の部」）と述べている。

叙爵については内閣の会議に一任せず、土方と三条の確認を前提としていたのである。三条は、宮内省内で土方大臣以下が取り決めた案件に対し、単に押印するだけではなかった。この点には留意しなければならない。右の過半数が叙爵した明治二十九年六月には東本願寺法主の大谷光瑩《こうえい》、西本願寺宗主の大谷光尊《こうそん》が伯爵、真宗の木《き》辺孝慈《べこうじ》、渋谷隆教《しぶたにりゅうきょう》、常盤井堯熙《ときわいぎょうき》が男爵を得ている。

三条は大谷光尊から光瑩とともに侯爵の叙爵、男爵の千家尊福《せんげたかとみ》から伯爵の陞爵を望まれた。それぞれ当初の「叙爵内規」では伯爵であったが、神官華族を男爵としたため、出雲大社の千家の例外は認められなかった。大谷家は大僧正を代々務めており、大僧正は公家の大納言相当と見なされた。それを根拠として大谷は伯爵とし、他の真宗で男爵を叙爵した華族たちと差異がつけられた。また三条の生前に授与が実現しなかったことは、選定を慎重にしていた証左となっていよう。叙爵からは、三条がお飾りの内大臣ではないことが理解できる。

能楽保存の要望

内大臣の三条に寄せられたのは、叙爵および陞爵の希望だけではない。明治二十年五月と思われる武家華族の池田茂政《もちまさ》と前田利鬯《としか》（旧加賀大聖寺《だいしようじ》藩主）の書翰では、三条に能楽の保存が求められている。六月十一日付の池田茂政宛の書翰で三条は「能楽保存一件」、「同感賛成ニ有之」と、能楽保存に理解を示した。黒田長知《ながとも》（旧筑前福岡藩主）、池田茂政、前田利鬯、井伊直憲《なおのり》（旧近江彦根藩主）は、十一月一日付で「能楽御保護請願書」（「三条実美関係文書・書翰の部」）を宮内大臣土方久元に提出している。

彼らは、能楽は「神代神楽」に起因し、「国史令式」には朝廷の礼式や外国使節の饗応に用いられたことが記されているという。それが嵯峨天皇の時代に能楽の形式が整えられ、その後に伊勢神宮や住吉大社などの神事に用いられるようになった。さらに宮中の年中行事に加えられ、公武の宴会でおこなわれたという歴史を紹介した。そして宮内省で公家の家職であった雅楽が保存されているのであるから、能楽も同様に扱ってほしいという。

右の請願の背景には、雅楽の担い手たちの要望があった。明治二十一年に雅楽師の宝生《ほうしよう》九郎《くろう》、金春広成《こんぱるひろしげ》、梅若実《うめわかみのる》らは、黒田たち四名宛てに雅楽の芸道が衰頽していること、このままでは維持が困難であることなどを説明し、雅楽の保存を願い出ていた。こうした請願を寄せられた三条は、土方および侍従長の徳大寺実則と相談を重ねている。だが、能楽保存に向けての動きは進捗しなかった。

進捗しない理由として徳大寺は、天皇が「元来能楽者武家之慰ヨリ起因」しているからではないかと推測した。

そこで帝国大学文科大学教授重野安繹《しげのやすつぐ》に皇室と能楽との由緒を調査させて、足利将軍が御所に参内したときにはじめて能楽天覧がおこなわれたことが明らかになった。だが、その根拠に加え、徳大寺は三条に「猶閣下御直ニ御申上被下《くだされ》候ハ、如何」（「三条実美関係文書・書翰の部」）と、天皇に直接申し出ることを勧めている。

その後の流れに鑑みると、三条が徳大寺の勧めに応じて動いた可能性は少なくない。明治二十二年九月十七日、天皇から徳大寺に能楽保存の意向が示された。徳大寺は、皇太后大夫《だいぶ》の杉孫七郎に、春と秋に青山御所で能楽の天覧をおこなうよう伝えている。十二月二十六日付の書翰で三条は、内蔵頭に転じた杉孫七郎に宛て〈能楽は現在の時勢に適していないとはいうものの、廃止してしまっては封建時代の音を耳にすることができなくなってしまうため、二千円を五年間〉（「三条実美関係文書・書翰の部」）下賜するよう求めている。

さらに明治二十三年三月八日と推定される池田と前田両名の三条宛て書翰では、三条が京阪へ出発することを新聞紙で知ったが、その前に「能楽保存規則」の草案を作成するのは難しいので、作成したら旅行先に送付することが伝えられている。これに三条がどのように対応したのかは史料上では確認できない。だが、能楽保存を望む池田や前田たちにとって三条は重要な存在であり、彼がいなければ保存の実現は難しかったのである。華族の文化事業の保存に岩倉具視が尽力したことに間違いはないが、その役割を三条も担っていたことを見逃してはならない。そして岩倉の死後、三条の文化保存の役割は際立ったのである。

四条隆平と長谷信篤の仲裁

三条の役割は新華族の選考、文化保存事業に加え、華族間の紛争解消でも発揮された。そのことがよくわかるのが、四条隆平《たかとし》、鷲尾隆聚《わしおたかあつ》、長谷信篤《ながたにのぶあつ》の三者間における金銭問題である。明治十六年四月に鷲尾が長谷を介して

図47　四条隆平

図48　鷲尾隆聚

清水幸兵衛という人物から五千円を借り、その際に鷲尾は返済できない場合の保障人として四条の名を記した証書を作成した。
四条と鷲尾は、藤原魚名を祖先とする宗族であり、それゆえ借金の保証人となっている。明治十八年から十九年に鷲尾は四千四十八円を清水に返済した。だが、そのことを長谷家の家扶である平野新八郎は知りながら、一円も返金されていないことを四条に伝え、元利金七千四百四十二円の返済を迫った。つまり平野は四条から返済金過剰分を騙し取ろうとしたのである。
そのことが明治二十一年十月に発覚し、四条は清水を告訴した。これに驚いた長谷の親族である大原重朝は、十一月二十日と二十四日に三条に書翰を送り、四条と長谷の問題を穏便に済むよう取り計らってほしいと頼んでいる。華族間で詐欺取財の罪名をめぐり法廷で争うことは恥を晒すことになると指摘する。大原は三条にその点も含めて四条を説諭することを期待した。
四条も平野の勝手な所業で長谷家に悪意がないことがわかると、事件を穏便に済ましたいと思うようになる。十二月四日付の書翰で四条は、五辻安仲《いつつじやすなか》に「三条殿御中裁御取扱被下《くだされ》候旨」（「三条実美関係文書・書翰の部」）を依頼してほしいと頼んでい

図49　長谷信篤

る。五辻は大原の宗族であるから、この申し出でを渡りに船と考えたであろう。

　三条のところには、大原や五辻に加えて、大原と親しい中御門経明が事態収拾に向けて尽力することを願い出ていた。そのことは十二月十三日付で長谷が三条に宛てた書翰で、「勝手ノミ之事申上候由之処、御厚志ヲ以御取扱被成下《なしくだされ》」と述べていることからわかる。同日付で四条は「長谷家訴訟事件ニ付テハ種々御高配ヲ蒙リ」、長谷は「今般右告訴高庇ヲ以テ刑事公廷ニ於テ曲直ヲ争ハサル相成候」（「三条実美関係文書・書翰の部」）などと、三条は両者から感謝の意を示されており、彼が仲裁役を果たしていたことがうかがえる。

　そして十二月十七日、四条は鷲尾に返済残金の支払い能力がないことを理解し、その分の肩代わりを承知する書面を東京始審裁判所に提出した。また東京軽罪裁判所予審掛には、長谷との間で和解が成立したため、告訴を取り下げる旨を届け出ている。この和解は、長谷の宗親族が動いたことはもとより、彼らの申し出を受けた三条の仲裁が効を奏したことによる。

貧乏華族たちを救済せよ

　鷲尾の借金問題は、公家華族の貧しさが解消されない悲哀をあらわしていた。貧乏に悩まされた公家華族は鷲尾だけではなかった。東京の貧乏華族たちは、現在の新宿御苑内に存在した通称「公卿長屋」と呼ばれる場所で生活していた。この「公卿長屋」は松田敬之氏が明治十六年に廃嫡処分を受けた大炊御門師前に触れて紹介しているが、三条実美と華族の問題としてあらためて言及する。

もともと新宿御苑は内藤家の下屋敷であり、それを明治五年に大蔵省が買い上げて内藤新宿試験場とし、同十二年に宮内省の管轄となって新宿植物御苑と名称を変更した。「公卿長屋」の近くに華族養蚕舎が設けられ、明治十五年の繭の出来は良かった（松田敬之『次男坊たちの江戸時代』）。この養蚕事業を生活の収入源とする公家華族たちもいた。その華族養蚕舎の設立には、三条および岩倉が協力したようである。

ところが、明治十九年に新宿植物御苑と四ツ谷御料地の制度改革により、「公卿長屋」に住む華族たちは自費で退去命令が下される危険が迫った。それを知った三条は、九月十五日付の伊藤博文宛ての書翰で〈華族たちには極貧で生活が立たず、自費で移転を迫ることは困難であるから、これまでと変わらず住むことを許してもらえないだろうか〉と頼んでいる。そして「公卿長屋」は、〈故岩倉右大臣が華族困窮者を救おうとの趣旨にはじまっている〉と、岩倉の遺志を継いでもらえないかとも述べる（『伊藤博文関係文書』五）。

この三条の依頼に対して翌十六日付の書翰で伊藤は、「植物御園改正之事ハ一切承知不仕」、「華族自費移転等之事ハ無之筈」〈植物園改正は知らない。華族たちが自費で移ることはないはず〉（「三条実美関係文書・書翰の部」）と回答している。明治十六年の『華族録』によれば綾小路有良《ありかず》、石山基正《もとなお》、大原重朝、甘露寺義長《よしなが》、竹園康長《みちなか》、堤功長《いさなが》、西五辻《にしいつつじ》文仲《あやなか》、永井尚典《なおのり》（旧美濃加納藩主）、南部信民《のぶたみ》（旧陸奥七戸藩主）が新宿植物御苑内に住んでおり、これに同十七年の『華族録』では慈光寺《じこうじ》有仲《ありなか》、庭田重直《しげなお》が加わっている。その他には、明治二十三年に櫛笥《くしげ》隆督《たかまさ》、藤大路納親《のりちか》、藪（高倉と改称）篤麿（『華族名鑑』）、同二十六年に由利公正《ゆりこうせい》、同三十三年に押小路《おしこうじ》公亮《きんあき》（『華族名簿』）が住んでいたことがわかる。

大名華族の永井と南部、新華族の由利は数年で転居しており、彼らを除く長屋の住人は公家華族であった。そのため「公卿長屋」と呼ばれたのだろう。東京府豊多摩郡内藤新宿一丁目十二番地の長屋に長期間住む者は少なく、最後まで住んでいたのは綾小路と堤であった。両者は明治四十年の『華族名簿』で別の住所になっているため、この年に「公卿長屋」は空き家になったと思われる。

京都に残った公家華族たちは経済的に困窮して苦労したが（詳しくは、刑部芳則『京都に残った公家たち』を参照されたい）、東京に出てきた公家華族たちのなかにも同じような境遇で生活する者がいたのである。最終的には御苑拡張整備によって立ち退かざるを得なかったのだろうが、二十余年にわたって邸宅を構えることが困難な華族たちの住まいとして利用された意義は少なくない。三条の助言がなければ、もっと早く立ち退きを命じられたことも考えられる。

自身の役割を理解した枢密院会議の班列

明治二十一年五月十八日、三条は枢密院《すうみついん》会議の班列に任命された。皇族以外で枢密院会議の班列に列せられたのは三条の他にはいない。彼がなぜそのような役割を与えられたのかはわからないが、状況証拠からして特別扱いを受けていたのは明らかである。三条が枢密院会議の班列という特別扱いを受けた理由を、彼の枢密院会議の発言から考えてみる。

五月二十五日の会議で三条は、皇室典範の第一章「皇位継承」の第一条の「大日本皇位ハ祖宗ノ皇統ニシテ男系之ヲ継承ス」という条文について、「本条ニ祖宗トアルヲ天祖ト改メタシ」と、条文の修正を求めた。また六月四日の会議では「皇族ノ文字ハ天皇ノ御家族ト云フノ意ニシテ不都合ナシ、皇親ト云フトキハ五世ニシテ親尽クト云フカ故ニ皇族トハ其義自ラ異レリ、皇族ト称スルヲ可トス」と、天皇の家族を皇族と称し、五世までを示す皇親と区別すべきことを主張した。両意見については、他の枢密院議員から賛同を得られず実現しなかった。だが、「五世以下ハ王女王ト称フトアルニ拠レハ百世ノ後ニ至ルモ皇族ハ永世皇族」となるため、「姓ヲ賜フテ臣下ニ列スルノ余地」(『枢密院会議議事録』一)を残すべきだという意見には、賛同する議員が複数いた。この三条の意見も最終的には採用には至らず、多数決で永世皇族が可決されている。だが、明治三十三年の皇室典範増補により皇族の臣籍降下が明記されたことに鑑みると、三条は宮家の増加が問題になることを見通していたと評価できる。

さらに六月六日の会議で三条は、「公侯ノ家ハ僅ニ指ヲ屈スル程アレハ皇族一般ノ婚嫁ノ区域甚狭隘ナリ、故ニ皇后、皇太子ノ妃、皇太孫ノ妃等ハ公侯ノ家ニ付キ婚嫁シ、其他ノ皇族ハ普《あまね》ク一般ノ華族ニ付キ婚嫁スルノ制ヲ設ケントス」(『枢密院会議議事録』一)と、皇后・皇太子および皇太孫の妃は公侯爵から選び、皇族は有爵者との間で婚姻することを提言した。だが、皇室典範では、皇后と皇族妃の区別はなく皇族か勅許を受けた華族との間としか規定されなかった。それが明治四十三年の「皇室身分令」では「天皇、皇后を立つるは皇族又は特に定むる華族の女子」と、皇后に選ぶ家柄が特別なことを強調した。ここからも三条が皇室や華族の制度について無知ではなかったことが理解できる。

その一方で帝国憲法や帝国議会については、ほとんど発言していない。七月四日の会議で帝国憲法の第五十一条「両議院ハ必要トスル場合ニ於テ政府ニ対シ文書ヲ以テ質問ヲ為スコトヲ得」という内容が議事に上がると、「此質問ニ対シ主任者ハ議院ニ出頭シテ答弁スルコトヲ請求スルコトヲ得ルカ」と質問し、また七月十三日の会議で「委員会ノ修正案ニ於テ認ノ字ヲ諾字ニ修正シタルハ如何ナル理由ナル乎」(『枢密院会議議事録』一)という発言が目につくぐらいである。両意見とも事実確認にとどまり、皇室典範の内容のように繰り返して発言することはしていない（この点は佐々木隆「内大臣時代の三条実美」でも指摘されているが、次の史料などは取り上げていない）。

有栖川宮熾仁親王は三条に五月二十日付の書翰で「枢密院会議班列之勅諚ヲ蒙リ候ニ付而者《ついては》、皇室典範之儀ハ柳原前光取調ニ関係委細心得居候ニ付、同人面会聞取候様」と伝えており、また二十二日付の書翰では「明二十三日午后三時ヨリ弊邸ニ於而《おいて》皇室典範之儀ニ付、伏見、北白川両親王来集、就テハ柳原前光ヲモ招置候ニ付、同時刻御指支無之候ハ、御来車被成下《なしくだされ》候様」（「三条実美関係文書・書翰の部」）と頼んでいる。有栖川宮など皇族たちから三条は、柳原とともに皇室典範の編纂作業に従事することが望まれた。

三条の枢密院会議班列としての役割は、皇室典範と、それに関連する皇族や華族の関係事項を審議することであったといえる。したがって、会議の場で三条は宮中を管轄する内大臣としての役割を越えることなく、憲法や議会については実際に政務を担う者たちに任せたのである。だが、裏を返せば、三条の政策や法律などの立案や処理という実務の弱点を示していたともいえる。これまで述べてきたことからもわかるとおり、彼は政策や法律の立案などで自己主張を示すことはほとんどしない。それを他者に任せる代わり、他者間で意見が対立した場合に事態収拾を図る調停者として活躍した。それは三条に人望があったことによるが、彼の調停者としての存在感の大きさは、黒田内閣の幕引きでも証明される。

三条臨時大臣

黒田清隆内閣の外相大隈重信が推進する条約改正案に対しては、批判の声が少なからず起こった。それは大審院における外国人を被告とする事件に、外国人の法官を任用しようとしたからである。明治二十二年九月に元田永孚は、三条の臨時内閣によって条約改正問題を収拾し、第二次伊藤博文内閣に政権を渡すという提案をしている。九月二十八日付の伊藤宛て書翰案で三条は、「山県大臣帰朝之機会を以て是非廟堂療治無之ては実に不可謂之困難に陥の外無之候」(『三条実美関係文書・書翰の部』)などと、内務大臣山県有朋の条約改正反対意見に期待し、黒田内閣の倒閣を望んだ。

このような動きから九月三十日、三条邸に集まった尾崎三良、土方久元、東久世通禧、清岡公張、柳原前光は、総理大臣に三条が任命される可能性があることを予想している。彼らの予想どおり、十月二十五日に黒田内閣の各大臣が辞職を主張すると、三条を総理大臣に任命して収拾を図ろうとする動きが出た。尾崎は三条に「閣下ノ威厳ノ行ハル、様工夫」し、「容易ニ御承諾アルベカラズ」(『尾崎三良日記』中)と苦言を呈した。三条は尾崎の意見を「嘉納」したものの、「曖昧」な返答をしたようである。当日の夕方には黒田の総理大臣辞職、三条の総理大臣代理の公示が出された。

三条が内大臣に就任した際、尾崎は薩長藩閥の調停者になる機会が来ることを予想していた。だが、総理大臣の就任には、三条の名誉に傷がつかないことが条件であった。その条件が未確定で総理大臣代理の公示を見た尾崎は、「嘆慨遺憾限リナシ」との感想を抱いている。三条は、内大臣になってからも華族の問題については重要な役割を果たしていた。その存在から考えても、見通しもなく臨時総理を引き受けたと

図50　三条実美　図40(207頁)とは違った文官大礼服を着用

は思えない。おそらく薩長藩閥政権が危機に直面した際、それを調停する自信があったのだろう。そして調停役を期待される機会を待っていたのではないか。

三条は自身の考え方を示さなかったため、尾崎から十分な理解を得られていない。十月二十八日に三条は総理大臣の官邸に移住するが、それを知った尾崎は内閣組織も確定しないなかでの移住は早計であり、「再任ヲ得意トスル嫌ヒアリ」と難色を示している。そして三条が総理大臣に就任してから二週間が経過してからも外交方針が定まらないと、清岡は三条を「優柔不断」と非難し、尾崎は早くも総理辞任勧告を検討する。

だが、三条には考えがあった。十二月十一日、彼は山県有朋、西郷従道、井上馨とともに条約改正交渉の打ち切りを上奏し、天皇の裁可を得た。交渉打ち切りについては、三条が動いて十三日にドイツとロシア、十四日にアメリカから了解を得ている。さらに二十二日の井上外務大臣辞任には反対せず、二十四日には総理大臣の権力が強かった「内閣職権」を内閣の議長的存在へと変更し、同じ日に三条内閣は幕を引いた。

そもそも十二月十二日付の井上宛て書翰で三条は、「内閣中更迭之事相行はれ候機を以て小生之身上も旧に復し候様願申度、全体先般総理拝命之節山県との約束も暫時之筈に候間、外交之方針も定り内閣之組織も極り候上は是非解職願度候」（「井上馨関係文書」）などと示している。三条の使命は、黒田内閣の外交問題と、内閣組織問題の処理をおこなうことであった。それが収束したら内大臣の職務に戻るつもりでいた。その点は山県とも約束済みであった。

当初から三条は内閣を長期にわたって務めるつもりはなく、あくまでも薩長藩閥から頼られて両藩閥の上に立って調停する役割を自負していた。

帝国議会の開設

帝国議会の開設を目前にした華族会館では、華族によって組織された研究団体が活性化した。会館内では、明治十七年の春に華族談話会や談話会と呼ばれた「華族同士懇親会」が設置された。同会は同十九年一月に華族青年会、同二十一年一月に華族同方会と改称して活動を継続している。華族同方会は演説集や報告を発行し、華族たちが自身の役割を研究する場となった。同会の運営は、三条実美の資金によるところが大きかった。

その一方では、明治二十一年十二月に子爵の研精会、同二十二年四月に公侯爵の法律研究会などが結成されている。そのようななか同二十三年五月に中堅華族の研究団体であった金曜会が解散された。解散式に出席した三条は、〈同会は貴族院開設の準備として設立されたから、ここで解散されるのも時期に応じたもの〉であり、〈諸君は解散後も従来の精神を発揮してほしい〉(『華族会館誌』下)と述べている。金曜会の解散は、それに代わる各爵間の研究団体と、五爵の総合的な研究団体である同方会の動きが活発になったことによる。

華族会館の五爵懇親会では、明治二十三年七月三十一日に金子堅太郎が「華族の責任」という演説をおこなった。演説の内容は、華族に政党参加を戒め、「独立不羈《どくりつふき》」を求めるものであった。この点に問題はなかったが、華族の政治的経験や力量を疑問視し、イギリスの貴族よりも劣っていると演舌したことには、不満を持つ華族が少なからずいた。不満を感じた華族たちは総理大臣へ金子の謝罪を要求し、また岩倉具定や蜂須賀茂韶も三条に迫る事態へと発展した。この問題について伊藤博文および伊東巳代治《みよじ》は、「今更演説取消なり謝罪なり辞職なり荒立候ては本人之為に不利益なる而已《のみ》ならす、政府之為にも不面白」(『伊藤博文関係文書』二)と判断し、三条に事態収拾を委ねることとした。

そこで伊東から注意を受けた金子は三条のもとを訪れ、先日の演説は華族を侮辱するものではないと弁明している。三条は岩倉に書翰で問題が大きくならないよう促した。これを受けた岩倉は蜂須賀と相談し、演説の不都合の箇所を修正し、謝罪後記を付して議員に配布することとした。また演説筆記については、岩倉、蜂須賀、浅野長勲、九条道孝の相談により、世間に公表しないことが決まった。このように金子の問題は、伊東、三条、岩倉の動きによって解決した（小林和幸『明治立憲政治と貴族院』）。

華族間における三条の調停能力は九条建議問題で確認したが、その役割は依然として健在であった。三条は、華族と新華族や、華族と政府の間で問題が生じた場合、それが大事になる前に処理することができた。だからこそ金子の問題に際して伊東は、伊藤宛てに「三条公より程克被取繕候は、皆々一笑に附し可申」（『伊藤博文関係文書』二）と、三条に期待を寄せたのである。政府関係者と華族会館関係者の双方にとって、三条は余人をもって代えがたい存在であったことが理解できる。

十一月二十九日に帝国議会の開院式が挙行された。帝国議会は貴族院と衆議院の二院制である。貴族院議員は皇族議員、有爵者議員、天皇に任命される勅撰議員、多額納税者議員で構成された。衆議院議員は満二十五歳以上で直接納税十五円以上の者から選ばれた代議士であった。有爵者議員のうち公爵と侯爵は世襲という特権がある代わりに歳費が出ない。伯爵以下は、各爵間の互選であるから誰でもなれるわけではないため、議員に当選すると歳費として八百円が支給された。

世襲議員の資格である公爵の三条、侯爵の嵯峨公勝、菊亭を除くと、第一回の貴族院議員選挙で議員に選ばれた三条の宗族は子爵の河鰭実文しかいない。三条は内大臣だから議会に出ることはなく、嵯峨も開院式を除いて議会に出ることはほとんどなかった。菊亭が議会に出るのは北海道の農場経営に失敗してからであるから、このとき議会に臨んだのは河鰭だけだった。

三条実美の定命

明治二十四年はインフルエンザが流行し、その病魔は三条の体をも襲った。三条は二月十日に体調を崩して床に伏した。十二日に陸軍軍医総監の橋本綱常《つなつね》が診察したところ「気管支痰症」と判断された。十三日には三十八度の熱が出たが、三条は側近の桜井能監に議事録の朗読をおこなわせている。だが十四日に症状が悪化し、議事録を聞く余裕はなくなった。十五日に熱は三十九度九分に達し、十六日の診断によりインフルエンザに罹っているることが判明した。十七日には肺水腫を併発させ、苦悶の表情を見せることが多くなったが、意識はしっかりしていた。この日の夜、尾崎三良は病状が急変し重体との知らせを受けると、人力車に乗って三条邸に駆けつけた。そこで尾崎は肋膜炎であると聞き、三条の喘息が酷い状況を目にした。

図51　危篤の三条実美を見舞う人々
（『三条実美公事蹟絵巻』より）

橋本の他、伊東方成、エルウィン・ベルツが診察にあたったが、翌十八日の午前八時から三条は衰弱していった。三条が危篤であるという報に接した各大臣たちが見舞いに訪れた。彼らに対して三条は、「身国恩ノ厚キヲ被リ、未タ報ヒスシテ世ヲ捐《すて》ツ、宜シク陛下ニ御礼上奏ヲ乞フ、猶卿等幸ニ国家ノ為メ竭《つく》ス所アレ」（『三条実美公年譜』）と、別れの言葉を語った。〈国から温情を受けながら、それに十分に応えることができないまま世を去る。天皇に礼を述べてほしい。これからも国家に尽くしてもらいたい〉。国家に対する責任感と、感謝の意である。三条の謙虚な人柄を示した最期の言葉であろう。

危篤の報を受けて天皇も三条邸に臨御した。そして天皇自らが病床の三条に正一位の位記を授けている。正一位の位記には、天皇が年少のときから輔弼の任にあたり、父実万とともに国家に尽くすところが少なくないという意味の勅書が添えられた。三条は座って勅書を見ようとするが起き上がれず、桜井が朗読するのを聞いて感涙した。

そして死に直面して思い残したのが、三条家の家範を作成することであった。公恭を廃嫡にせざるを得なかったが、そのような悲劇を繰り返してはならないとの思いがあったに違いない。三条は、宮内大臣の土方久元を枕元に呼び、桜井と相談して家範を完成させることを託した。三条公美の後見人には河鰭実文、相談人には土方久元、尾崎三良、桜井能監、清岡公張としている。多くの見舞いを受けながら午後七時十五分、姉小路公知や岩倉具視、木戸孝允や大久保利通たちが待つ黄泉に旅立った。享年五十四歳であった。

内大臣正一位大勲位公爵の国葬

明治二十四年二月二十一日の午後六時から三条の納棺式、二十二日の午後一時から霊移祭が、それぞれ挙行された。未亡人となった三条治子は、突然の夫の死を受けて終日寝ており、食欲不振で言語も普通ではない「精神病ノ気味」に陥った。二十五日、三条の葬儀である国葬が挙行された。尾崎三良は大礼服を着て午前七時に三条邸に参上して霊前祭に臨んだ。八時には勅使がきた。

そして午前九時、伶人《れいじん》が楽を演奏するなか、麻布区市兵衛町の三条邸を出棺した。棺の前後には儀丈《ぎじょう》兵が隊列を組み、その行列の長さは約四キロにおよんだ。大礼服や陸海軍の正装を着た皇族や華族、勅任官たちは、馬車に乗って葬列に続いた。三条に別れ涙の雨は相応しくなかったのだろう。当日は快晴で三条邸から墓が置かれた護国寺までの沿道には多くの人々が葬列を眺めた。国立公文書館には三条の国葬を撮影した写真が複数残されており、当日の模様をうかがうことができる（図52参照）。見物人のなかには、横浜から泊りがけで出てきた者もいた。午前十一時三十分に音羽《おとわ》の護国寺に到着すると、午後の神祭式を経て、埋葬および参拝がおこなわれた。尾崎が三条邸に戻ったのが午後五時五十分というから、国葬は一日がかりの盛大な儀式である。

図52　護国寺に向かう葬列

内閣が国費を投じる国葬は、天皇から儀丈兵が葬列に加えられ、公式儀礼に用いる大礼服を着て参列するなど、私的に盛大な葬儀をおこなうのとは意味が違う（国葬については、宮間純一『国葬の成立』が詳しい）。岩倉の死に際して正一位の授与と国葬が挙行されたことに鑑みると、三条をそれ以下の礼遇にすることはできなかったのだろう。岩倉と同等の扱いは、墓石の近くに建てられた神道碑にも見られる。天皇から下賜された三条の神道碑は、岩倉のそれよりも一年八か月前の大正十四年（一九二五）四月に完成している。

三条の神道碑の選者は股野琢《またのたく》、岩倉の神道碑の選者は小牧《こまき》昌業《まさなり》との違いがあるものの、碑文を書いたのはどちらも杉渓《すぎたに》言長《ときなが》である。杉渓は、維新後に興福寺の住職から還俗して堂

図53　三条実美の神道碑

上格に列せられた奈良華族で、華族令では男爵を受けた。帝国議会が開かれてからは貴族院議員に五回当選しており、大正九年には議員在職三十年を迎えた。奈良華族のなかでは珍しく政治家人生を歩んだ。一方で杉渓は、本家の山科家から桂川の六つの橋が見えたという意味の雅号「六橋」を持ち、書画や詩歌を得意とした。

杉渓の漢文の腕前は華族たちの間でも知られ、立行寺《りゅうぎょうじ》の大久保彦左衛門や一心太助の碑をはじめ、数多くの碑文を書いている。そのような評判から、三条と岩倉の碑文を頼まれたと思われる。また書き手の杉渓は、京都公家華族たちの生活保護に努めてくれた三条と岩倉に恩義を感じていた可能性が否めない（この詳しい経緯は、刑部芳則『京都に残った公家たち—華族の近代—』を併読されたい）。三条の神道碑は、護国寺の三条家墓地の目の前にあり、誰でも自由に見ることができる。碑には三条の生前の活躍が漢文で書かれ、その功績を今に伝えている。

終章　孤独の宰相とその一族

三条実美の人物評

本書では三条の個性について、彼自身の言動と、彼の一族との関係から述べてきた。その検討結果、三条の個性とはなにかと問われれば、彼の長所は責任感が強くどこまでも誠実な人であり、一方短所としては政治的に不器用で要領が悪いといえるだろう。ここは従来明治維新期の公家として注目されてきた岩倉具視と大きく異なる。岩倉は、明治六年政変の際に大久保利通が参議辞職を呈し不利な立場に置かれると太政官《だいじょうかん》を欠席し、再び大久保が協力的な姿勢を見せると太政大臣代行を務めたように、政治的に要領がよい。だが、立場に応じて太政官の出欠を変えているところからは、誠実で責任感が強いとはいいがたい。

ところが、三条は不利な立場に置かれても太政官の会議から逃げなかった。結果的には病欠を余儀なくされるが、それも彼の責任感と、誠実に対応しようとするがゆえ、自身を精神的に追い詰めたといえる。これまで三条といえば、幕末の尊攘派公家として即時攘夷実行を主張するイメージが漠然と持たれていたが、実際は必ずしも彼がそれを主導したわけではなかった。

三条の周囲には攘夷を望む一族の姉小路公知《あねがこうじきんさと》などの公家や、長州藩や土佐藩の関係者が多く存在した。そのなかで三条は清華家という身分の高さから、朝廷内で攘夷を実現させる存在として期待される。三条は朝廷内で政治的発言権を得たが、摂政や関白のような政治的責任を負う立場ではなかった。そこで幕府との協調路線を重視しすぎる岩倉具視を排除する運動を推進し、文久三年（一八六三）八月の政変で朝廷を追われるような政治的個性を発揮させた。さらに翌元治元年（一八六四）には政権復帰を期待し、長州藩の軍事力を背景に京都を目指すが、その途中で敗報に接して引き返した。そして王政復古まで長州藩は朝敵となり、三条らは一族から義絶されることとなる。

「出る杭は打たれる」というが、結果的に幕末期の彼の政治運動は成功しなかった。だが、三条が政治運動のなかで頭角をあらわすことができたのは、彼が過激な性格の持ち主であったからではなく、周囲の期待を代言したがゆえに目立ったと評価できる。このような姿勢は、王政復古によって政治的復権が果たされてからも変化していない。東幸に際しては、年内還幸を主張する岩倉との間で対立した。その背景には東幸を望む西郷隆盛や木戸孝允《たかよし》らの意見を得ており、三条だけの考え方ではなかった。またこの段階では輔相を岩倉も務めていた点に留意する必要がある。公家の家格はともかく、政府内の三条と岩倉は輔相《ほしょう》という役職では同等であり、両者間で意見調整をおこなう必要性があった。それゆえ、三条は東京にいる参与らの意向を、京都の岩倉に主張していたため、存在感が示された。

ところが、明治二年（一八六九）正月に岩倉が輔相を辞任し、七月の職員令《しきいんりょう》で三条が右大臣、岩倉が大納言と格差があらわれると、三条の言説に変化が見られるようになる。とくに同四年七月に三条が太政大臣、十月に岩倉が右大臣となってからは、それがはっきりする。右大臣の岩倉とは異なり、三条は政府内の政治的責任者として最重要な立場に置かれる。太政官の決定事項はもとより、そこに至る過程を慎重に判断していかなければならない。政治的判断を誤れば、天皇にその責任がおよぶこともありうる。三条はそうした事態を避けるため、常に周囲の意見に配慮し、不用意な発言を慎むようになったと考えられる。この点は、いざとなれば三条に政治的判断を委ねてしまおうという、逃げ道のある岩倉との大きな違いである。

三条の性格は、幕末期と明治期とで変わっていない。だが、政治的責任を負わず自由に発言ができた幕末期と、政治的重責を求められた明治期と、彼が置かれた立場は大きく変わった。その変化を三条は自覚しており、太政大臣に就任してからは、余り目立たなくなっていったのである。

そのようななかで太政大臣として際立った事件が朝鮮大使派遣問題であった。この問題に際して三条は、西郷大使を派遣し、場合によっては日本と朝鮮との戦争になることを覚悟していた。だが、派遣の時期をめぐっては、即時派遣を求める西郷と、延期を主張する岩倉、木戸、大久保らとに意見が分かれた。ここでは三条が得意とする調停も功を奏さず、政治的重圧から胸の持病を悪化させて倒れてしまう。読者からは、三条に大使派遣の決意があるなら、閣議決定を上奏すればよかったとの意見が出そうである。だが、三条は上奏して裁可を得たところで、岩倉らの協力が得られなければ国難は乗り切れないと感じていたように思われる。彼は周囲からの多数意見を得たところで動き、意見が分かれた場合は妥協案を示しながら調停に努めた。

この彼の個性は、朝鮮大使派遣問題でも同じであった。だが、その調停中に急病で倒れてしまった。そして皮肉にも、この急病が「発狂」と位置づけられ、三条は無能という評価となり、木戸・西郷・大久保の維新三傑や、岩倉に比べて人気が低くなる原因となったのである。だが、そのような解釈や評価の仕方が妥当でないことは、本書で述べてきた。実際、病気が回復してからはその間に決定が覆されたことや、西郷たちの下野に異論は示さなかったものの、大使派遣方法については持論を変更させていない。

三条実美と宗族の矛盾

三条の誠実さは、彼の宗族や親族との関係からも理解できる。正親町三条実愛《おおぎまちさんじょうさねなる》は、維新政府のなかで三条の期待に応じて、大阪親征行幸や天皇東幸の実施に尽力した。また刑法官知事および刑部卿の仕事も苦労しながら務めた。三条にとって宗族の正親町三条は、政府要職として相談し合える重要な存在であった。ところが、正親町三条を改称した嵯峨は、明治四年七月の廃藩置県の断行により麝香間祗候に任命されると、その後の文明開化政策に疑問を持つようになった。

そして廃藩断行に反対する島津久光が上京し、左大臣に就任すると彼の建言を支持した。三条は久光の建言問題をめぐって苦慮するが、その際に嵯峨は相談相手にならなかった。嵯峨は政府が急速に進める文明開化政策に危惧の念を抱き、その見直しを三条に苦言することが必要だと感じた。公家の慣習にもとづく価値観から、嵯峨の文明開化に対する理解度には限界があった。この開化政策の是非が三条と嵯峨の距離をひらかせた。

嵯峨と三条は親子ほどの年の差があり、新しい時代の情勢を理解させるには、三条よりも年齢の若い宗族や親族のほうが適任といえた。三条の親族である菊亭脩季《ゆきすえ》は、京都から東京に出て福沢諭吉などに学び、新時代の華族としての役割を担おうとしていた。西南戦争が起きると、福沢が説く華族の役割である軍人として出征を希望するが、自身の金銭的な不祥事から実現しなかった。その後は、北海道での勤務を経て、同地での農業事業に従事することを夢見るようになる。

三条も北海道開拓は重要であると感じていたため、菊亭の夢を叶えてやろうと資本金の準備に協力した。また菊亭が提案する雨竜華族組合農場の設立に参加し、菊亭の親族である蜂須賀との間に入って運営に携わった。だが、現実的に菊亭の事業は上手くいかず、資本金の工面をはじめ、その際の借金返済などで苦しみ、その度に三条が救済に乗り出した。三条にとって菊亭は、北海道で大農場を成功させるのではないかと期待をしたものの、結果的には心配ばかりをかけさせる存在となった。

この菊亭と同じような存在となったのが、三条の養嗣子公恭《きんあや》である。三条は亡き兄の子である公恭に対する期待感が強かった。明治初年にイギリス留学させたのも、帰国後に最新の知識で国家に尽くすことを期待したからに他ならない。だが、公恭の体調不良により帰国を余儀なくされたり、また再渡航後に三条家の家政問題から留学費の工面が難しくなるなど、長期間の留学には困難がともなった。それでも公恭は、イギリスでバリスターの学位を取得し、三条の期待に応えた。

公恭が帰国して結婚すると、三条は実子の公美を分家させている。普通ならば実子を優遇して公恭を分家させるところが、そのような手段を取って御家騒動となった他の華族のようなことはしなかった。ここにも三条の誠実な人柄が見て取れる。三条の期待に応えるべく公恭は参事院議官補などを務めているが、その官職の斡旋には三条が動いていた。その一方で公恭は、俸給以上の出費を重ねるようになり、三条に繰り返し資金援助を依頼した。三条は、公恭を信じて資金援助に応じたが、最終的に廃嫡処分をすることとなった。

三条にとって宗族や親族は、彼らの援助に応えることはあっても、自身が窮地になったときにはほとんど役立つ存在とはならなかった。この点は、滋野井《しげのい》、高松、押小路《おしこうじ》の事例でも確認した。公私ともに三条を支えたのは、彼の家来であった尾崎三良《さぶろう》ぐらいである。三条家の家政が危機的状況を迎えた際には、尾崎が木戸孝允や伊藤博文など旧長州藩関係者に協力を仰ぎ、また親族の山内《やまうち》と細川両家から金銭的な理解を得るために動いた。だが、尾崎も三条が内大臣に転じるまで表立った政治行動は見せておらず、必ずしも三条の政治的相談役として動いていたわけではない。それは彼と連携していた土方久元《ひじかたひさもと》、清岡公張《ともはる》も同じである。明治を迎えると、三条には姉小路公知のような政治的相談役および協力者となる宗族に恵まれなかったのである。

三条は太政大臣として常に政治問題に対応しなければならず、その責任感は大きい。右のような三条が置かれた状況や背景を理解せず、彼に能力がなかったとか、単なるお人好しであったなどという評価は正鵠を得ていない。宗族や親族との矛盾に加え、胸に持病を抱えていたにもかかわらず、三条は太政大臣の地位を投げ出すことなく、その職責を果たした事実を忘れてはならない。この点が、従来の三条の伝記はもとより、特定の事件を検討する際に与えられる三条の評価では見逃されてきたのである。

三条実美の役割

それでは三条の長所と短所を含め、彼はどのような役割を担っていたのか。この点は、彼の明治十年代以降の足跡によくあらわれているように思われる。彼は太政大臣を務めながら、賞勲局総裁や修史局総裁を兼任した。いずれも他人の功績に関する繊細な問題を含んでいる。維新期の修史事業は薩長藩閥の闘争になることから、伊藤博文は三条に修史局総裁の就任を避けるように指摘した。勲章の選考などは、優劣がつけがたく、その評価に不満が生じた場合の収拾は難しい。また声高に批判が上がれば勲章を授与する天皇の権威にも影響する。

そのような事態を避ける役割を三条は担っており、その存在感は華族制度の叙爵《じよしやく》基準で発揮された。三条は、宗族や親族だけでなく、多くの華族たちからの請願に対応した。三条は、華族たちから問題が生じた場合に処理してくれる重要な存在であった。とくに明治十六年に岩倉具視が死去すると、三条の存在感は増した。翌十七年から華族会館で発生した九条建議問題は、旧大藩の武家華族では解決できなかった。三条が会館長に就任することで、ようやく会館内の紛糾は治まった。これは華族の間で三条に期待と信頼を寄せていたことの証左となっている。宮内卿の伊藤が叙爵選考に際して三条の意見を無視しなかったのは、華族の間から不満が生じた場合にそれを抑えることができたからである。実際、三条は叙爵後に宗族の嵯峨などから不満が出ると、誠実に陞爵《しょうしゃく》に向けて尽力した。

右の意味で考えると、明治十八年十二月に三条が就任した内大臣は、彼の個性に適した官職であったと思われる。宮内大臣が伊藤から土方久元に代わってからも、三条は叙爵選考に関与し、また華族たちからの請願や華族間の事件処理などに応じている。三条の華族たちに対する存在感は健在である。一方で尾崎三良たちは三条の太政大臣から内大臣への転任を快く思わなかったが、三条は自身の役割を自覚していた。彼の長所は周囲からの多数意見を受けて動き、課題解決に向けて調停することであり、また短所は政策立案を作成したり、財政問題を処理するのが苦手なことである。

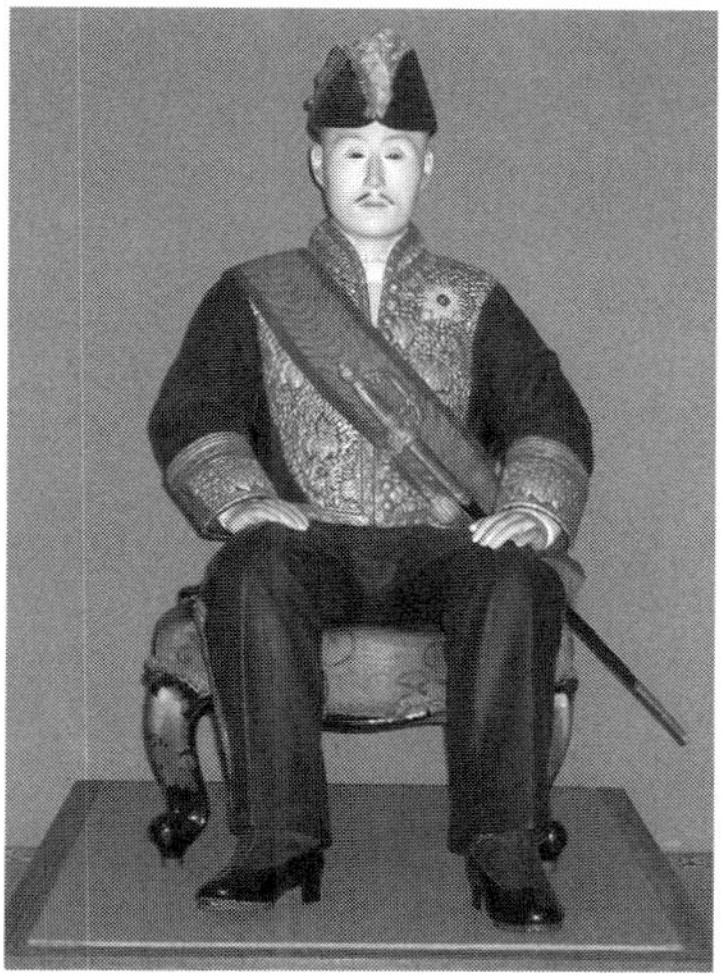

図54　文官大礼服姿の三条実美の木像

王政復古から三条に求められた役割は彼の長所の点であり、短所は大久保利通、木戸孝允、江藤新平、大隈重信、伊藤博文、井上馨《かおる》たちが担った。薩長土肥を中心とする各藩の寄り合い所帯である維新政権の正統性を保ち、意見の対立が起きたときの調停者として三条は不可欠な存在であったといえる。また公家や諸侯などの華族たちの協力を得る上でも必要であったことは、先に述べたとおりである。新政府の最高官職に三条が就いたのは、家格の低い羽林《うりん》家の岩倉に対し、清華家という家格の高い貴種性が求められただけでなく、幕末のときに攘夷派の公家として期待に応えたことが大きいだろう。薩長藩閥の政権には、薩摩と岩倉の関係に対して長州と三条という均衡も欠かせなかったに違いない。

太政官制から内閣制へと移行しても、薩長藩閥間が安定しなくなれば、その調停役は自分以外にできないと三条は自信を持っていた。それは黒田清隆内閣が倒閣し、三条の臨時大臣となって実現した。だが、内閣の混迷が解決すると臨時大臣を退き、内大臣へと戻っている。彼は自分の長所と短所を理解していたのかもしれない。三条は要領が悪いようにも見えるが、なにごとにも誠実に対応し、他者を押しのけても自身の意見を主張するようなことは避けた。三条が太政大臣および内大臣を長期間務められたのは、多くの者が余人をもって代えがたいと、彼の個性を見ていたからに他ならない。

あとがき

三条実美の研究に取り組むきっかけは、恩師松尾正人先生のゼミである。毎年、大学院のゼミでは、個人の関係文書か、行政の公文書のいずれかが課題となる。そのなかで「三条実美関係文書」が選ばれたことがあった。その頃の筆者の力量では、三条の個性に迫ることはできなかった。関係文書に含まれる服制史料を利用し、国家の礼服である大礼服制について報告するのが精一杯であった。

その後、服制から華族へと自身の研究課題が広がるにつれ、あらためて三条の存在を意識するようになった。当初は岩倉具視の存在を強く感じたが、それは彼のほうが理解し易いからである。個性が見えにくい三条を理解するのは難しい。三条の意見が少ないのは、慎重な姿勢に加え、多数の声を押しのけてまで自己主張しようとしないからであろう。それゆえ、彼の伝記を描くのには、骨が折れる作業の連続であった。

膨大な史料を丹念に読み進めていくと、三条が公私を問わず孤独であることに気がついた。政治責任の重圧に耐え、周囲からの依頼に応えながらも、彼を支えてくれる人はほとんどいなかった。三条の一族も困らせることのほうが多い。気の毒と思える状況であっても、現実逃避をすることなく誠実に対応した。三条は従来のイメージよりも精神的に強い人といえる。

本書では、三条の基本的な人物像を描いたつもりである。三条の伝記は、太平洋戦争後七十年間刊行されてこなかった。戦後初となる三条の伝記を上梓できたこと、また従来知られていない彼の一族を紹介できたことを嬉しく思う。三条のイメージが変わり、彼に興味を持つ読者が増えることを願っている。今後、本書が彼を研究する上での基本的文献となれば幸いである。

最後に母校の中央大学図書館にはお世話になった。学生時代はもとより兼任講師になってからも、書庫で「三条実美関係文書」や「岩倉具視関係文書」（北泉社マイクロフィルム）を閲覧できたことは大変助かった。講義前後の少しの時間でも史料を見ることができたからこそ、本書の完成が早まったと感じている。また吉川弘文館編集部の並木隆氏と若山嘉秀氏には、本書の刊行および編集作業でお世話になった。厚くお礼申し上げる。

平成二十八年二月

刑部芳則

参考文献

〔未刊行史料〕

「井上馨関係文書」国立国会図書館憲政資料室所蔵
「岩倉具視関係文書・対岳文庫」岩倉公旧蹟保存会所蔵（北泉社マイクロフィルム）
「岩倉具視関係文書・川崎本」国立国会図書館憲政資料室所蔵（北泉社マイクロフィルム）
「江藤新平関係文書・書翰の部」佐賀県立図書館所蔵（北泉社マイクロフィルム）
「御手帳留」宇和島伊達文化保存会所蔵
「官私農牧ノ景況視察記」（「菊亭文庫」専修大学図書館所蔵）
「嵯峨実愛日記」宮内庁書陵部宮内公文書館所蔵
「三条家記録」宮内庁書陵部宮内公文書館所蔵
「三条家資料」宮内庁書陵部宮内公文書館所蔵
「三条実美関係文書・書翰の部」国立国会図書館憲政資料室所蔵（北泉社マイクロフィルム）
「三条実美関係文書・書類の部」国立国会図書館憲政資料室所蔵（北泉社マイクロフィルム）
「三条実美公年譜資料」宮内庁書陵部宮内公文書館所蔵
「三条実美書状」（菊亭修季幼時教戒之儀）宮内庁書陵部所蔵
「橋本実梁日記」宮内庁書陵部所蔵
「福沢諭吉建言ニ付華族答議」（「岩倉具視関係文書・内閣文庫」国立公文書館所蔵）

〔刊行史料〕

伊藤隆・尾崎春盛編『尾崎三良日記』中、中央公論社、一九九一年
伊藤博文関係文書研究会編『伊藤博文関係文書』二・五、柏書房、一九七四年・一九七七年
春畝公追頌会編『伊藤博文伝』上、統正社、一九四〇年
尾崎三良『尾崎三良自叙略伝』上、中央公論社、一九七六年
鹿児島県維新史料編さん所編『鹿児島県史料・忠義公史料』四、鹿児島県、一九七七年
鹿児島県歴史資料センター黎明館編『鹿児島県史料・玉里島津家史料』一、鹿児島県、一九九二年
鹿児島県歴史資料センター黎明館編『鹿児島県史料・玉里島津家史料補遺・南部弥八郎報告書』二、鹿児島県、二〇〇三年
霞会館華族資料調査委員会編『華族会館誌』上・下、吉川弘文館、一九八六年
木戸公伝記編纂所編『松菊木戸公伝』下、明治書院、一九二七年
木戸孝允関係文書研究会編『木戸孝允関係文書』二・四、東京大学出版会、二〇〇七年・二〇〇九年
『孝明天皇紀』四、平安神宮、一九六八年
宮内省図書寮編『三条実美公年譜』宗高書房、一九六九年覆刻版
宮内省臨時帝室編修局編『明治天皇紀』一〜七、吉川弘文館、一九六八年〜一九七二年
佐々木克・藤井讓治・三澤純・谷川穣編『岩倉具視関係史料』上・下、思文閣出版、二〇一二年
『枢密院会議議事録』一、東京大学出版会、一九八四年
末松謙澄編『防長回天史』一二、マツノ書店、一九九一年覆刻版
渋沢栄一『徳川慶喜公伝』二、平凡社東洋文庫、一九六七年
杉渓一言『六橋墨蹟』非売品、一九九四年
『贈従一位池田慶徳公御伝記』五、鳥取県立博物館、一九九〇年
多田好問編『岩倉公実記』下、皇后宮職蔵、一九〇六年（書肆澤井、一九九五年復刻版）

田中光顕『維新風雲回顧録』大日本雄弁会講談社、一九二八年
東京大学史料編纂所編『保古飛呂比』四・一一、東京大学出版会、一九七三年・一九七九年
内閣官報局編『法令全書』明治元年～六年
日本史籍協会編『岩倉具視関係文書』三～五・七、東京大学出版会、一九八三年覆刻版
日本史籍協会編『大久保利通文書』四～五、マツノ書店、二〇〇七年覆刻版
日本史籍協会編『木戸孝允日記』一、東京大学出版会、一九六七年覆刻版
日本史籍協会編『木戸孝允文書』四、東京大学出版会、二〇〇三年覆刻版
日本史籍協会編『近衛家書類』二、東京大学出版会、一九六七年覆刻版
日本史籍協会編『嵯峨実愛日記』二～三、東京大学出版会、一九七二年覆刻版
日本史籍協会編『坂本龍馬関係文書』一、東京大学出版会、一九六七年覆刻版
日本史籍協会編『武市瑞山関係文書』一、東京大学出版会、一九七二年覆刻版
日本史籍協会編『伊達宗城在京日記』東京大学出版会、一九七二年覆刻版
日本史籍協会編『竹亭回顧録維新前後』東京大学出版会、一九八二年覆刻版
日本史籍協会編『百官履歴』一、東京大学出版会、一九七三年覆刻版
「七卿西改竄始末」一～六（日本史籍協会編『野史台維新史料叢書』一七～二二、東京大学出版会、一九七二年～一九七四年覆刻版）
土方久元「回転実記」一～二（日本史籍協会編『野史台維新史料叢書』二三～二四、一九七二年覆刻版）
福澤研究センター編『慶應義塾入社帳』一～二、慶應義塾、一九八六年
的野半助『江藤南白』下、マツノ書店、二〇〇六年復刻版
文部省維新史料編纂会編『維新史料編纂会の過去と現在』文部省維新史料編纂事務局、一九三五年
山川浩『京都守護職始末』非売品、一九一一年
『山田伯爵家文書』四、日本大学、一九九二年

立教大学日本史研究会編『大久保利通関係文書』五、マツノ書店、二〇〇八年復刻版
早稲田大学大学史資料センター編『大隈重信関係文書』四・六、みすず書房、二〇〇八年・二〇一〇年

〔研究書・論文〕

浅見雅男『華族誕生』講談社学術文庫、二〇一五年一月覆刻版（初出は、リブロポート、一九九四年六月刊行）
家近良樹『老いと病でみる幕末維新』人文書院、二〇一四年七月
稲田正次『明治憲法成立史』上、有斐閣、一九六〇年四月
遠藤速太『正一位大勲位公爵三条実美公伝』戸田為次郎、一八九一年
大久保利謙編『岩倉使節の研究』宗高書房、一九七六年十二月
刑部芳則「鹿鳴館時代の女子華族と洋装化」（『風俗史学』三七、二〇〇七年三月）
刑部芳則「廃藩置県後の島津久光と麝香間祗候」（『日本歴史』七一八、二〇〇八年三月）
刑部芳則「公家華族の経済的困窮と打開策―菊亭脩季の挑戦―」（松尾正人編『幕末・明治期名家書翰草稿―史料と研究―』中央大学近代史研究会、二〇〇九年十一月）
刑部芳則『洋服・散髪・脱刀―服制の明治維新―』講談社選書メチエ、二〇一〇年四月
刑部芳則「維新政府の政治空間形成―東京城と皇城を中心に―」（『関東近世史研究』六八、二〇一〇年七月）
刑部芳則「宮中勤番制度と華族―近習・小番の再編―」（『大倉山論集』五七、二〇一一年三月）
刑部芳則「明治時代の勲章制度」（『中央史学』三五、二〇一二年三月）
刑部芳則『明治国家の服制と華族』吉川弘文館、二〇一二年十二月
刑部芳則「維新政権の嵯峨実愛」（『大倉山論集』六二、二〇一六年三月）
刑部芳則「東三条公恭の海外留学」（『総合文化研究』二一―三、二〇一六年三月）
刑部芳則「華族の期待と三条実美の政治行動」（『日本歴史』八一八、二〇一六年七月）
笠原英彦『明治留守政府』慶應義塾大学出版会、二〇一〇年一月

勝田政治「征韓論政変と大久保利通」(『国士舘史学』一五、二〇一一年三月)
煙山専太郎『征韓論実相』早稲田大学出版部、一九〇七年
小林和幸『明治立憲政治と貴族院』吉川弘文館、二〇〇二年二月
佐々木隆「内大臣時代の三条実美」(沼田哲編『明治天皇と政治家群像—近代国家形成の推進者たち—』吉川弘文館、二〇〇二年六月)
笹部昌利「幕末公家の政治意識形成とその転回—三条実美を素材に—」(『仏教大学総合研究所紀要』八、二〇〇一年三月)
仙波ひとみ「「国事御用掛」考」(『日本史研究』五二〇、二〇〇五年十二月)
高橋秀直「征韓論政変の政治過程」(『史林』七六—五、一九九三年九月)
徳富蘇峰『三条実万公・三条実美公』梨木神社鎮座五十年記念祭奉賛会、一九三五年
長沼熊太郎『征韓論分裂始末』磯部文昌堂、一九〇六年
西川誠「明治期の内大臣」(坂本一登・五百旗頭薫編『日本政治史の新地平』吉田書店、二〇一三年一月)
旗手勲「北海道における小作制大農場の研究—華族組合農場と蜂須賀農場—」一・二(『北海道農業研究』一四・一五、一九五八年四月・九月)
原口清「慶応三年前半期の政治情勢」(『名城商学』三七—三、一九八七年十二月)、原口清著作集編集委員会編『王政復古への道』岩田書院、二〇〇七年九月所収
原口清「禁門の変の一考察」一・二(『名城商学』四六—二・四六—三、一九九六年九月・十二月)、同右
町田明広『幕末文久期の国家攻略と薩摩藩—島津久光と皇政回復—』岩田書院、二〇一〇年十月
松尾正人「明治初年の宮廷勢力と維新政権」(明治維新史学会編『幕藩権力と明治維新』吉川弘文館、一九九二年四月)
松尾正人『廃藩置県の研究』吉川弘文館、二〇〇一年一月
松尾正人『木戸孝允』吉川弘文館、二〇〇七年二月
松田敬之『次男坊たちの江戸時代—公家社会の〈厄介者〉—』吉川弘文館、二〇〇八年一月
三井甲之『三条実美伝』大日本雄弁会講談社、一九四四年

宮間純一『国葬の成立―明治国家と「功臣」の死―』勉誠出版、二〇一五年十一月
毛利敏彦『明治六年政変の研究』有斐閣、一九七八年三月
毛利敏彦『明治六年政変』中公新書、一九七九年十二月

著者略歴
一九七七年　東京都に生まれる
二〇一〇年　中央大学大学院文学研究科博士課程修了学位取得
現在　日本大学商学部准教授　博士（史学）

〔主要著書〕
『洋服・散髪・脱刀―服制の明治維新―』（講談社選書メチエ、二〇一〇年）
『明治国家の服制と華族』（吉川弘文館、二〇一二年）
『京都に残った公家たち―華族の近代―』（歴史文化ライブラリー、吉川弘文館、二〇一四年）

三《さん》条《じょう》実《さね》美《とみ》
孤独の宰相とその一族

二〇一六年（平成二十八）六月二十日　第一刷発行

著　者　刑《おさか》部《べ》芳《よし》則《のり》

発行者　吉川道郎

発行所　株式会社　吉川弘文館
郵便番号一一三―〇〇三三
東京都文京区本郷七丁目二番八号
電話〇三―三八一三―九一五一〈代〉
振替口座〇〇一〇〇―五―二四四番
http://www.yoshikawa-k.co.jp/

印刷＝亜細亜印刷株式会社
製本＝株式会社 ブックアート
装幀＝河村　誠

ISBN978-4-642-08294-5

刑部芳則著

明治国家の服制と華族

A5判・四一二頁
一二〇〇〇円

維新後に導入された和装から洋装へという明治国家の新しい服制は、どのような過程を経て創設されたのか。また、近代天皇制を支えた「皇室の藩屏」たる華族たちは「四民の上に立つ」という役割をいかなる形で果たそうとしたのか。服制改革や麝香間祗候などに光を当て、服制の変化と華族階層における役割意識の違いを検討し、明治国家の本質を探る。

京都に残った公家たち

華族の近代

（歴史文化ライブラリー）四六判・二八四頁
一八〇〇円

明治二年に誕生した華族の中でも、天皇に近い存在だった「公家華族」。岩倉具視をはじめ彼らの多くが天皇とともに東京に移った後も、京都の地に残った公家たちがいた。経済的困窮に見舞われ、時には世間を騒がせながらも、公家文化の伝統を残し、新しい時代の息吹を取り入れようと奔走した姿を描き出し、近代国家における華族の役割とは何かを考える。